인간관계학의 담론
A Discussion about the Study
of Human Relationships

효(HYO)로써 길을 묻는다

김 명 운 지음

인간관계학의 담론
효(HYO)로써 길을 묻는다

저 자 : 김 명 운
초판 인쇄일 : 서기2019년 10월 11일
초판 발행일 : 서기2019년 10월 11일
펴낸 곳 : 한스하우스
등 록 : ISBN 978-89-92440-45-5
주 소: 서울시 중구 마른내로 12길 6 덕천빌딩 401호
전 화: 010-4187-5622/E-Mail : hyotimes@hanmail.net

들어가는 말

필자는 효(HYO)[1)]라고 하는 것에 대해서 먼저 자신의 어릴 적 고향에서 부모와 가족과 그리고 이웃과의 관계를 통해서 경험했던 내용을 회상하면서 이야기를 전개해 가고자 한다. 이는 자신의 삶이 모델적인 인생이었기 때문이 결코 아니다. 이러한 시도는 어떤 면에서 자신의 솔직한 삶의 고백이며, 또한 잘못 살아온 부분에 대해서는 하나의 진솔한 참회의 기록이기도 하다. 그리고 과거의 경험이 마치 현재의 생생한 거울처럼 오늘의 삶과 인간관계에 끊임없이 영향을 주기 때문이다. 특히 효에 관련된 이야기를 나와의 직접적인 삶과 견주어서 스토리를 출발하는 것이 보다 더 구체적인 접근이라고 생각했기 때문이다.

한국인으로 살면서 누구나 '효'에 대한 나름의 정의를 갖고 있을 것이다. 한국인 각자가 갖고 있는 효에 대한 정의는 한국인으로 살아오며 체득한 규범으로 마땅히 지켜야 하고 지킬 것을 요구받은 학습과 교육의 결과라는 것에 이견이 없을 것이다. 그럼에도 불구하고 다른 전통적 규범이나 가치관과 마찬가지로 효는 그 본질적 의미뿐만 아니라 효의 실천적 정의에 대한 일반적 중지를 확보하기란 역시 쉽지 않다. 그것은 효가 발현되어야 하는 현실이 과거와는 다르기 때문이다.

특히 요즘의 신세대들은 대체로 효가 현대에 잘 맞지 않는다는 반응을 보인다. 전통의 효는 일방통행적·남성 중심적·가부장적 권위주의의 산물이라는 것으로 다소 부정적인 생각을 하고 있는 것 같다. 즉 효는 과거시대의 지배 이데올로기로서의 틀이며 결코 현대에는 필요치 않다고까지 말한다.

이렇게 효를 과거의 유물로서 박물관에나 보관할 것으로 규정해 버

---

1) 효(孝)는 영어로는 filial piety이다. 효의 의미를 영어로 번역된 표현은 분명 한계성이 있다. 그래서 효(HYO)는 그대로 표기했다. HYO(효)는 Harmony(하모니), Young(청년)과 Old(노인)으로 청년세대와 노인세대의 아름다운 조화(調和)의 인간관계로 그 효의 의미를 나타내고자 했다.

리는 것에 대해서 사실 필자는 우려와 함께 심히 안타까운 마음을 갖는다. 이제 다시 박물관에서 끄집어내어 먼지를 털어내고, 현대적인 효로서의 발굴 작업과 함께 깎고 다듬는 리모델링 과정을 감히 시도하고자 한다.

그리고 기나긴 역사를 통해서 한민족의 토양 속에서 그리고 한민족의 역사 속에서 과연 어떻게 효 문화가 형성되어 자리매김을 해왔는가를 탐색해 보려고 한다. 그리고 무엇보다도 인간관계로서 현대적인 효의 지평을 열어 가고자 한다. 현대는 과거의 연장선상에 있다. 마치 두부나무를 자르듯이 전통의 효와 완전한 단절에서 현대의 효를 논하는 것은 효의 본의를 흐리게 하기 쉬운 위험한 작업일 수 있다. 그래서 먼저 효의 본질은 무엇인가를 탐색하는 것이 필요하다고 생각했다.

현대는 과거의 농경사회가 아니다. 과거에는 농사의 경험이 많던 당시의 어른들은 당연히 존경의 대상이 되었다. 농사일에는 많은 일손이 필요했고, 자연스럽게 많은 식구가 필요했다. 그래서 그때는 가족의 형태가 3대가 한 지붕 아래 모여 사는 대가족의 형태였다.

그러나 현대에 와서는 가정과 가족이라는 개념이 점점 희박해져 가는 것 같다. 핵가족의 가족형태에서 어느덧 나 홀로의 삶으로 빠르게 전환하고 있다. 특히 요즘은 '혼밥(혼자 밥 먹다)', '혼술(혼자 술 먹다)', '혼영(혼자 영화를 보다)', '혼행(혼자 여행하다)' 이런 신조어까지 등장하여 어리둥절하게 한다. 누군가에 의해서 고립되는 것이 아니라 오히려 자발적 고립을 즐기는 듯하다. 이런 흐름을 따라가면 과연 무엇이 기다리고 있을까?

그리고 인간의 삶의 양식과 형태는 과학의 급속한 발달로 인하여 엄청나게 변화되었다. 현대는 인터넷의 시대로 시간과 공간을 초월하여 손안의 작은 스마트폰으로 서로 정보를 주고받는다. 그리고 시시때때로 변하는 지구 반대편의 뉴스를 수시로 검색한다. SNS가 급속도로 발전하고 현대인은 이미 가상의 세계를 살고 있다. 4차산업의 중심으로 떠오르는 인공지능(AI)이 인간의 일을 대신하는 시대가 목전에 와 있다. 하지만 끊임없이 행복을 갈구하는 인간의 본성은 따뜻한 가슴으로 만나는 인간관계의 소중함을 결코 놓칠 수는 없으리라!

무척이나 무더웠던 여름이 지나고, 어느덧 가을이 무르익어가는 계절이 되었다. 이젠 한낮의 따스한 빛은 오곡백과를 더욱 여물게 하고, 풍요로운 황금들판은 농부들의 수확을 기다리고 있다. 이 아름다운 가을녘에 인간관계학의 담론 '효로써 그 길을 묻는다'를 되뇌면서 집필의 마무리를 서둘러 본다.

2019년 9월 가을날 태조산 기슭에서
김명운

차례

추천사

아름다운 인간관계의 근원적 정신시스템이 바로 '효'

(문형남 전 한국기술교육대학교 총장 법학박사)

'효', 쉽게 얘기하면서도 '효'라는 개념과 그 내용을 말하기는 어렵습니다. 이렇게 참으로 어려운 주제로 저서를 발간한 그 용기에 찬사를 보냅니다.

저자는 2009년에 비영리단체인 국제효문화선양운동본부를 창설하여 2010년에 '전국청소년효문화 선양글짓기대회'를 추진한 바 있는 등 효에 관한 많은 사회활동을 해본 경험을 바탕으로 이 저서를 낸 것이라 단순한 담론의 차원을 넘어 효의 실천적 의미를 많이 담고 있어 '효'를 이해하는 데 상당히 유익합니다.

한민족의 역사 속에서 과연 어떻게 효 문화가 형성되어 자리매김을 해왔는가를 탐색해 보려고 한 저자의 노력이 책의 곳곳에서 보입니다.

급속한 서양문명의 유입과 홍수처럼 밀려온 자유민주주의 사상으로 '효'가 마치 지배계급의 논리처럼 취급되는 것이 참으로 개탄스럽습니다.

인간이 제일 두려워하는 것이 죽음이라서 서양종교에서는 내세를 말하고 천당·극락의 개념으로 영생을 도모하고 있습니다만, 동양은 '효'가 가족의 영생을 도모하는 하나의 사회적 정신지주로 자리 잡아 온 것입니다.

인간이 혼자 살아갈 수 없는 사회적 존재이고, 사회생활에서 서로 가깝게 지내면서 아름다운 관계를 유지해 나갈 수 있는 근원적 정신시스템이 바로 '효'라고 할 때, 문명이 아무리 발달해도 '효'는 결코 버릴 수 없는 사회의 근원적 가치입니다.

저자의 ‘효’에 대한 이념적 노력과 실천이 더욱 빛을 발하여 우리 사회에 ‘효’가 제대로 자리잡아가는 큰 바탕이 되리라 기대합니다.

-후세에 대한 올바른 교육은 신의 사명이다-

이태규(아비투스부자인재개발원 원장/『한국의 부자인맥』 저자)

10년도 훨씬 지난 어느 날, 본인의 연구실에서 김명운 저자를 처음 만난 그날을 지금도 잊지 못한다.

낮은 자리에서 경청하며 소통하는 겸손한 자세,
조화의 예술을 이루는 인간 관계성의 소통과 하모니를.
처음 만난 그는 몸으로 본을 보이며 실천하고 있는 것이었다.

아! 이것이 진정한 리더십의 실천이구나!
“이런 분이 진정 대한민국의 교육자가 되고 리더가 되어야 하는구나”를 느끼며 감동하는 순간이었다.

그 감동적인 느낌은 후일 본인의「베풀고 존경받는 행복한 부자학」의 뿌리가 되기도 했으며, 평생 동안 늘 마음으로 존경하며 성원하는 진정한 디지털 인맥이 되어 오늘에 이르고 있다.

후세에 대한 올바른 교육은 신의 사명이라고 한다.

이제 그 올바른 교육의 본을 몸소 보이고 실천하는 김명운 저자의『효(HYO)로써 길을 묻다』의 출판은

진정한 교육, 특히 효의 실천적 교육에 대한 일반적 함지와 가치를 정립하기 힘든 현 시대에 현대적 효의 의미로서 ‘인간관계로서의 효의 지평’을 열어가는 시의 적절한 출판임을 확신하며,

특히 방향을 잃은 대한민국 효 교육에 새로운 등대가 될 것임을 믿

는 바이다.

'포기하지 않는 한 반드시 길이 있다'는 저자의 말처럼

'자선교육-노동교육-경제교육-공동체에 대한 헌신의 교육'으로 이어지는 부자경제 교육도
결국은 효 교육에 뿌리를 두고 출발하고 있으며,

본서 「효(HYO)로써 길을 묻는다」의 출판을 통해 효 교육에 지표를 세우고 대한민국의 후세 교육에 반드시 새로운 지평을 열어가기를 열망하며
다시 한 번 김명운 저자와 성원하는 모든 독자님들에게 축복이 함께 하기를 기원하는 바이다.

-공원벤치에 누워있는 명저 한 권을-

(사)충청창의인성교육원
이사장/최기복(명예 효학박사)

명저(名著) 한 권을 집필한다는 것은 많은 시간을 고민과 끓어오르는 열정을 적절하게 조화시키면서 스스로의 역량에 대한 회의와 연민을 겪게 된다.

때로 호랑이를 그리려던 당초의 기대와는 달리 고양이를 그리게 되는 경우도 있고 욕심이 도를 넘치면, 고양이를 그리려다 호랑이가 되어 나오기도 한다.

김명운 교수의 인간관계학의 담론 『효로써 길을 묻는다』를 읽으면서 필자의 필치나 학문적 역량보다 집필하기까지의 고뇌가 더 아름답게 느껴졌다.

신의 영역을 오간다는 인터넷의 기능에 빠져 책과 거리를 두며 '수그

리족(휴대폰에 빠져 사는 족속)'으로 변해가는 세태 속에 필자는 신선한 충격을 던져 준다.

孝의 가치를 향한 연구는 인간윤리를 점차 상실해가는 오늘의 참상에 명쾌한 해답을 제시하여 준다.

부모자식의 수직적·종속적 관계 또한 인간관계를 기저로 한다는 것이다

인간 욕망의 한계가 무상한 것임을 알고 신에게 귀의하려 든 니체가 초인을 위장할 수밖에 없었던 이유가 허무주의를 잉태하였다면, 재화의 가치를 인간가치보다 우위로 인정할 수밖에 없는 현실의 가치전도, 나들이 간 철학에 대한 두려움은 어떻게 해소할 것인가에 대한 고민이 여기에 있다. 부정적 가치가 긍정적 가치로의 한계를 인식하게 되어 1차적 가치인 부정적 가치로 피드백 될 수밖에 없는 정반합의 논리 전개 방식을 이 책 속에서 엿볼 수 있다. 그는 책 속에서 관계와 관계 속에서 이루어지는 고유의 미풍양속을 지켜야 함을 강조한다.

하여 전통 속에 이루어지고 있는 효행의 본질을 인간관계로 분석한다. 결론은 독자들의 몫으로 돌린다.

孝行(효행)과 善行(선행)의 구분이 모호해져 가는 작금의 현실에서 본 명저를 통하여 저자의 정신세계 속에 흡입할 수 있는 기회를 갖게 되어 감사드린다.

공원 벤치에 놓인 책 한 권이 주인을 기다린다.

가을이 익어 가고 있는 계절의 그루터기에 앉아서 푸르른 창공을 향해 심호흡하는 자세로 여유 있는 일독을 권한다.

사막의 오아시스와도 같은 인간관계의 해법과 지침서

김석동: (전) 호서 대학교 부총장, 공학박사

예부터 우리 민족은 부모나 혹은 동네 어른들에게 항상 공손히 인사하는 민족이었습니다. 사회가 빠른 속도로 변화하면서 우리민족 고유의 장점인 가족관계의 고리도 느슨해져가고 있는 현실을 목도합니다.

오늘날 현대인은 대중 속에 관계를 떠나 고독하고 피곤한 삶에 지쳐 있는 듯합니다. 인간 삶의 궁극의 목적은 결국 행복에 있습니다. 그리고 그 행복은 인간의 관계에 좌우됩니다. 세상에는 수많은 만남이 있습니다. 그러나 그 만남이 모두 행복에 이르게 하지는 않습니다. 만남은 하늘이 정하지만, 관계의 성공여부는 결국 자신의 영역입니다. 인간은 누구나 부모와 자식관계, 형제관계, 부부의 관계, 사제관계, 노사관계 등 다양한 대인관계를 맺고 살아갑니다. 그렇다면 그 소중한 인간관계를 성공적으로 이끌 수 있는 비결은 무엇일까요?

금번 김명운 회장의 저술을 통해서 마치 사막에서 찾은 오아시스처럼 인간관계의 신선한 해법을 접하게 되어 다행이라 생각합니다. '열 길 물속은 알아도, 한 길 사람의 마음을 알 수 없다'는 옛 속담이 있습니다. 그만큼 복잡한 인간관계의 어려움을 효로써 그 길을 묻고 답하는, 명쾌하고도 주옥같은 필치는 우리로 하여금 관계의 가능성을 열어주는 소중한 저서라고 생각합니다.

저자의 어릴 적 순수한 삶을 시작으로 하여, 효를 중심한 한민족의 정체성과 소중한 관계성 회복에 이르기까지 다양한 관점으로 풀어가는 드라마틱한 삶의 이야기는 우리에게 소중한 가르침으로 다가올 것으로 기대합니다. 여러분에게 감히 필독을 권해 봅니다.

효(HYO)의 길은 북극성과 같은 기준점이 될 것입니다

한의사 이균

인류문명의 급속한 발전은 물질적 풍요와 함께 생활의 편리함을 가져다주었습니다. 그러나 다른 한편으로는 전통적 가치관의 상실, 이기주의, 생명경시 풍조의 현실을 부정할 수 없습니다.

하지만 아직도 세상에서 절망을 넘어 희망을 바라볼 수 있어서 다행이라 여깁니다. 왜냐하면 캄캄한 밤하늘에 변함없이 오직 그 자리를 지키는 북극성이 있듯이, 그러한 기준점을 찾으려는 끊임없는 시도가 있기 때문입니다. 하늘에는 무수한 별들이 있지만, 오직 북극성만이 망망대해에 길 잃은 사람에게 길을 찾게 하는 기준점이 됩니다. 이러한 측면에서 이번에 인간관계학의 담론 『효로써 길을 묻는다』는 마치 어둠속에 반짝이는 북극성과도 같은 기준점을 제시하고자 했습니다.

인간관계의 기준점을 제시하고자 하는 저자의 숭고한 시도는 하나의 밀알이 되어서, 세상을 비추는 희망의 등불이 되리라 믿습니다.

인간이 사회와의 관계를 맺고 소통하는 데 효(HYO)는 훌륭한 덕목으로, 매개체이며, 그 내면에는 예절, 인사, 경청, 하심(下心), 인내, 자기수양 등의 미덕들이 있다는 것을 이 책을 통하여 알게 되었습니다.

김명운 국제효문화선양운동본부장은 우리사회를 위해 보이지 않는 곳에서 땀을 흘리며, 특히 우리의 미래인 청소년들의 효 문화 안착에 힘을 쏟고 있음을 압니다.

부디 이번 출간을 통해 소망하시는 일에 한걸음 더 가까이 가시길 기원합니다.

제 1 장
나의 삶을 돌아보며 효의 길을 묻는다

1. 가난 속에 자란 유소년 시절

나의 어린 시절을 되돌아보노라면 부모님의 헌신적인 사랑에 가끔은 눈물이 난다. 지금은 많은 세월이 흘렀다. 지나간 삶이 마치 주마등같이 지났다는 옛말이 실감이 난다. 벌써 나 자신 또한 4명의 자녀들이 있고, 어느덧 인생의 회갑을 맞이하게 되었기 때문이다. 어릴 적에는 하루가 길게만 느껴졌다. 그러나 점점 나이가 들어가면서 시간의 흐름은 너무도 빠르게 지나감을 느낀다.

어릴 적 나의 성격은 원래 좀 명랑한 편이었다. 그러나 가족과 주변으로부터 좀 까분다고 핀잔을 자주 듣곤 했다. 그때는 어른들과 함께 식사하는 시간에도 조용히 먹는 것을 예절이 있는 것으로 여겼다. 그래서 그런지 성격이 소심한 편으로 바뀌었다. 점잖게 조용하게 지내는 것이 미덕이라는 견해가 지배적이었던 시절이었다. 이러한 요인들은 나의 성격형성에 꽤 영향을 끼쳤다고 생각한다.

나는 1959년에 태어났다. 나의 어릴 적 고향은 경상북도 울진군 근남면 진복리였다. 그곳은 동해 바다의 작은 마을이었고, 언제나 파도소리가 안방에까지 들리는 곳으로 비교적 바다와 가깝게 접하고 있었다. 나의 어린 시절은 집안이 가난했지만 언제나 동해의 넓은 바다를 바라보며, 큰 꿈을 키우며 살았다. 그리고 옛날에는 조부님만이 따로 방이 하나 있었고, 나머지 가족의 생활공간은 오로지 하나였다. 대략 10평 남짓한 안방 한 칸에 부모님과 누님, 형님과 나 그리고 동생까지 6명이 함께 지냈다. 사실 나 자신을 포함해서 7명의 형제자매가 있었지만, 이미 큰누님은 출가했었고, 나머지 두 형님은 직장관계로 집을 떠나 객지에서 생활을 했다. 우리 집은 특이하게도 조부모도 독자였었고, 아버지도 독자였다. 물론 고모가 두 분이 있었다. 모친 쪽으로는 외삼촌과 이모들이 있었다.

당시 고향의 우리 집 주변으로는 대략 50여 가호가 옹기종기 모여 사는 소박한 작은 마을이었다. 이웃들은 모두가 정이 넘치고 순박한 사람들이었다. 생업은 주로 농사였고 가끔 배를 타고 바다로 나가서 고기를 잡아 생계를 이어갔다. 마을 앞에는 동해 바닷길을 따라서 아름다운 모래벌판이 끝없이 펼쳐져 있었다. 그리고 하얀 갈매기 떼가 줄지어 날아다니는 낭만이 깃든 아름다운 풍경이었다.

여름날 밤 모기와 더위를 피해 바닷가 모래사장에 돗자리를 깔고 가족과 혹은 또래의 친구들과 누우면 시원한 바닷바람이 그렇게도 좋았다. 따로 현대문명의 선풍기나 에어콘이 필요치 않았다. 자연이 주는 자연스러운 해풍이 너무도 시원했기 때문이었다. 무엇보다도 돗자리 위에 누워서 하늘을 쳐다보면 수많은 별들이 무리를 지어 곡예를 하듯이 아름답게 반짝거리고 있었다. 가족과 오순도순 이야기의 꽃을 피우면 자기도 모르게 잠이 들었고, 더운 여름밤은 어느새 찾아온 새벽의 파도소리에 잠을 깨곤 하였다.

천진난만하기만 했던 나의 어린 시절, 모래사장이 유일한 놀이터였다. 바다에서 고기도 잡고 물놀이도 하고 자연이 주는 천혜의 아름다움을 그때는 그렇게까지 좋은 줄을 몰랐다. 지금 돌이켜 생각해 보면 마치 꿈속의 파라다이스와 같은 느낌이다.

언젠가 그리움이 어려 있는 추억 속의 옛 고향을 찾았다. 바닷가에는 시멘트로 만들어진 큰 방파제가 바다를 가로막았고, 그 낭만의 모래사장은 파도에 깎여서 아쉽게도 점점 사라지고 있었다. 그 옛날 동해바다 작은 시골 마을의 흔적은 아직도 내 눈에 선하건만, 동네에 살고 있는 분들은 대부분 낯선 분들이었다. 옛날에는 바닷가에서 조금 떨어진 언덕위에 큰 소나무가 있어서 그곳에서 많이 놀았다. 지금 그곳에는 여름이면 찾아오는 외부의 관광객을 위한 숙박업소가 들어섰고, 어릴 적 낭만이 깃들었던 추억의 흔적은 아쉽게도 사라져 가고 있었다. 그렇지만 하나 다행스러운 것은 어릴 때 가족과 함께 살았던 옛집은 그대로 남아 있었다는 것이다. 사람이 살고 있지 않은 채 문은 굳게 잠겨 있었다. 그 옛날은 초가지붕이었는데 지금은 개량되어 함석지붕으로 바뀌었다. 이곳저곳을 살피면서 잠시나마 부모님과 함께 살았던 추억의 어린 시절을 회상해 보았다.

2. 소와 친구가 되어

나는 요즘 흔히들 말하는 '흙수저'로 태어났다. 나는 가난을 유산으로 물려받았다. 선친은 가끔 바다에 나가 고기를 잡았고, 농사를 지었고, 소도 키웠다. 당시에 소라는 존재는 마치 가족의 일원처럼 소중한 존재였다. 왜냐하면 소는 농사일을 할 때 논밭을 갈고, 무거운 짐을 등위에 올려서 나르기도 했다. 또 송아지를 낳기라도 하면 집안의 큰 경사로 여겼다. 송아지가 어느 정도로 크게 되면 아버지는 송아지를 읍내 우시장에 내다 팔아 큰 목돈이 생겼기 때문이었다. 이는 어려운 가사의 생활비, 자녀들 학비에 쓰이게 되니 보물이 따로 없었다. 그래서 옛날에는 우골탑이라는 말이 생길 정도였다. 우골탑의 의미는 가난한 농촌 출신의 대학생들은 소를 팔아야만 대학의 등록금을 마련할 수 있다는 뜻이다. 이는 소의 뼈로 쌓은 탑이라는 의미다. 그만큼 소가 대학에 진학하는 농촌의 자녀들 교육에도 한몫을 했다.

그렇게 당시에 송아지를 팔아서 좋은 점도 있었지만 어린 나에게는 마음 아픈 일 한 가지가 생겼다. 그것은 다름 아닌 아버지가 송아지를 시장에 내다팔고 난 뒤 듣게 되는 어미 소의 울음소리이다. 어미 소는 자기 새끼가 없어진 것을 눈치 채고 밤새도록 음매 하고 처량한 소리를 내면서 한없이 운다. 그렇게 우는 소리가 어린 시절 너무 애처롭게 들려서 불쌍하기도 하고 밤잠을 설치기도 했다. 가끔 낮에 우는 소를 쳐다보면 눈물까지 흘렀다. 며칠을 소는 울고 또 운다. 나중에는 목이 쉬어도 울음을 그치지 않는다. 정말로 미물인 소가 그렇게 정이 많은 존재라는 것을 생각할 때 감동이 아닐 수 없다. 그리고 그 당시 나는 오후만 되면 들로 산으로 소를 먹이러 가는 것이 나의 중요한 일과였다. 그러다 보니 소는 자연스레 나와는 둘도 없는 친구가 되었다.

3. 큰누님 집의 원두막을 지키며

나의 큰누님과는 식구로서 함께 살았던 기억이 없었다. 초등학교 2학년 때쯤 되는 어느 날 부모님께서 친정에 오신 누님을 가리키며 너의 큰누님이라고 소개해서 큰누님을 처음으로 알게 되었다.

내가 초등학교 5학년 여름 방학 때의 일로 기억한다. 읍내 가까운 큰누님 집에서는 참외와 수박농사를 지었다. 지방의 KBS 방송국 가까운 곳에 참외 수박밭이 있어서 나는 큰누님 집의 원두막에서 여름방학 기간을 지내게 되었다. 무더운 여름날 홀로 원두막에서의 생활은 너무도 조용하기만 했고 적적하기 그지없는 하루하루의 일과였다. 물론 수박 참외밭을 지키는 일을 했지만 사실 별다른 일이라곤 없었다. 처음에는 누님 집의 원두막을 지키기 위해서 기쁜 마음으로 왔었다. 그러나 하루 종일 할 일 없이 혼자 너무도 지겨웠다. 중간에 집으로 돌아간다고 할 수도 없고, 어쩔 수 없이 한 달을 꾹 참아야만 했다. 무더운 여름날이면 절로 시원한 고향의 바닷가를 상상하게 되었다. 생전 처음 집을 떠나서 그런지 고향의 부모님과 가족들도 보고 싶고, 친구들도 그리웠다.

그러나 별 도리 없이 홀로 원두막에 앉아 하루 종일 지나가는 사람도 별로 없는 적막한 수박 참외밭을 지켜야만 했다. 이따금씩 큰누님과 매형이 밥을 가지고 나타나 밭에 난 풀을 뽑는 일을 돕기도 했다. 가끔은 매형이 조금 상처 난 참외를 주어서 먹기도 했지만, 그때의 참외가 그렇게 달콤하고 맛이 있었다. 지루하기는 했지만 그 맛에 원두막을 지키며 그 해의 여름을 보냈다.

우리 원두막에서 가까운 이웃의 원두막에서도 사람이 밭을 지키고 있었다. 그곳에는 나와 같은 또래 아이도 있었지만 그가 좀 까칠하게도 보였고 몇 번 말을 걸기도 했지만 퉁명스러운 반응이어서 가까이 할 수가 없었다. 또 가끔은 나보다 6살 정도 위인 둘째 누님뻘로 보이는 젊은 여성분이 원두막을 지키곤 했다. 매형이 언젠가 나에게 옆 원두막 사람들은 저쪽 바다가 가까운 염전이라는 마을에 사는데 좀 접하기가 어려운 사람들이니 조심해야 한다고 주의를 준 적도 있었다.

그런데 어느 날 무엇 때문이었던지 잘 기억은 나지 않지만 나와 그 여성 사이에서 사소한 말다툼이 오고 갔다. 갑자기 그 여성이 나의 멱살을 잡고 나의 얼굴을 손톱으로 할퀴고 얼굴에 상처를 냈다. 어찌나 분하고 화가 났던지 견딜 수가 없었다. 저녁 무렵 큰누님과 매형이 원두막에 나타났고, 나의 상처 난 얼굴을 보자마자 무슨 일이 있었냐고 다그쳐 물었다. 나는 솔직히 옆 원두막에서 젊은 여성이 다짜고짜 나의 멱살을 잡고 이렇게 얼굴을 할퀴었다고 말했다. 누님과 매형은 그 옆집 원두막을 찾아가서 크게 항의를 했다. 나로서는 정말로 마음이 무거운 하루였다. 그날 사건 이후로 집 생각이 더욱 간절해졌다. 내가 조금만 더 참았어야 했는데 하는 후회도 되었지만 이미 엎질러진 물처럼 어쩔 수 없는 일이었다. 사람과의 관계에서 서로가 조금만 이해하고 양보하면 싸움은 일어나지 않으련만 아무튼 이 사건은 두고두고 지워지지 않는 그 여름의 아픈 추억이 되었다.

어느덧 가을로 접어들어 가는 듯 아침저녁으로 선선해졌다. 어느 날 큰누님은 나를 읍내 시장으로 데리고 갔다. 그동안 수고했다면서 멋진 바지도 사주고 용돈도 주었다. 이튿날 큰누님 가족과 아쉬운 인사를 나누고 나는 그리운 고향으로 향했다. 큰누님께서 주신 큰 수박 한 덩어리를 어깨에 메고 땀을 뻘뻘 흘리면서 한낮의 무더운 산길을 걸었다. 드디어 고향에 도착하니 그렇게 좋을 수가 없었다. 태어나서 처음으로 가족과 헤어져서 오랫동안 지냈던 경험이었다. 고향을 떠나보니 가족이 보고 싶었고, 나에게 있어서 가족이 얼마나 소중한지를 느낄 수 있는 기회였다.

4. 모정의 세월과 '까꿀대'의 사연

어렸을 적 기억으로는 시골 고향에서 먹었던 음식이 주로 감자였다. 고향에서는 대체로 감자 농사를 많이 지었기 때문이었다. 사실 그 당시 울진은 행정구역상 강원도에 속해 있었다. 지역적으로는 강원도와 경상북도의 경계지점이며 동해안의 북단지역이다. 울진은 1963년도에 강원도에서 경상북도로 이관되었다. 옛날부터 강원도는 흔히 감자바위라는 별칭으로 불렸다. 그만큼 감자가 많이 나는 곳으로 유명한 곳이었다. 그래서 그때는 감자 깎는 일이 하루의 일과였다. 여름날 친구들과 마당에 모여 앉아 자주 감자를 깎는 시합을 하기도 했었다. 그래서인지 지금도 나는 과일을 잘 깎는 편이다. 사과를 깎으면 신기하리만치 껍질을 끊지 않고 끝까지 길게 깎아서 자녀들에게 보여주면 아이들은 신기하다는 듯이 쳐다보곤 한다.

그때는 지금처럼 보일러 시설이 없었다. 언제나 부엌에 큰 가마솥이 있었고 아궁이에 나무를 넣고 불을 피워서 밥을 했었다. 추운 겨울에는 아궁이에 불을 피워서 밥을 하고 온돌방도 따뜻하게 했다. 그래서 겨울을 대비해서 주로 지게를 지고 산에 가서 땔감나무를 해야만 했다.

옛날 그 어려웠던 살림에 우리 집 조부님은 도박을 꽤 좋아했던 모양이다. 도박은 일종의 돈이나 재물을 걸고 내기를 하는 것을 말한다. 일명 그때는 노름이라 불렸다. 조부님이 도박 때문에 내가 태어나기 전부터 우리 집 가산을 탕진시키는 바람에 부모님은 많은 고생을 한 것 같다. 그런 조부님은 초등학교 육성회장을 하시면서 학교에 많은 공헌을 했다고 전해 들었다. 그러나 조부님은 집안 살림에는 그다지 관심이 없었던 모양이다. 결국 조부님은 연세가 드셨어도 화투를 가지고 패를 놓는 등 손을 놓지 못하는 모습을 나 또한 자주 목격했다.

어느 날 조부님은 여느 때처럼 심심하기도 했던지 방 안에서 화투로 소일하고 계셨다. 그날 방 한 귀퉁이에 쌓아둔 큰 감자더미가 갑자기 무너져 내렸고, 그 밑에서 화투를 놓던 조부님께서 그대로 깔리는 큰 사고가 났다. 부친께서 바로 감자더미를 헤치고 가까스로 조부님을 구했다. 다행히 생명에는 지장이 없었지만 팔꿈치를 허벅지 위에 올린 상태로 감자더미에 깔리면서 결국 다리를 펴지 못하는 불구가 되었다.

이런 조부님을 모시고 부모님은 오로지 모든 것을 주어진 운명처럼 여기며 가족을 위해서 헌신적 삶을 사셨다. 부친은 모친에게 어린 자녀들을 맡기고 군대를 갔다. 모친은 그동안 혼자 자식들을 키우느라 많은 고생을 하신 것 같다. 물론 이때는 나 자신이 아직 태어나기 전의 일이었지만, 옛날에 모친의 이야기를 통해서 익히 들었던 내용이다.

그리고 모친은 어려운 살림에 7남매를 키우기 위해서 언제나 호미를 들고 농사일을 했다. 겨울에는 주로 차가운 바닷가에 나가서 '까꿀대'로 파도에 밀려오는 미역을 건졌다. '까꿀대'는 대나무를 장대로 만들어서 그 끝에 갈고리를 걸어 바다의 미역을 손쉽게 건질 수 있도록 만든 도구이다. 모친은 언제나 그것을 들고 다니시면서 미역을 건지곤 했다. 그리고 건진 미역을 건조시켜서 읍내 시장에 가서 하루 종일 앉아서 팔기도 했다. 당시 울진 읍내 시장에 가는 길은 꽤나 먼 산길이었다. 그렇게 먼 길(약 8~9킬로)을 미역더미를 머리에 이고 걸어 갈 수밖에 없었다. 물론 지금은 해안도로가 포장이 되어서 지름길이 생겼지만 당시에는 버스도 없었고, 걸어가기에는 사실 먼 길이었다.

모친은 살을 에는 추운 겨울에도 읍내 시장 한 모퉁이에 쭈그리고 앉아서, 그것이 다 팔릴 때까지 기다리곤 했다. 저녁 무렵에 다 팔리기라도 하면 옛날 그렇게도 흔했던 풀빵 하나도 사드시지 않으시고, 또다시 먼 길을 걸어서 집으로 돌아오시곤 했다. 풀빵은 1970년대 주로 많이 먹었던 정말 흔한 빵이었다. 겨울에는 그것이 말랑말랑하고 따끈해서 맛이 있었다. 당시 풀빵은 3~4개에 10원 정도였다.

모친은 그렇게 자식들을 키우기 위해서 모질고 억척스럽게 한평생을 살았다. 모친께서 미역을 건져낼 때 쓰시던 '까꿀대'는 그만큼 자식들을 키우기 위한 애틋한 사랑의 도구였으며, 그렇게 한평생을 사신 모정의 세월은 자식들을 위한 그리고 가난을 극복하기 위한 희생적인 삶이었다.

5. 졸업식에서 송사를 읽고

초등학교 5학년 때의 일이었다. 6학년 형들의 졸업식이 있던 날 재학생 송사를 내가 읽게 되었다. 사실 송사를 읽게 된 배경에는 국어수업의 읽기시간이 있었다. 국어수업 시간에 선생님이 먼저 학생 한 명을 지목하면 지명 받은 학생은 자리에서 일어나서 그날 배울 내용을 읽기 시작한다. 읽다가 잘못 읽은 부분을 발견하게 되면 발견한 사람이 재빠르게 틀린 부분을 고쳐 또 읽어가는 형식이었다. 당시 국어시간에 읽기를 비교적 잘하는 학생이 나였다. 그래서 담임선생님은 나를 지목해서 졸업식 날 재학생 송사를 읽도록 했다.

졸업식이 거행된 때는 어느 이른 봄이었다. 졸업식 날 식장에는 전체 재학생들과 졸업생, 그리고 전체 선생님들, 졸업생 학부모들이 입추의 여지없이 성황을 이루었다. 졸업식이 시작되자 나는 좀 긴장이 되었다. 물론 사전에 며칠을 송사 읽기 연습을 했었다. 식순에 의해서 행사가 진행되었고, 재학생 송사의 순서가 되자 드디어 사회자가 "재학생 김명운 학생의 송사가 있겠습니다"라고 소개했다. 나는 당당히 단상으로 나가서 송사를 읽기 시작했다.

송사를 읽는 동안 졸업생들이 눈물을 흘린 감동의 시간이었다. 숙연한 분위기에서 마지막으로 "재학생 김명운" 하면 모든 송사를 끝맺게 되는 것이다. 그런데 마지막으로 나의 이름을 큰 소리로 읽자 갑자기 식장의 모든 사람들이 폭소를 터뜨리는 해프닝이 일어나게 되었다. '자신의 이름은 작은 목소리로 마무리를 지어야 하는 대목에서 실수를 했구나!' 싶어 얼굴이 빨개져서 자리에 돌아와서 앉았다. 졸업식은 그렇게 끝을 맺었다.

졸업식이 끝난 후 누군가가 나에게 담임 선생님께서 급히 교무실에서 나를 찾으신다고 일러주었다. 나는 긴장된 마음을 억누르면서 교무실에 들어섰다. 담임 선생님은 나를 보자마자 오히려 기쁜 얼굴로 "김명운! 오늘 너는 송사를 정말로 멋지게 읽었다. 어떻게 그렇게 많은 사람들을 울리고 또 그렇게 웃길 수가 있지?" 하면서 뜻밖에 오히려 큰 칭찬을 해주시는 것이었다. 그리고 덧붙여서 "너는 장차 사람들의 마음을 움직이는 훌륭한 웅변가가 될 수 있다"고 큰 격려를 해주었다. 그것은 나에게 잊을 수 없는 격려와 용기를 주었다. 다소 성격이 소심했던 내게 담임 선생님의 칭찬과 격려는 큰 동기부여가 되었다. 그 후로 나는 학교에서 실시하는 전교생 웅변대회에서 언제나 우승자로 선발되었다. 당시에는 웅변대회가 정말로 많았는데, 주로 반공, 멸공웅변이었다. 이후에 군대에서도 많은 웅변대회에 참가하여 상을 받기도 했다.

어릴 적 담임 선생님의 칭찬과 격려의 한마디는 일생에 그렇게 힘이 되어 주었고, 내 삶에 큰 동기부여가 되었다.

6. 삶의 터전 바닷가에서 읍내로 이사를 가다

필자가 초등학교 6학년이 되어 초봄이 왔을 즈음 우리 가족은 시골 바닷가의 고향마을에서 읍내가 가까운 수산(守山)이라는 곳으로 이사를 가게 되었다. 오랫동안 정들었던 고향을 떠나야 하는 마음에 아쉬움이 컸다. 함께 소 먹이러 다녔던 동네친구들도 아쉽지만 헤어져야 했다. 학교에 가서 선생님께도 인사를 드리고 학급친구들과도 손을 흔들며 작별인사를 했다.

이사하는 날 아침부터 온 동네사람들이 우리 집 이삿짐을 날라주기 위해서 모였다. 자발적으로 동네 어른들은 이삿짐을 지게에 지고, 아줌마들은 머리에 짐을 이고 긴 행렬을 이루었다. 정말로 정이 넘치는 이웃간의 아름다운 풍경이었다. 우리 집은 고향에서 인심을 잃지 않았던 것 같았다. 서로 정으로 얽혀서 함께 살았던 아름다운 고향이었다.

새롭게 정착해야 할 수산이라는 곳은 모친이 태어나서 자랐던 고향으로, 다소 읍내가 가까운 곳이었다. 외삼촌 가족들이 사정이 생겨서 우리 집에 모든 전답을 팔고 서울로 이사를 가게 됨으로 인해서 자연스럽게 그렇게 되었다.

나는 이사를 할 때에도 소와의 인연이 깊어서인지 소가 항상 먹는 소꼴을 지게에 짊어지고 집을 나섰다. 이삿짐도 여러 가지가 있었지만 하필이면 소와 관련된 짐을 지게에 짊어지고 집을 나서게 되었다. 내 동생은 우리 집의 보배인 소를 몰고 이삿짐을 나르는 행렬에 합류했다. 고향을 떠나는 날 아침 동네사람들과 우리 가족이 함께 어울려서 서로 이야기를 나누면서 산길을 걷던 행렬은 잊을 없는 추억이었다. 새로운 보금자리까지의 거리는 약 7킬로 정도의 다소 먼 길이었다. 선친과 모친은 우리들을 돌아보면서 연신 웃는 얼굴이셨다. 특히 동생을 쳐다보면서 “우리 집에서 제일 비싼 것을 몰고 가는구나!” 하시면서 미소를 짓던 모습은 지금도 지워지지 않고 눈에 선하기만 하다. 조부님은 다리가 불편해서 택시로 이동해서 새집으로 오시게 되었다.

새 보금자리인 우리 집은 어린 나이에 너무도 좋았다. 집 앞에는 개울물이 흐르고 무엇보다 앞마당에 살구나무, 자두나무, 감나무, 밤나무 등등 유실수가 많았다. 여름날이면 과거에 구경도 못했던 과일을 풍성하게 먹을 수 있었으니 나에게는 무엇보다 기쁜 일이었다. 그렇게 모친의 고향에서 우리 가족의 새로운 삶이 시작되었다.

떠나온 고향을 생각하면 진정 잊을 수 없는 곳이다. 가난했지만 서로 의지하고 서로 도와주는 가족이 있었기에 좋았고, 고향의 이웃도 하나의 가족처럼 정으로 얽혀서 살았기 때문에 좋았다. 이사하는 날 그날의 추억은 가족과 정들었던 이웃과 소가 함께 행렬을 이루었다. 이사하던 날의 풍경은 지금도 기억 속에 생생하게 마치 영화의 한 장면처럼 눈에 선하기만 하다.

7. 다리 밑에서 주워온 아이

이사를 온 우리 집은 수산이라는 동네이며 꽤나 자연이 아름답고 수려한 곳이었다. 우리 집에서도 멀리 동해바다가 한눈에 보이고 그 유명한 송강 정철이 노래한 관동팔경의 하나인 망향정이 보이는 곳이다. 그리고 왕피천[2]이라는 강을 길게 가로지르는 282미터로 상당히 긴 수산다

---

2) 2019년 7월 11일자, Uljin.grandculture.net
왕피천이라 부르게 된 데에는 두 가지 설이 있다. 첫째로 935년경에 신라 경순왕의 왕자인 마의태자가 모후 송씨와 함께 이곳으로 피신 왔다가 모후가 이곳에서 별세하고 왕자는 금강산으로 갔다는 설이 있다. 둘째로 1361 원나라

리가 있었다. 그 아래 맑은 강물에는 은빛 나는 은어가 살았다. 그리고 가을이 되면 긴 여행을 하던 연어가 산란기를 맞아 회귀본능에 따라 수만리 긴 여행을 마치고 동해안을 따라 왕피천으로 돌아온다. 동해바다에서 왕피천을 조금 따라 올라가면 또 아름다운 성류굴이 나타난다.

이렇게 아름다운 곳에서 자란 내게는 어릴 적 가장 듣기 싫었던 말이 하나 있었다. "너는 다리 밑에서 주워온 아이다." 순수했던 어린 시절 정말로 나를 낳아주신 부모님이 따로 다리 밑에 사시는 줄 알았다. 그래서 어느 비 오는 날 큰마음을 먹고 다리 밑으로 부모님을 찾으러 나섰다. 그런데 모두들 재미있다는 듯 웃는 모습에 이상하게 생각했다. 나중에 커서 스스로 자연스럽게 깨달은 것은 다리가 브릿지 그 다리 밑이 아니라 그 다리 밑이라는 사실이다. 이는 분명히 틀린 말이 아니라 맞는 말이었다. 다만 옛날 어른들은 직접적인 성교육을 못하고 그렇게 비유적으로 이야기를 했을 뿐이다. 이런 경험을 한 것은 아마 나뿐이 아닐 것이다.

인간은 언제나 내가 누구인가? 자신의 정체성에 대한 끊임없는 물음을 갖는다. 나 또한 감수성이 예민한 시절에 심각하게 인간을 둘러싼 의문을 갖게 되는 시절이 있었다.

어느 날인가 (나는 중학교에 들어가려는 무렵으로 기억한다) 큰형님이 나를 데리고 밤길을 걸어 읍내로 갔다. 울진 시장 쪽으로 비교적 잘 지어진 가정집 같은 곳이었다. 방으로 들어서자 어떤 아줌마들이 너무도 반갑게 맞이해주어 아주 인상적이었다. 그들은 방 안에서 봄나물을 다듬고 있는 중이었다. 큰형님이 그들과 이야기를 나누다가 나에게 좀 오래된 듯한 노래의 악보와 가사가 적힌 종이를 건네주며 그것을 좀 그대로 적어달라고 부탁했다. 나는 영문도 몰랐지만 열심히 다른 종이에 까다로운 악보를 그리고 가사를 적었다. 그 당시 분위기는 정말로 화기애애했고, 마치 한 식구와 같은 기분이 들었다. 그날의 일이 내 인생에 뜻하지

말기에 홍건적이 결빙기를 이용하여 남침하여 고려 31대 공민왕이 이곳으로 피신했다는 설이 있다.

않게 신앙에 입문하는 계기가 되었다. 우연 가운데 필연처럼 아니 운명처럼 그렇게 향한 곳이 조그마한 시골교회였다. 그리고 그날 저녁의 그 노래악보와 가사내용은 옛 고려 충신 정몽주의 <단심가(丹心歌)>였다. 그때가 1972년의 어느 봄 저녁시간이었다.

8. 선친께서 골라주신 중학교 교복

나의 선친은 좀 엄격한 편이었다. 가정형편이 어려웠던 시절 언제나 검소한 생활을 해야만 했다. 그래서 머리카락이 길어지면 이발소로 가는 것이 아니라 직접 아버님께서 바리캉으로 머리를 깎아주셨다. 사실 집에서 머리를 깎는 것은 좀 괴로운 시간이었다. 왜냐하면 머리카락의 반은 뽑히는 듯 몹시 아팠기 때문이다. 그렇지만 어쩔 수 없이 아버지께 머리를 맡길 수밖에 별 도리가 없었다. 당시에 신발은 운동화가 아니라 보통 검정고무신을 신었다. 신발이나 옷이 낡아 떨어지면 아버지께서 직접 바느질해 주시곤 했다.

나는 초등학교를 졸업하고 중학교를 입학할 때 즈음 어느 날 아버지를 따라 읍내 시장을 갔다. 한참 시장을 둘러보고 필요한 것을 이것저것 샀다. 무엇보다도 중학교 교복을 직접 아버님께서, 그것도 제일 좋은 것으로 골라서 사주셨고, 거기다가 고급 운동화까지 사주셨다. 어린 나이에 너무도 신나고 기분이 좋았다. 집에 돌아와서 교복을 한번 입고 거울을 보면서 폼도 잡아 보았다. 그리고 방 안에 걸어 놓고 입학식 날을 손꼽아 기다렸다. 아버님에 대한 기억 가운데 하나인 그 기억은 그렇게 중학교 교복으로 인해서 고마움으로 남게 되었다. 중학교 입학식 날은 공교롭게 비가 내렸다. 새로 산 교복과 새 운동화가 비에 젖었다. 그래도 나에게는 신나는 입학식의 하루였다.

나의 기억으로 초등학교 6학년 때에는 수학여행을 가지 못했다. 집안 살림이 넉넉하지 못했기 때문이었다. 그땐 왜 그렇게 속상했던지. 아이들의 수학여행지는 경주 불국사였다. 동료 아이들이 돌아올 때까지 혼자 외롭게 기다려야만 했다. 그리고 또 초등학교를 졸업할 때는 사실 외롭게 혼자였다. 다른 학생들은 가족들이 꽃다발을 안겨주고 하는데 나는 홀로 맞이해야 했던 쓸쓸한 졸업식이었다. 사실 그것 또한 어린 나이에 스스로 감수해야 했고, 다른 학생들이 나를 쳐다보는 것이 그렇게도 창피할 수가 없었다. 어른이 된 지금 나는 아이들 졸업식에는 바쁜 일이 있더라도 반드시 꽃다발을 사들고 가게 되었다. 왜냐하면 나의 어릴 때의 아프고 쓰라린 기억 때문이다.

어느 날 어린 막내딸이 초등학교 수업을 마치고 집에 와서 "다른 애들은 다 휴대폰을 갖고 있는데 나만 없어! 아빠! 너무 속상해! 다른 애들이 나를 거지라고 해!" 그 말을 들으니 부모로서 너무 마음이 아팠다. 옛날의 아픈 기억이 되살아나서 그날로 아이들을 모두 데리고 휴대폰가게로 직행했다. 막내 덕분에 다른 아이들도 덩달아 그렇게 갖고 싶었던 휴대폰을 갖게 되었다. 요즘 아이들에게 휴대폰은 기본적인 소지품이었음에도 아이들은 그동안 아빠의 형편을 생각하고 오랫동안 잘 참아주었던 것 같다.

나의 어린 시절의 기억을 결코 부끄러운 과거로 생각하지 않는다. 대신 부모님으로부터 값진 정신적 교훈과 유산을 물려받았다고 생각한다. 비록 가난하게 살았지만 스스로의 노력으로 열심히 살아왔고, 언제나 고생하신 부모님께 의지하지 않으려고 부단히도 노력했다. 어린 시절의 시련은 나에게는 오히려 홀로서기를 위한 값진 기간이었다. 괴테는 "눈물 젖은 빵을 먹어 보지 않은 사람은 결코 인생의 참맛을 모른다"고 했다.

인생에 있어서 시련과 고난은 값진 깨달음과 소중한 지혜를 선물해 준다. 그래서 시련과 고난은 인생의 위대한 스승이다. 인생에 관한 사자성어로 새옹지마(塞翁之馬), 고진감래(苦盡甘來)라는 말이 있다. 탐스러운 알밤은 예리한 가시 속에 숨겨져 있다. 인생도 마찬가지라고 생각한다. 봄이 되면 나비가 번데기에서 깨어서 나오는 기간이 있다. 그 시간은 일명 골든타임이라고 볼 수 있다. 그런데 날개가 번데기에 붙어서 버둥거리는 것이 안쓰럽다고 해서 가위로 잘라주면 그 나비는 결국 죽고 만다는 것이다. 날개가 번데기에 붙어 있는 동안 힘을 다해 날갯짓을 하다 보면 어느 새 날개에 힘이 생겨나고 스스로 하늘을 향해 날 수가 있다는 사실이다. 이는 대단히 소중한 가르침을 우리에게 준다. '줄탁동시(啐啄同時)'[3]라는 고사성어도 한번 곱씹어 볼 일이다. 부모는 자식이 안쓰러워서 자녀의 성장을 위한 소중한 골든타임을 무시해 버리지는 않았는지 살펴볼 일이다.

9. 학교를 조퇴하고 모내기한 날의 일

중학교 시절 집안 살림이 넉넉지 못해서 모내기철만 되면 학교에 가서도 조퇴를 하고 모내기를 도와야 했다. 그것이 싫었지만 나는 운명처럼 받아들였고, 또한 나에게는 싫어도 해야만 하는 일이라고 생각했다. 어느 날 모내기를 돕기 위해서 학교를 조퇴하고 집에 돌아왔다. 당시에

---

3) 2019년 7월 12일자, m.blog.naver.com.

흔히 인용되는 줄탁동시(啐啄同時)라는 말이 있습니다. 줄탁동시는 중국 송나라 시대에 기록된 『벽암록(碧巖錄)』에 나오는데 우리 삶의 여러 분야에 적용될 수 있는 상징적 의미가 매우 깊은 고사성어입니다.

어미 닭이 알을 품은 지 18일쯤 되면 병아리가 안에서 껍질을 쪼는데 이를 줄(啐)이라 하고, 어미 닭이 그 소리를 듣고 바깥에서 껍질을 쪼는 것을 탁(啄)이라고 합니다. 이 일이 동시(同時)에 일어날 때 새로운 탄생이 이루어진다는 뜻입니다.

병아리가 알에서 나올 때 혼신의 힘을 다하여 껍질을 깨지 않으면 어미 닭 역시 밖에서 도와주지 않습니다. 사자가 절벽에서 새끼를 떨어뜨려 기를 쓰고 올라오는 새끼만을 기르듯이 어미 닭 역시 험한 세상을 스스로 살아가야 된다는 신념을 출발부터 길러줍니다.

병아리가 부화되는 부화장에서는 인공부화를 할 때 알 속의 병아리가 보인다고 사람이 껍질을 깨주면 이런 병아리는 나중에 오래 살지 못한다고 합니다. 어미 닭은 본능적으로 자연의 이치를 알아서 병아리가 스스로 알을 깨고 나오도록 약간만 도와줍니다.

좋은 결과는 혼자서의 노력만으로는 얻어내기 어렵습니다. 우리 삶은 '서로'가 중요합니다. 서로 사랑하고, 서로 배려하고, 서로 존중하고, 서로 노력해야 합니다. 두 손이 합쳐져야 소리가 나듯 서로 지혜를 모으고 서로 힘을 합쳐야 무엇이든 이루어집니다.

행복한 가정은 부부가 줄탁동시 할 때 이루어지고, 훌륭한 인재는 스승과 제자가 줄탁동시 할 때 만들어지며, 세계적인 기업은 노사가 줄탁동시 할 때 태어납니다. 그리고 국가의 번영은 정부와 국민이 줄탁동시 할 때 이룩됩니다.

는 품앗이라는 것이 있었다. 각 집집마다 모내기 날을 정하고 동네사람들이 돌아가면서 서로 도와주는 일을 품앗이라고 한다.

그날은 우리 집 모내기를 하는 날이어서 동네사람들이 한창 오전 모내기를 마치고 점심을 끝낼 즈음이었다. 나 또한 점심을 먹고 들에 나가야만 했다. 그런데 형수님께서 주신 점심밥을 먹으려고 밥을 한술 뜬 순간, 머리카락이 밥과 함께 따라 올라오는 것이었다. 당시 감수성이 예민한 어린 시절이라 비위가 상해서 더 이상 밥을 먹지 못하고 그냥 일어섰다. 그때 이를 지켜본 큰형님이 달려와서 동네사람들이 보는 앞에서 내 뺨을 후려치고, 호통을 쳤으니 그때 상황이 어떻게 되었겠나? 그 광경을 지켜보던 부모님의 마음은 또 어땠을까? 상상이 가지 않는 상황이었다. 부모님께서 동네 사람들과 하루 종일 모내기 하는 동안에 마음 아파하셨을 것을 생각하면 지금도 마음이 아려온다. '그때 밥을 먹기 싫었어도 참고 먹어야 했었는데, 내가 잘못했구나!' 후회의 감정도 많았다. 그 일은 정말로 나에게는 잊지 못할 충격의 사건이었다.

세월이 많이 지나서 지금 아이들을 키우는 부모가 되어보니, 나를 키워주신 부모님의 심정을 깊이 느끼게 된다. 부모의 눈으로 바라보는 자식의 모습에는 미숙한 점도 있기 마련이다. 그러나 미래의 무한한 성장의 가능성을 두고 애정으로 대해야 할 것이다. 현재 아이의 눈높이에서 대하는 부모의 배려와 너그러움도 요하게 된다. 아이들은 반찬이 조금 입에 안 맞아도 투정을 할 때가 있고, 아무렇지도 않은 일에 짜증을 부릴 때도 있다. 그러나 나는 어릴 때의 일 때문에 가능한 한 너그럽게 참으려고 노력하는 편이다. 아이들은 역시 아이들이기에 좀 더 인내하면서 지켜 볼 일이다. 역시 인간은 스스로 부모가 되어 자식을 키워봐야 부모의 심정을 이해하게 되고, 부모를 향한 효심의 마음이 표출되는 것 같다. 그러나 그것을 깨달았을 때는 이미 부모님은 곁에 머물지 않는다. 이것이 인간의 속절없는 운명이며, 삶인가 보다.

그래서 부모님을 생각하면서 자식을 향해 더욱더 큰 희생과 헌신을 투입하게 되는 것 같다. 어린 시절 모내기 하던 날 나의 투정은 통하지도 않았고, 또 그렇게 허용되지도 않았다. 나의 어린 마음에 받은 상처는 이후에 하나의 트라우마로 나의 기억에서 맴돌며 나를 괴롭히곤 했다. 그날 가족과 동네사람들이 우리 집 모내기를 하러 간 사이에 나는 모내기에 가지 못하고 방 안에서 혼자 한없이 울었다. 그때의 일은 정말로 견디기 어려웠고, 소화시키기가 어려웠다. 나에게는 정말로 가혹한 사건으로 오래도록 기억에서 지워지지 않았다. 이것 또한 내가 소화시키고, 넘어가야 할 운명의 산인 것 같다.

사람이 인간관계에서 억울하게 당한 일은 마음에 상처로 남아서 자신을 괴롭힌다. 그 사건 이후 큰형과의 관계는 소통할 수 없는 마음의 큰 벽이 생긴 것 같았다. 나 스스로도 화해를 위한 노력은 했지만, 마음 속에 언제나 미운 마음이 도사리고 있었다. 이제는 그를 용서하고, 미운 마음으로부터 무거운 짐을 들어내야겠다. 사람은 결국 타인을 향한 미운 마음을 갖고 있는 한, 자신의 괴로움에서 해방될 수 없다. 타인에 대한 너그러운 용서는, 결국 자기 자신을 위해서라도 해야만 한다. 이 세상에서 가장 소중한 존재는 다름 아닌 내 자신이기 때문이다. 타인을 사랑하는 것은, 어떤 면에서 나 자신이 소중하기 때문이다. 과거의 아픈 경험을 통해서, 나 자신을 진정으로 사랑하는 방법을 체득해 가야겠다.

10. 오리 한 마리의 효행

우리 가족이 바닷가 고향을 떠나 모친의 고향에 이사하길 잘했다고 생각한 것은 읍내에 있는 중·고등학교가 비교적 가까워서 학업을 계속할 수 있었다는 점이다. 당시에 내 또래의 바닷가 작은 마을 친구들은 읍내 학교가 멀어서 학업을 포기한 어린이들이 많았다. 우리 집으로서는 새로운 곳에 이사를 하게 됨으로 인해서 그만큼 환경의 혜택을 받게 되었다.

내가 중학교에 다니던 시절이었다. 어느 날 우리 집 아래채를 증축하는 일이 있었다. 조그마한 방을 하나 더 꾸미는 일이었다. 큰형님이 울릉도군청에서 근무했고, 고향 가까운 곳인 읍내 울진군청으로 인사이동이 되어, 형수님과 함께 왔기 때문에 새로운 방이 필요했다. 그때 부친이 직접 목수들의 도움을 받으면서 집을 지었다. 돌을 나르고 또 큰 돌을 황토 흙과 함께 바르고, 그 위에 돌을 넣고 하는 작업이었다. 온 가족이 그 일을 도왔다. 그런데 모친이 들어 올려준 돌을 부친께서 잘 받지 못하고 그만 놓쳐서 모친의 머리에 부딪쳤다. 다행히 크게 다치지는 않았지만 큰일 날 뻔한 아찔한 사건이었다.

모친은 그 후에 시름시름 아프기 시작했다. 읍내 한약방에서는 영양부족이라고 진단하고 보약을 지어서 다려 드시기도 했다. 차도가 있을 걸로 생각했지만 보약을 드시면 더 정신이 혼미해지고 머리가 아픈 증상이 더욱 심해진다고 하셨다. 그때마다 모친은 아버지를 향해서 "여보! 이젠 나는 어렵나 봅니다. 아이들 데리고 잘 사세요!" 낙심한 듯 유언적인 말씀을 토로하면 집안은 곧 울음바다가 되곤 했다. 부친은 정말로 속수무책으로 홀로 괴로워하곤 했다. 그래도 정성으로 모친을 간호하시며 애를 쓰셨다.

그러던 중 어느 날 모친께서 너무도 아파서 가족과 읍내에 있는 국립병원을 찾게 되었다. 기본적인 건강 체크를 하던 중 혈압이 의외로 높다는 사실이 밝혀졌고, 다행스럽게도 늦게나마 모친의 병의 원인이 규명되었다. 머리를 다친 이후 신경성 고혈압 증상이 나타났던 것이었다. 그런데 한약방에서는 계속 보약으로 처방을 하니 혈압은 계속 올라갈 수밖에 없었던 것이다. 그 이후 병원에서 혈압 치유를 지속적으로 하면서 혈압 약을 계속 복용하게 되었다.

어느 날 나는 우연히 혈압에는 오리 피와 오리고기가 좋다는 이야기를 들었다. 그래서 나는 모친을 살리기 위해서 용기를 내어 읍내의 울진종고 축산과 선생님을 만나기로 했다. 교무실을 찾아가서 축산과 담당선생님께 모친에 대한 자초지종을 말씀드렸다. 그 이야기를 듣던 선생님은 크게 칭찬하시고 원래 학교의 오리는 팔 수가 없지만 나의 효심이 기특해서 제일 크고 좋은 오리 한 마리를 팔겠다고 말씀하셨다. 나는 정말로 기뻐서 연신 감사의 인사를 드리고 산 오리 한 마리를 품에 안고 집으로 달려갔고, 부모님은 몹시 기뻐하셨다. 그날 모친께서는 오리 피를 드시고, 고기를 삶아서 맛있게 드셨다. 그 후로 하늘이 도와서인지 모친의 혈압은 안정을 되찾았고 자리에서 일어나게 되셨다. 부친은 나를 보고 너의 효심이 어머니를 살렸다고 그렇게 기뻐하셨다. 생전 처음으로 효도 한번 제대로 한 것 같아서 하늘을 나를 듯 기뻤다.

11. 시련의 아픔을 딛고

나의 어릴 적 모든 기억은 마치 영화의 한 장면처럼 지금도 선명한 기억으로 남아 있다. 어린 시절은 마치 하얀 백지와 같아서 어떤 그림으로도 채워 갈수 있는 무한한 잠재성을 지닌 소중한 기간이라고 생각한다. 그림을 어떻게 그려 가느냐에 따라서 걸작도 될 수 있고 졸작으로도 나타날 수 있다. 특히 어린 시절은 감수성이 예민하여 감동했던 좋은 기억은 지금도 추억 속에 그리움으로 남아서 삶의 원동력으로 나타나고, 그리고 상처받았던 안 좋은 기억은 스스로를 옥죄이는 삶의 걸림돌로 작용한다.

나의 어린 시절은 아름다운 자연 속에서 천진난만하게 자랐고, 그리고 가난하게 살았지만 무엇보다도 부모님의 자식을 향한 헌신적 사랑에 감동했다. 이것이 나의 생애에 보물과 같은 경험이요, 현재의 삶에 긍정적인 요소로 작용하고 있다. 이것은 부모님의 정신적 유산이라고 생각되며, 어떤 어려움이 닥치더라도 홀로 극복하기 위해 노력하는 삶을 살게 되었다. 속담에 뿌린 대로 거둔다고 했다. 그리고 모든 일에는 결과가 있으면 반드시 원인이 있다. 농부가 콩을 심었으면 콩을 수확하게 되고, 팥을 심었으면 팥을 수확하게 된다. 이것이 인과의 법칙이며, 또한 자연의 법칙이며, 자연의 순리이다.

어릴 적 나의 부모님은 늘 매사에 정직했고, 언제나 지척에서 고생하시는 모습을 목격할 수 있었다. 부모님은 늘 바쁘셨기 때문에 자식과 다정다감하게 그리고 친밀하게 대화를 나눌 수 있는 그런 시간적 여유조차 없었다. 그래서 어떠한 투정도 무의미한 것이었다. 어려움이 생기면 혼자 생각했고, 혼자 고민했다. 그렇기 때문에 나는 과거 부모님의 사랑에 채워지지 않은 부분이 있으며, 언제나 채워지지 않은 그 부분의 갈급함이 늘 마음속에 자리하고 있다. 역시 사람은 사랑을 받은 만큼 타인을 사랑할 수 있는 것 같다. 그러나 채워지지 않았던 그 부분은 이제 나 자신의 노력으로 채워가고자 한다. 왜냐하면 이것 또한 스스로가 극복해가야 할 인생의 과제이기 때문이다. 그래서 나는 지금의 자녀들에게 그런 부모로서의 역할에 충실하고자 한다.

인생에 있어서 '자신의 운명은 스스로가 만들어 간다'라는 엄연한 사실을 외면해서는 안 된다. 어릴 때의 나의 삶을 통해서 나는 이 말을 나의 인생철학처럼 늘 되뇌면서 살고 있다. 마치 거미가 꽁무니에서 나오는 실로써 자기의 집을 짓고 살듯이 사람도 마찬가지인 것 같다. 아무리 좋은 가문, 좋은 환경에서 태어났다고 하더라도 스스로의 노력이 없다면 무의미하다.

나의 인생에 있어서 시련과 고난은 좌절이 아닌 오히려 큰 축복이었다고 생각한다. 이는 나에게 또한 소중한 깨달음을 안겨준 큰 스승이기도 했다.

제 2 장

한민족 그 정체성의 비밀과 효 문화

1. 현대문명과 효에 대한 물음

현대는 거대한 카오스 현상이 마치 쓰나미처럼 밀려오는 듯하다. 영국의 사학가 아놀드 토인비는 장차 인류문명에 위기가 닥칠 것이라고 말했다. 그때 한민족의 가족문화를 중심한 효 문화가 유일한 해결의 열쇠가 될 것이라고 예언적인 말을 했다.

그렇다면 그가 말한 문명의 위기는 도대체 무엇일까? 그것은 한마디로 가정의 해체이며 붕괴이다. 왜냐하면 인간은 태어나자마자 가정이라는 울타리에서 부모의 사랑에 의하여 자란다. 따라서 가정은 인간행복의 요람이며, 인간사회 형성의 최소단위가 되기 때문이다. 토인비가 말한 인류문명의 위기는 바로 사회형성의 최소단위인 가정의 해체와 붕괴를 의미한다고 볼 수 있다.

오늘날의 과학의 발달에 따른 편리함과 문명의 이기는 현대인에게 극도의 정신문명의 황폐화를 가져왔다. 그리고 극도의 이기적인 삶은 개인의 편리함만을 추구하다 보니 가족과의 관계를 떠나 나 홀로의 공간을 찾게 되었고, 따라서 원룸문화가 우후죽순처럼 나타나게 되었다. 나 홀로의 공간을 갖게 되면 스스로 행복할 줄 알았는데 이 공간은 오히려 고독한 공간이 되어 버렸다. 최근 이웃나라 일본의 동경 중심부에는 고독사로 빈집이 속출하고 있다. 이는 우리나라도 예외가 아닌 듯하다.

이렇게 극도의 이기주의는 또한 퇴폐문화를 가속화시키면서 유례없는 윤리도덕의 '아노미(Anomie) 현상'[4]에 우려의 목소리까지 높아가고 있는 현실을 목도하게 된다. 따라서 이러한 현대사회의 혼돈 속에서 새로운 질서와 가치를 추구하고자 하는 그 필요성이 그 어느 때보다도 절

4) 무규범, 무질서 상태를 말한다. 프랑스의 사회학자 인 에밀 뒤르켐(E. Durkheim)은 그의 저서 『자살론』에서 "사회구성원 행위를 규제하는 공통된 가치나 도덕적 규범이 상실된 혼돈상태"를 나타내는 개념으로 규정하였다. 뒤르켐 이후에도 이 용어는 사회해체 현상을 분석·기술하는 개념으로 쓰이고 있다. 출처: daum 백과사전(검색일: 2012.01.09)

실히 요구되는 상황이다.

인간은 누구를 막론하고 결국 행복을 이루려고 살아간다. 그렇다면 행복은 어떻게 이루어지는 것일까? 행복은 혼자서는 실현될 수가 없다. 인간의 행복은 원초적으로 가정이라는 울타리에서 가족과 더불어서 실현되고 따라서 가정은 행복의 요람이다.

약 2,500여 년 전 공자(B.C. 551-B.C. 479)는 무엇 때문에 효라는 것을 생각했을까?

공자가 태어난 때는 춘추전국시대로서 주(周)나라의 후기였다. 그 당시의 역사적 상황은 전환기적 무질서와 혼란의 시대였다. 따라서 아마도 도덕과 윤리적으로 위기의 시대였을 것이라고 추측해 볼 수 있다.

춘추전국시대에 공자는 노나라의 혼란을 과거 주나라의 전통에서 교훈을 찾고 문제 해결점의 단서를 찾고자 노력했던 것 같다. 그것은 다름 아닌 부모와 자녀라는 근본적인 인간관계이며, 교육을 통해서 모든 혼란을 바로잡고자 시도한 듯하다.

2001년 9월 11일에 미국에서 일어난 끔찍한 테러사건은 마치 영화의 한 장면처럼 세계인에게 충격을 주었다. 사무엘 헌팅턴 교수는 이를 두고 문명의 충돌이라 이야기했다. 인류가 이제 막다른 골목에서 새로운 질서와 가치체계를 모색해야 할 시점에 와 있다.

마치 산모에게 옥동자를 탄생시키기 위한 고통이 있는 것처럼 지금 인류는 그러한 고통의 과정을 거치면서 새로운 여명을 기다리고 있는 듯하다. 일찍이 오스왈드 슈펭글러(1980-1936)는 서구의 몰락을 예견하기도 했다. 이러한 주장은 서구의 물질문명에서 동양의 정신문명으로의 전환을 의미하는 것은 아닐까.

도도히 흘러가는 역사의 흐름은 언제나 고정불변한 것이 아니었다. 마치 살아있는 생명체처럼 끊임없이 생성·발전·쇠퇴의 연속적 과정이었다. 이에 필자는 문명의 이동발전사의 흐름의 관점에 주목하면서, 이제부터 지정학적으로 아시아의 극동에 위치하고 있는 한반도의 역사와 그 문화를 먼저 탐색해 보고자 한다.

2. 한민족의 한(恨)과 도전의 역사

잠시 과거로의 여행을 시작해 보고자 한다. 한민족은 지정학적으로 그리고 운명적으로 대륙세력과 해양세력이 맞닥뜨리는 틈바구니에서 수많은 전쟁을 겪으면서 살아왔다. 한민족은 기나긴 역사를 통해서 수없이 타민족으로부터 침략을 당하면서도 멸하지 않고 끈질기게 역사를 이어온 고난의 민족이었다. 그래서 우리의 역사를 한마디로 슬픔과 恨(한)의 역사로 점철되었다고 표현하기도 한다. 이러한 실례는 우리의 일상 가운데 흔히 쓰는 언어에서 그것을 찾기가 그렇게 어렵지 않다.

우리가 흔히 쓰는 언어에서 "난리야! 난리 났네!"라는 말이 있다. 이는 역사적으로 수많은 전쟁을 겪으면서 연유된 언어라고 생각된다. 예를 들어 "오늘 시장에 가니 사람이 인산인해로 난리야!", "극장에 가니 사람이 많아 난리야!" 여기에서 난리(亂離)라는 말은 흔히 전쟁을 의미하는 말로 통한다. 우리가 과거의 역사에서 얼마나 전쟁을 많이 겪었으면 일상적으로 사용하는 언어에서 이런 전쟁을 의미하는 난리라는 표현을 자연스럽게 쓸 수 있을까 하는 생각이다.

그리고 한국인은 대체로 성격이 급한 편이다. 일본인은 대체로 사탕을 입에 넣으면 끝까지 빨아 먹는다. 그러나 한국인은 사탕을 입에 넣으면 바로 깨서 삼켜야 직성이 풀린다. 그리고 도로에서 차를 운전하면 "빨리 빨리!"를 외치면서 조급해 하는 모습은 카 레이스를 방불케 한다. 그래서 교통사고가 많이 일어나는지도 모르겠다. 외국인이 한국에 와서 제일 먼저 배우는 언어가 "빨리빨리"일 정도이다. 이러한 급한 성향이 어디에서 왔을까? 이 또한 전쟁을 많이 겪은 역사적 배경과 무관치 않은 것 같다. 전쟁이 나면 삶의 터전을 포기하고 서둘러 피난을 갈 수밖에 없다. 숱한 전쟁으로 우리의 삶의 터전은 피폐해졌고 민초들은 수없는 수탈을 당하는 삶을 살았다.

물론 한국인의 이러한 급한 성격의 성향은 부정적인 면도 있겠지만, 긍정적인 측면에서도 생각해 볼 수 있지 않을까. 한국은 해방 후 세계의 신생 독립국가 중에서도 특히 빠른 속도로 경이적인 경제성장을 이룩했다. 6.25전쟁 후에 잿더미 속에서도 단기간에 걸쳐서 산업화에 성공을 거두었으며, 한강의 기적을 일구어 낸 민족이다.

한 가지 재미있는 이야기가 있다. 과거 한창 중동건설의 붐이 있었던 시절, 우리의 많은 근로자들이 돈을 벌기 위해서 해외로 출국했다. 이런 와중에 중동전쟁이 터졌고, 그 당시에 다른 외국의 근로자들이 모두 피난을 가는 상황이었다고 한다. 그러나 뜨거운 사막의 모래바람을 맞아가며, 건설현장에서 일하는 사람들이 있었다. 그것은 다름 아닌 한국의 근로자들이었고, 그들만이 공중에 미사일이 날아다니는 급박한 상황에도 아무렇지 않은 듯 일하고 있었다는 것이다. 그때 어떤 외국인 신문기자가 "무섭지도 않느냐?"고 묻자 한국인 근로자는 "이런 것은 6.25전쟁 때 다 경험한 일이라 무섭지 않다"고 대답했다는 것이다. 아무튼 개인의 성향에서나 국민성에서나 과거의 경험과 삶이 이렇게 현재에 밀접하게 영향을 미친다는 사실이다.

이웃나라 일본인은 지리적 특성상 잦은 지진 및 화산으로 인한 자연재해를 빈번하게 겪어 집단의식이 강한 편이다.[5] 자연재해를 극복하기 위한 협조적인 관계가 무엇보다도 중요했기 때문이 아닐까.

이러한 관점에서 볼 때 우리가 보통 일상생활에서 상대방에게 인사

---

5) 방통대 일본학에서 참조. 일본인은 지진에 의해 일어나는 해일, 화재, 사고, 라이프라인(life line)의 단절 등, 여러 위험과 예로부터 맞대 왔다. 그래서 일본인은 자연 재해에 이기기 위해서 재해 시의 지역사회의 협력체제가 요구된다.

이창위, "일본제국 흥망사", p. 158. 가미카제 특공대의 광신도와 같은 맹목적 열정으로 집단의식, 집단의 결정에 의해 가미카제 특공대가 자살특공대로 나타났다고 지적했다.

를 할 때 흔히 대표적인 인사말로 "안녕하세요?"라고 한다. "안녕하세요?"는 "밤새 죽지 않고 무탈했으며 무사히 살았느냐?"는 안부를 확인하는 인사이다.

우리는 흔히 누구를 만나든 주로 하는 인사 가운데 하나로 "진지 드셨습니까?", "밥 먹었느냐?"하고 인사한다. 또한 "많이 드십시오!"라고 한다. 이는 우리 민족이 과거 역사에서 수많은 전쟁과 수탈을 당하는 아픔에서 비롯된 언어라고 본다. 이것 또한 위에서 언급한 바와 같은 맥락에서 이해할 수 있다고 본다. 전쟁으로 모든 식량을 빼앗기고 헐벗고 불쌍하게 살아온 우리민족의 슬픔과 곡절 속에서 우리는 밥이 중요했던 것이다. 그래서 모든 것이 먹는 것으로 연상되는 듯하다. 예를 들어서 우리가 흔히 톱밥, 귓밥, 실밥 등 사물에 '밥'이라는 단어가 붙는 단어가 많다.

<김형배의 한말글 일깨우기>[6]에서는 '밥'이라는 말은 '연장으로 베거나 깎은 물건의 부스러기'라는 뜻으로 아래와 같이 열거하기도 했다.

귓밥: 귓바퀴의 아래쪽으로 늘어진 살을 말한다.
가랫밥: 가래로 떠낸 흙의 덩이.
가윗밥: 가위질할 때 생기는 헝겊 쪼가리.
갈퀏밥: 갈퀴로 긁어모은 검불이나 갈잎.
까뀟밥: 까뀌질할 때에 생기는 나뭇조각.
끌밥: 끌로 나무를 팔 때 생기는 부스러기.
대팻밥: 대패질할 때 깎여 나오는 얇은 나무오리.
도낏밥: 도끼질할 때 생기는 나무 부스러기.
도맛밥: 도마질할 때 도마에서 생기는 부스러기.
바늘밥: 바느질할 때 더 쓸 수 없을 만큼 짧게 된 실 동강.
볏밥: 논밭을 갈 때 보습의 볏으로 받아 뒤집어 놓은 흙덩이.
사태밥: 산비탈이나 언덕이 사태로 허물어져 생긴 흙무더기.

---

6) 김형배의 한말글사랑*생활국어 연구소, https://cafe.naver.com/hanmal

쇳밥: 쇠붙이를 깎아 낼 때에 떨어지는 부스러기.

실밥: 옷을 뜯을 때 뽑아내는 실의 부스러기. 꿰맨 실이 밖으로 드러난 부분.

연필밥: 연필을 깎을 때 깎여 나오는 나무 부스러기.

자귓밥: 자귀질할 때 깎여 나오는 부스러기 나뭇조각.

톱밥: 톱으로 켜거나 자를 때에 나무 따위에서 쓸려 나오는 가루.

흙밥: 가래, 괭이, 호미 따위로 한번에 떠 올리는 흙. 또는 쟁기나 극젱이 따위에 갈려서 넘어가는 흙.

이렇듯 사물에 밥이 붙은 표현한 다양한 단어들이 있다. 이는 가난과 굶주림에서 비롯된 것으로서, 그만큼 배고팠던 과거의 삶을 나타낸 것으로 짐작할 수 있는 내용이다.

19세기 조선 후기는 역사적으로 대전환의 시점이었다. 산업혁명 이후 서구열강이 앞을 다투어 자원을 확보하기 위한 서세동점(西勢東漸)이 노도와 같이 동아시아로 밀어 닥쳤다. 이러한 상황에 처한 우리 한민족은 그 열강의 침략에 속수무책이었다. 나라 안은 세도정치와 함께 관리들은 양민을 혹사하고, 그 횡포는 극에 달했다. 농민들은 굶주림에 시달려야 했고, 민심은 갈수록 흉흉할 수밖에 없었다. 이로 인해서 1894년에 동학혁명이 촉발되었다. 당시 고부군수 조병갑은 만석보(萬石洑)에 수세를 강제로 징수하면서 농민들을 괴롭혔다. 이에 농민들의 굶주림과 울분이 결국 동학농민운동의 원인으로 작용했다. 이를 입증하는 내용은 <동학농민가>에 나타난 가사내용에서 잘 보여주고 있다.[7]

동학농민가(갑오농민가)

1. 붉은 노을 한울에 퍼져 핍박의 설움이 받쳐
   보국안민 기치가 높이 솟았다 한울북 울리며
   흙 묻은 팔뚝엔 불거진 핏줄 황토벌판에 모여선 그날

7) 고려대 중문과 노래패 '앤'자료 인용.

유도 불도 수천 년의 운이 다했다 농민들의 흐느낌이다
저 흰 산 위엔 대나무 숲을 이루고 봉황대엔 달이 비춘다
(후렴)
검은 해가 비로서 빛을 내던 날 황토현의 횃불이 탄다
하늘 아래 들판의 산 위에 가슴마다 타는 분노는 무엇이었나
갑오년의 핏발어린 외침은 우리 동학농민 피다

2. 검은 강물 햇살에 잠겨 억눌림의 설움이 받쳐
척양척왜 기치가 높이 솟았다 개벽고 울리며
주린 배를 움켜잡고서 죽창 들고 일어선 그날
태평곡 격앙가를 볼 것이다 농민들의 아우성이다
저 흰산 위엔 대나무 숲을 이루고 봉황대엔 달이 비춘다
(후렴)

3. 한울도 울고 땅도 울었다 가렴주구의 설움이 받쳐
제폭구민 기치가 높이 솟았다. 성주소리 드높이며
초근피죽 한 사발에 울고 울었다 갈가마귀 울부짖던 그 날
춘삼월 호시절을 볼 것이다 농민들의 불만기이다
저 흰 산 위엔 대나무 숲을 이루고 봉황대엔 달이 비춘다
(후렴)

위의 가사내용을 미루어 볼 때 민초들이 얼마나 배고픔의 서러움을 겪었는가를 짐작케 한다.

특히 근세사에서 일제식민지 통치와 수탈, 6.25 한국동란의 잿더미 속에서 우리 민족은 무엇보다 배고픔의 서러움이 가장 컸다. 민초들은 아무리 농사를 지어도 가을의 수확기에는 언제나 과도한 소작료와 무거운 세금으로 허리띠를 졸라매는 고통을 겪어야만 했다. 특히 겨울 내내 남은 식량으로 근근이 버티다가 4월 이후부터 시작되는 춘궁기라는 보릿고개가 있었다. 보리 수확 때까지 아직도 여물지 않은 보리이삭을 쳐다보면서 초근목피(草根木皮)로 연명해야 했다. 소나무 껍질, 솔잎, 칡뿌

리 그리고 산이나 들에서 다양한 산나물을 캐어서 허기진 배를 채워야만 했다.

우리 민족이 사실 배고픈 과거의 역사를 극복한 시기는 그리 오래되지 않았다. 1970년대 통일벼라는 다수확 품종을 개발하여 흰 쌀밥을 흔하게 먹기 시작했다. 이런 뼈아픈 역사를 체험하지 못한 세대들에게는 좀 이해가 어려운 내용일 수 있다. 어떤 아버지가 자식에게 "애비는 옛날에 어려워서 굶기를 밥 먹듯 하면서 살았다"고 말했다. 그러자 그 말을 들은 아들이 "아버지, 왜 바보처럼 그렇게 굶었나요? 차라리 라면이라도 끓여 드시지!"라고 말했다. 자식은 아버지가 살았던 그 시대적 상황을 함께하지 못했기 때문에 아버지의 말을 이해하지 못한 것이다.

이렇게 배고픈 설움을 겪어온 것 때문인지 몰라도, 우리는 일상의 대화 가운데서도 마음을 결정했다는 표현을 흔히 '마음을 먹었다'고 한다. "마음 잘 먹어라!", "밥 잘 먹을 생각 말고 마음을 잘 먹어라!" 이런 한국적인 언어를 외국어로 번역하기가 쉽지 않다. 마음이 음식물도 아닌데 어떻게 먹을 수 있나? 한국인은 욕도 먹었다로 표현한다. 욕을 어떻게 먹을 수가 있나? 축구경기에서 한 골을 진 것에 대해서도 "한 골을 먹었다!"로 표현한다. 이러한 표현은 무수히 많다. 한국인이 사용하는 이런 언어의 표현은 단순한 의미가 아니다. 한민족의 역사적인 배경과 그 문화를 알지 못하면 이해할 수 없는 말이다.

그리고 매사를 즐거움으로 대하는 외국인은 '새가 노래한다'라고 표현한다. 그러나 한국인은 '새가 운다', '소가 운다'라고 표현한다. 심지어 겨울에 바람이 들어오지 않게 문에 발라놓은 문풍지가 바람에 흔들려서 소리가 나도 '문풍지가 운다'고 표현했다. 이러한 언어들은 우리 민족의 슬픔의 역사와 연관성이 있음을 짐작케 한다. 그래서 그런지 한국인들은 과거에는 영화도 주로 슬픈 영화를 선호했다. 극장에서 영화를 보고 나오면서 손수건으로 눈물을 닦으면서 "오늘 영화 정말로 좋았다"고 말한다. 이러한 한국인의 심성은 바로 고난과 슬픔의 역사에서 기인되었다고 생각한다.

한민족은 타 민족으로부터 침략과 수난을 당하면서도 언제나 평화를 애호하며 선하게 살려고 노력했다. 고난에 처해도 낙담하거나 한탄만 하지 않았으며, 오히려 희망으로 승화시켜 가고자 애썼다. 슬픔과 한을 흥으로, 노래로 발산해 버리려는 고상하고도 정이 깊은 민족이었다.

한민족의 애환과 사랑, 슬픔 등의 정서는 지역마다 다양하고도 독특한데, 아리랑의 노래가 그 좋은 예라 하겠다. 아리랑은 지역에 따라서 그 지역의 독특한 의미와 정서를 담고 있다. 아리랑은 우리 민족의 역사와 더불어 우리의 얼과 혼이 담겨 있는 노래라고 볼 수 있다. 아리랑은 전국적으로 약 60여 종, 3천여 수에 이른다고 한다. 아리랑은 이렇게 우리 민족의 독특한 민요로서 전래되어 왔으며, 대표적으로 강원도의 정선아리랑, 호남의 진도아리랑, 경남의 밀양아리랑을 3대 아리랑이라 칭한다.

고난과 슬픔에 처했어도 결코 낙망하지 않았고 오히려 노래와 춤으로 우리의 민족성을 발산하며 역사에서 사라지지 않고 끈질기게도 연면히 이어온 특이한 민족이었다. 그리고 근대에 있어서 짧은 기간에 산업화와 민주화에 성공하였다. 오늘날 세계의 여러 나라를 제치고 11위의 경제대국으로 발돋움한 우리를 세계는 경이로운 눈으로 주시하고 있다.

특히 우리 민족의 강인한 특성은 과거의 역사에서 여러 국면으로 나타났다. 국난에 처하면 처할수록 결코 좌절하지 않았다. 어려움에 처하면 오히려 지혜롭게 대처하는 등 위기대응 능력이 뛰어난 민족이었다. 그 예로서 과거 일제강점기에 1,300만 원의 차관을 가지고 경제적으로 예속시키려던 일본에 맞서 우리 민족은 국채보상운동을 일으켰다. 이에 전 국민이 동참하여 허리띠를 졸라매고 그 빚을 조기에 상환했다. 외환위기(IMF)에 처했을 때도(1997. 12. 3~2001. 8. 23) 온 국민이 일치단결하여 갖가지 금붙이를 모아서 단기간에 이를 극복하여 세계를 놀라게 했다. 또한 충남 태안 앞바다의 기름유출사고[8]가 일어났을 때도 온 국민이 자발적으로 봉사활동에 동참하여 인간 띠를 이루는 이변을 연출하였다. 짧은 기간에 기적처럼 깨끗한 바다로 탈바꿈시켰다. 2002년 한일 월드컵에서는 온 국민이 동참하여 대한민국을 외쳤다. 열정적으로 응원하는 붉은 악마의 물결은 선수들과 혼연일체가 되어 월드컵 4강이라는 축구의 새로운 신화를 만들기도 했다.

그리고 과거 역사에서 우리의 국난 극복의 사례는 헤아릴 수 없을 만큼 많다. 특히 고려시대 거란의 소손녕이 80만 대군으로 고려를 침입해 왔을 때가 있었다. 이를 외교적 담판으로 강동6주를 피 한 방울 흘리지 않고 찾아온 서희 장군의 지략과 담대함은 국난 극복에 대처한 훌륭한 사례이다. 이는 당시 서희 장군이 동북아 정세를 정확하게 간파하고, 송과 거란 사이에서 탁월한 외교전을 펼친 결과로 보인다. 강동6주의 땅과 그 길을 허용할 것을 대담하게 요청하여 거란과 상호 간에 잘 살 수 있는 상생의 외교를 펼친 결과였다.

그리고 어려움에 처해도 이웃과 어려움을 함께 나누는 정이 넘치는 민족이었다. 과거 농경사회에서 서로 돕는 단합된 품앗이, 두레, 향약 등은 우리 아름다운 공동체의식의 발로에서 비롯되었다고 볼 수 있다.

예로부터 어려워도 더불어 살기를 원했던 한민족은 경천애인사상(敬天愛人思想)이 남달리 강했다. 이는 삶에서 언제나 하늘을 공경하고 사람을 사랑했다는 증거이다. 그리고 우리의 DNA 속에는 언제나 평화를 사랑하고, 이웃나라를 도와주는 정신이 있었다. 이는 바로 홍익인간(弘益人間)의 정신에 기인했으며, 이러한 정신은 우리의 역사 속에 끊이지 않고 연면히 관통하고 있었다. 내면의 이러한 정신이 어려운 고난을 극복해온 원동력이 되었으며, 이는 역사상에서 동학운동으로, 3.1운동으로 분출되어 나타나게 되었다.

---

8) 2007년 12월 7일 충청남도 태안군 앞바다에서 홍콩 선적의 유조선 '허베이 스피릿호'(중국어: 河北精神號, Hebei Spirit)와 삼성물산 소속의 '삼성 1호'가 충돌하면서 유조선 탱크에 있던 총 12,547킬로리터(78,918배럴)의 원유가 태안 인근 해역으로 유출한 사고. 위키백과에서 참조.

3. 한민족을 중심한 효 문화의 흐름

예로부터 한국은 특별히 효의 개념에 대해서 깊은 의식을 갖고 있었던 민족이었다. 따라서 한국은 이웃나라로부터 '동방예의지국(東方禮義之國)'이라고 불릴 정도로 예의와 도의를 갖춘 민족이었다.

한국의 효 문화는 사실 중국의 유교문화가 들어오기 이전부터 우리 민족을 지켰던 중심사상이었다. 한국의 효 문화는 양친 부모(兩親父母)를 섬기는 것은 물론 돌아가신 후에도 정성을 다해서 예를 갖추어서 제사를 지내는 영속적인 효 문화의 개념으로 이해해야 할 것이다. 물론 한국의 효 문화는 유교의 영향을 가장 많이 받았다고 볼 수 있겠으나 그 이전에 이미 한국의 역사 속에 기원을 두고 있는 샤머니즘에 그 근원을 둔 일종의 민족 신앙이 자리 잡고 있었다. 한국은 특히 불교, 도교, 유교, 그리고 기독교의 문화권을 중심한 효 문화가 이미 샤머니즘에 근원을 둔 한국적 토양에서 자연스럽게 융합과 조화를 이루면서 토착화되었다.

한국인이라면 누구나 잘 알고 있는 대표적인 고전문학으로 춘향전, 심청전, 흥부전등이 있다. 이는 한국인의 독특한 심성에 바탕을 두고 있는 이러한 고전문학은 작자미상이며 구전전승(Oral Tradition, 口傳傳承)을 통해서 이어져 왔다. 이러한 고전문학을 보더라도 그 근저에는 선을 사랑하는 효 문화는 한국민족의 정서 속에 깊이 그 기층문화를 형성해 왔음을 알 수 있다. 또한 그 스토리 속에서 다양한 종교적인 배경이 혼재되어 있음은 모든 종교에 대해서 배타성 없이 융화하며 조화롭게 발전시켜 왔음을 입증할 수 있는 내용이다.

그렇다면 한국의 효 문화는 기나긴 역사 가운데 어떻게 우리 사회 속에서 발전하며, 내면화되어 왔는가? 그 예를 살펴보면 상고시대로 거슬러 올라갈 수 있다. 상고시대는 혈연을 중심으로 한 농경사회였다. 그들은 하늘에 제사를 지내는 독특한 제천의식이 있었다. 그 예로서 부여의 '영고(迎鼓),'[9] 고구려의 '동맹(東盟)'[10] 그리고 동예의 '무천(舞天)'[11]

이 그것이었다. 이러한 제천의식은 일종의 조상숭배사상이며, 이러한 의식과 문화는 그 당시의 문화와 사회의 체제를 이끌어갔던 기본원리로 볼 수 있다.

그리고 삼국시대는 역사에 있어서 대전환의 시점이라고 볼 수 있다. 왜냐하면 무엇보다도 중국의 문자인 한자의 전래를 들 수 있다. 이 시대에 있어서 비로소 문자를 중심한 문화의 폭이 양적·질적으로 높은 단계로 진입되었다고 추측해 볼 수 있다. 한편 중국의 유불선(儒佛仙)의 전래로 인해서 한층 효에 대한 의식이 높아졌다. 이 시대는 특히 조상숭배사상을 기반으로 유교와 불교적인 효 개념이 융합되어서 나타났다. 특히 백제에 있어서는 박사제도가 있었고 일본에 왕인(王仁) 박사를 보내어 천자문과 유학경전을 전해 줌으로써 양국과의 교류가 활발하게 이루어지는 계기가 되었다. 양국에 충효교육이 제도적으로 이루어질 수 있는 토대가 마련되었다.

그리고 신라의 진평왕 때 승려 원광법사가 가르친 세속오계의 사상을 예로 들 수 있다. 신라의 화랑도 정신[12]의 근본사상은 바로 효의 핵심사상이며, 무엇보다 부모에게 효도하고(事親以孝) 전쟁터에 나가서는 결단코 후퇴하지 않는다는 임전무퇴(臨戰無退)의 화랑도 정신은 부모를 향한 효심의 발로에 근거를 두었다. 이렇게 화랑도는 효에 가치관을 두고 전통적인 사회의 규범을 익히며, 수련의 과정을 거쳤던 것으로 보인다.

다음으로 고려시대는 유교의 정치이념과 불교가 혼재되어 있었으며, 사회 전반에서는 불교가 주축을 이루었던 사회체제였다. 특히 성종11년(992)에는 국립 최고의 교육기관으로서 국자감을 두었다. 여기에서 차원

---

9) 신을 맞이하기 위해 굿과 노래, 춤이 어우러지고 북을 치는 제천의식
10) 고구려의 모든 부족이 모여 맹세하여 맺은 의식으로 고구려의 시조인 주몽, 즉 동명성왕을 기린 제천의식.
11) 동예에서 하늘에 제사를 드리고 춤추며 즐기던 제천의식
12) 花郞道 精神은 圓光法師의 世俗五戒를 중심한 사상이다.

높은 유학의 교육과정과 『논어』와 『효경』을 가르쳤다. 이후에 안향(1234-1306)에 의해서 중국의 송나라 때 발달한 성리학이 도입되었고, 관혼상제 의식에 큰 변화가 시도 되었다. 성리학은 우주만물의 원리와 인간의 본성에 초점을 둔 철학이며, 사변적 신유학이라는 가치체계였다고 볼 수 있다. 사실 고려시대에는 이러한 교육의 혜택을 균등하게 받을 수가 없었으며, 일부 특권적인 사대부 명문가만 교육의 혜택을 받을 수 있었다. 따라서 이 시대의 효 개념은 지극히 권위주의적이며, 형식주의적인 측면이 강조되었다고 볼 수 있다.

여말선초(麗末鮮初)로 넘어오면서 성리학은 조선시대의 급진개혁파였던 정도전을 중심으로 숭유억불(崇儒抑佛) 정책이 시도되었다. 다시 말해서 조선의 건국이념은 유교의 이념을 근간으로 시작되었다. 이렇게 조선시대는 정치, 경제, 사회, 문화, 산업 전반에 걸쳐서 유교의 철학적 사고로 형성되었다 해도 과언이 아니다. 이 시대의 교육은 국립교육기관인 성균관과 국립학교인 관학으로서의 4학의 교육기관이 있었다. 그리고 전국의 부, 목, 군, 현에 향교가 설립되어 교육이 활발하게 이루어졌지만, 무엇보다도 양반을 중심한 사대부 특권층만이 누릴 수 있는 교육의 불균형은 여전히 지속되었다는 점을 지적할 수 있다.

무엇보다도 특이하고 놀라운 사실은 조선 건국을 하면서 한양 도성을 철저히 인간으로서 갖추어야 할 도리를 생각하면서 축성했다는 사실이다.

그 실례로서 동대문은 인(仁)을 일으키는 문이라 해서 흥인지문(興仁之門), 서대문은 의(義)를 두텁게 갈고 닦는 문이라고 해서 돈의문(敦義門), 남대문은 예(禮)를 숭상하는 문이라 해서 숭례문(崇禮門), 북문은 지(智)를 넓히는 문이라는 뜻으로 홍지문(弘智門)이라 했다.

마지막으로 중심에 가운데를 뜻하는 신(信)을 넣어 보신각(普信閣)을 세웠다. 보신각의 종이 울릴 때마다 언제나 인간의 지켜야 할 도리를 생각하라는 뜻이었을 것이다. 이렇게 한양 도성을 오상(五常)에 기초하여

건립하였다는 사실이다. 오상은 인(仁), 의(義), 예(禮), 지(智), 신(信)으로 인간이 갖춰야 할 다섯 가지 기본 덕목이다.

인은 측은지심(惻隱之心)으로 불쌍한 것을 보면 가엾게 여겨 정을 나누고자 하는 마음이고, 의는 수오지심(羞惡之心)으로 불의를 부끄러워하고 악한 것은 미워하는 마음이며, 예는 사양지심(辭讓之心)으로 자신을 낮추고 겸손해야 하며 남을 위해 사양하고 배려할 줄 아는 마음이고, 지는 시비지심(是非之心)으로 옳고 그름을 가릴 줄 아는 마음이고, 신은 광명지심(光名之心)으로 중심을 잡고 항상 가운데 바르게 위치해 밝은 빛을 냄으로써 믿음을 주는 마음이다.

보신각이 4대문 중심에서 종을 울리는 것은 인의예지를 갖추어야 인간은 신뢰할 수 있다는 유교적인 철학을 뜻하는 것이다.

요즘 흔히들 예의가 없는 사람에게 이르기를 '싸가지가 없다'고 지적한다. 이는 사람이 갖추어야 할 인(仁), 의(義), 예(禮), 지(智) 네 가지가 없는 사람을 지칭하는 말이다. 그만큼 네 가지의 도리를 중시 여겼다는 사실을 반증하는 내용이 아닐 수 없다.

지금도 서울에는 이러한 4대문과 중앙의 보신각 종이 그대로 남아 있다. 세계에 그 유래가 없는 훌륭한 문화유산이 아닐 수 없다. 도덕과 윤리를 지키는 한민족의 위대한 정신이다.

그리고 유교문화를 중심한 효 윤리관은 철저히 종적 질서를 최고의 가치로 삼았다. 이러한 사회윤리적인 형태는 부모가 타계한 후에도 똑같이 섬겨야 한다는 입장에서 3년 시묘살이라는 관습까지 등장하게 되었다.

이러한 당시 사회구조 속에서 획기적으로 교육과 문화에 영향을 끼친 것은 무엇보다 조선시대(1443) 세종에 의해서 한글이 창제되었다는 사실을 들 수 있다. 물론 당시 중국에 대한 강한 사대주의에 집착하고 있었던 일부 지배층 내부에서의 극심한 반대가 있었다. 그러나 누구나 쉽게 배울 수 있는 한글(훈민정음)의 발명은 농민들이 읽어야 하는 『농서(農書)』와 백성을 선도하는 『윤리서(倫理書)』를 쉽게 접할 수 있게 한다는 큰 이점이 있었다. 그리고 무엇보다도 일반 백성이 지킬 수 있도록 삼강오륜(三綱五倫)[13]과 같은 책을 한글로 표기하여 보급했다는 사실은 충효 교육에 있어서 의미하는 바가 크다 할 수 있다.

유가의 사상은 공자를 시작으로 해서 맹자를 통해서 결실을 맺었다고 한다면 조선시대의 역사에서 공자의 사상을 보다 원숙한 사상으로 발전시킨 인물로서 퇴계 이황과 율곡 이이를 꼽을 수 있다. 이들에 대해서 김익수는 그의 저서에서 다음과 같이 언급하고 있다.

> "한국의 양대 사상가로서 세계적으로 유명하다. 그 이유는 한국이 낳은 걸출한 도학자(道學者)요, 유교경전을 재검토하여 칠서(七書)를 석의(釋義)하였으며 경학(經學)연구의 토대를 세운, 그리고 이러한 바탕 위에 송대(宋代)의 성리학을 한국적으로 대성시켜 정착시킨 공적이 너무나 뚜렷하기 때문이다."[14]

특히 퇴계 이황을 통하여 공맹사상이 한국적 토양에서 효를 중심으로 교육철학을 확립할 수 있었다는 것은 의미와 가치가 크다고 할 수 있다. 또한 효는 한국적 토양에서 어떻게 독특한 문화를 이루면서 사회에 내면화되어 기층문화를 형성해 왔는가에 대한 내용을 시사해 준다.

한국이 오랜 역사를 이어오면서 농경문화를 중심으로 형성한 대가족제도는 혈연을 토대로 한 가족공동체의 형태였다. 도작문화(稻作文化)는 한국인으로 하여금 하늘에 의지하는 성향을 갖게 하였으며, 또한 농사에

---

13) 삼강오륜이란 유교의 사상에서 기본이 되는 3가지 강령(綱領)과 5가지 인륜(人倫)을 지칭한다. 삼강은 군위신강(君爲臣綱), 부위자강(父爲子綱), 부위부강(夫爲婦綱)을 말하며, 오륜은 5가지 인간이 지켜야 할 다섯 가지 기본 도리를 말하며 군신유의(君臣有義), 부자유친(父子有親), 부부유별(夫婦有別), 장유유서(長幼有序), 붕우유신(朋友有信)을 뜻한다.

14) 김익수, 『退溪의 孝思想과 家族文化의 형성』「한국교육철학의 기저」『한국사상과 문화』 제44집, 서울: 한국사상문화연구원, p. 267.

대한 경험을 갖고 있는 어른들의 경험에 권위가 부여되어 가부장적인 질서체제가 자연스럽게 세워지게 되었다.

그리고 한국사회에 있어서의 효 문화의 개념은 특히 유교적인 전통에 기반을 두고 특권적이며 지배적인 사회구조로 내면화되었다. 그리고 사대부의 특권적인 지배구조는 자연히 혈연과 가문을 중시 여기는 경향으로 나타나게 되었다고 볼 수 있다. 개인보다도 가문의 명분을 우선시하게 되는 독특한 가족문화를 낳게 되었다.

> "우리나라의 가족문화는 개인의 일보다는 가족의 일을 우선시한다. 그렇기 때문에 우리나라 사람은 자기 자신과 가족과의 관계를 생각할 때 '가족 속의 나'라는 관점에서 생각한다. 내가 먼저 있고 가족이 있는 것이 아니라, 가족이 있기 때문에 내가 존재한다고 생각하는 것이다. 효도사상과 부모에의 순종을 강조하는 것 등도 개인의 욕구보다는 가족을 더 중요시하는 문화와 관련이 있다. 개인이 미래의 직업을 선택할 때도 단지 자기 개인만의 욕구나 흥미를 고려하는 것이 아니라 부모와 다른 가족들의 기대와 바람을 먼저 생각하는 경우가 많다. 체면은 우리나라 문화에서 매우 중요한 가치인데 이 체면문화도 가족 중심의 문화와 관련이 있어 보인다. 체면에는 개인의 체면도 있지만 가족의 체면도 있다. 자신의 어떤 행동으로 인해서 가족의 체면을 손상시키게 되었을 때 우리는 개인의 체면을 손상시켰을 때보다 더 큰 죄책감을 느낀다. 개인보다 가족이 더 중요하게 여겨지기 때문이다. 그래서 우리는 내 가정의 체면에 손상이 가지 않도록 행동을 조심할 때가 많다."[15]

따라서 가족을 중심한 종적 질서의 가치관은 한국인의 삶 속에서 특히 웃어른에 대한 '예의'를 중시했다. 인간관계에서 "버릇이 없는 놈" 또는 "예의가 없는 놈", "도리가 없는 놈"이라는 말을 듣는 것을 부끄럽고 수치스러운 것으로 여겼다. 다시 말해서 인간관계에 있어서 윗사람을 공경하고 예의를 지켜야 마땅하다는 생각이 한국인의 삶 속에 심층적으

---

15) 조화태·김계현·전용오, 『인간과 교육』(서울: 한국방송통신대학교출판부, 2008), p. 170.

로 깊이 내면화되었다고 볼 수 있다. 이렇게 한국의 전통적 효 문화는 사실 정서적인 면보다도 대의명분과 율법적인 형식에 치우쳐 있고, 따라서 경직된 경향이 적지 않은 듯하다. 이러한 점에서 박명석은 그의 저서 『세계화와 동·서양 문화 커뮤니케이션』에서 아래와 같이 지적하고 있다.

> '한국의 풍토에서는 모든 인간관계의 근간(根幹)을 이루는 것이 애정이나 평등보다도 계층적 구별이나 위엄이고, 동포애보다는 권위 의식이며, 민주적 평등 관계보다는 강자에 대한 봉건적인 주종 관계이다.'[16]

박명석은 효가 한국사회의 구조 속에서 정서적인 면보다는 형식적이며 신분적 질서를 우선하는 경향으로 나타났다는 점을 지적하고 있다. 이러한 사회적 성향은 사회적 명분과 남의 시선을 살피게 되는 특이한 '수치의 문화'[17]로 나타나게 되었다는 것이다. 수치의 문화라고 하는 것은 자신의 마음에서 우러나와서 행동하는 것이 아니라 사회적인 이목과 통념에 의해서 이루어지는 것이다. 이러한 수치의 문화가 시대의 과정을 통해서 우리 한국인의 의식 속에 형성되었다고 볼 수 있다. 그래서 박명석은 그의 저서에서 수치문화에 대해서 "한국인의 정서는 농경문화를 배경으로 해서 샤머니즘, 즉 수치문화에서 왔다"[18]고 강조했다. 이러한 과거의 전통적 유교문화를 중심으로 이어져온 효 문화의 역기능적인 면은 이제 현실에 맞게 승화시켜가야 할 과제를 안고 있다.

이제 시대가 급속도로 바뀌어 가고 있는 사회적 상황에서 무엇보다도 효의 정서적인 면을 중심으로 한 효의 실천 방법은 시대의 흐름에 따라서 얼마든지 바뀔 수가 있다는 점이다.

그리고 서구의 합리적이고 실용적인 사고도 우리는 유연성 있게 볼

---

16) 박명석, 『세계화와 동·서양 문화 간 커뮤니케이션』(서울: 태학사, 2001), p. 58.
17) 루스 베네딕트는 일본의 문화를 서양의 문화와 대비시켜서 "수치의 문화"라고 표현한 바 있다.
18) 박명석(2001), p. 174.

수 있어야 하며, 발전시켜갈 필요성이 또한 있다고 생각한다. 다시 말해서 동양적 상하의 수직문화와 서양적 좌우의 수평문화가 서로 상호 조화를 이루며, 효 문화의 역기능적인 면을 극복해 가야 할 숙제가 우리 사회에 남아 있다고 볼 수 있다.

4.충(忠)보다 효(孝)가 근본이다

우리는 전통적으로 효는 '백행의 근본(百行 根本)'이라는 입장에서 효를 모든 지식과 행위의 근본에 두었다. 그러나 일본은 같은 동양적 유교의 영향을 받았음에도 효보다 충을 더 근본에 두고 있다. 그러나 인간의 양심과 본심의 발로는 무엇보다도 효에 두고 있다는 것을 다음의 역사적 내용을 통해서 입증할 수 있다.

왜장(倭將) 사야가(沙也可), 김충선(金忠善)의 귀화 400주년이 되던 1992년에는 일본 NHK 방송이 그에 대한 다큐멘터리를 제작해 방영한 바 있다.

그는 1592년(선조 25년) 임진왜란 당시 가토 기요마사(加藤淸正)의 좌선봉장으로 군사 3,000명과 함께 동래성으로 상륙하였다. 그는 사실 침략한 날로 해서 그다음 날 '명분 없는 전쟁은 불가하다"고 반대하면서 "이 나라의 예의문물과 의관 풍속을 아름답게 여겨 예의의 나라에서 성언의 백성이 되고자 할 따름입니다"라는 글을 당시 경상도 병마절도사(慶尙道兵馬節度使) 박진에게 전한 뒤 그의 군졸 3,000명과 함께 투항해 왔던 인물이다.

그는 투항하여 온 이후에 곧장 조선군과 함께 일본군에 대항하여 큰 공을 세우기도 했다. 또한 그는 조총과 화포 및 화약을 제조하는 기술도 전수해 주기도 했다. 이어서 병자호란과 이괄의 난에 공을 세워 '삼란공신(三亂功臣)'이라는 칭호를 받은 바 있다. 이후 도원수(都元帥) 권율(權慄), 어사 한준겸(韓浚謙)의 건의로 선조(宣祖)는 사야가에게 이름을 하사하게 되었다. 그의 성인 모래(沙)에서 나오는 금(金)과 바다를 건너온 이방인이라는 사실을 합쳐서 김해(金海)를 본관으로 정해주었다. 왕이 직접 내린 본관이라 해서 사성(賜姓) 김해김씨로 부르도록 했다. 그의 이름은 한국식으로 김충선(金忠善)이라고 명하게 되었다.

현재 대구시 달성군 가창면 우록리에 사야가의 후손들로서 김해 김씨 혹은 지명을 따서 우록 김씨의 집성촌을 이루고 있다.

일설에 의하면 사야가가 조선으로 투항하게 된 배경에는 그가 목격한 감동의 광경이 있다는 이야기도 전해 오고 있다. 임진왜란의 난리 중에서도 조선의 어떤 농부가 늙은 노모를 등에 업고, 또 그의 부인은 한 손으로는 보따리를 잡아 머리에 이고 다른 한 손으로 자식의 손을 잡고 황급히 피난을 가고 있었다고 한다. 우연히 이를 목격한 사야가는 '조선에 저렇게 어진 백성이 있구나!' 감탄을 하면서 '저런 착하고 어진 백성을 총으로 죽인다는 것은 결코 성현의 가르침이라고 볼 수가 없다'고 생각한 사야가는 주저함이 없이 자신의 병사와 함께 투항해 오게 되었다는 내용이다.

일본의 입장에서 볼 때 사야가는 일본을 배신한 인물이다. 당시에 가도 기요마사는 자신의 문책에 대한 두려움이 앞선 탓에 전사자로 보고했는지도 모른다. 그래서인지 사야가는 일본의 역사기록에는 그 어떤 기록에도 나타나 있지 않다. 일부 일본의 역사학자들은 사야가는 조선이 만든 허구의 인물이라는 주장을 내놓기도 했다. 그러나 일본의 양심 있는 학자들 사이에서는 사야가를 실제 인물로서 확인하고 복원하려는 움직임이 일고 있다.

태평양 전쟁 당시 일본의 가미카제 특공대가 미 하와이 진주만을 폭격했을 때의 일이다. 작은 폭격기에 꽃다운 젊은이들이 히노마루(일장기)가 그려진 하지마끼(머리띠)를 머리에 두르고 오직 천황을 향한 절대 충성심으로 마지막으로 천황 만세를 외치고 출격을 했다. 하지만 막상 미 함대에 자살폭탄으로 떨어지는 순간 그들의 마지막 외침은 천황이 아니었으며 오까상!(어머니)을 외치면서 비행기와 함께 떨어졌다고 한다.

이는 많은 내용을 우리에게 시사해 주고 있다. 인간의 근원적인 본성은 변할 수 없으며, 어떠한 이데올로기로도 바꿀 수 없다는 사실이다.

일본 국어사전(大辭泉)에서 효에 대한 의미는 다음과 같다.

「1. 자녀로서 부모를 소중히 하는 것 2. 부모를 소중히 하듯이 남을 소중히 여기는 것」 1의 의미는 이미 공공연한 것이 되어있지만, 2의 의미는 효행을 널리 해석하고 있다.

또한 '충'을 찾아보면 「1. 성심을 다하여 임무를 잘 이행하는 것 2. 군주 또는 국가에 대하여 정성을 다하는 것. 충의와 충성」

충의 의미에서 1의 의미는 사회에서의 책임을 수행하는 것으로 바꿔 말할 수 없을까.

자국의 이익을 계속해서 추구했기 때문에 세계적으로는 비난을 받아 온 일본이 지금 과거와는 다른 충효의 정신을 가지고 변화를 시도하려고 하고 있는 듯 보인다. 충효라고 하면 과거 일본에 있어서의 천황을 중심한 통치의 이데올로기적 개념으로 생각할 수 있겠지만, 현실에 있어서 일본은 과거의 틀을 벗어나기 위해서 여러 가지의 사회적 변화를 시도해 왔다.

일본의 일만 엔 권에 등장하는 '후쿠자와 유키치'라는 인물이 있다. 그는 1885년 그가 만든 시사 신보에서 탈아론(脫亞論)을 주장했다. 지금의 시대적 대세에 민감한 일본은 입아론(入亞論) 쪽으로 몸짓을 하고 있는 듯하다. 그러나 아시아에서는 일본의 신뢰와 진정성을 주시하고 있다.

과거의 충이라는 통치 이데올로기에서 이제 보다 근본적인 효에 바탕을 두고 확장된 영역으로서의 충의 의미를 되새겨 볼 일이다. 따라서 보다 더 근원적이며, 보편적 가치로서 부모와 자녀와의 정서적인 관계성을 먼저 생각해 봐야 할 일이다. 왜냐하면 이러한 효 문화가 금후의 일본사회에서도 필요로 하기 때문이다.

결론적으로 한국과 일본의 효에 관련해서 직접적으로 비교하는 것은 큰 의미가 없지만, 양국의 효에 대한 차이점의 핵심은 두 나라가 국가를 형성하고 유지해 온 근본적인 가치관과 규범의 차이라고 할 수 있다. 그 뿐만 아니라 그 규범을 바탕으로 국가를 통치하는 데 필요했던 정치문화적 환경의 차이도 두 나라의 효의 차이를 이해하는 데 중요한 요소라고 할 수 있다.

5. 한민족의 고난과 코리안 디아스포라

'흩어지다'라는 뜻의 그리스어로 '디아스포라(diaspora)'는 조국을 잃고 뿔뿔이 헤어져 살던 유대민족을 가리켰다. 흔히 유대민족은 고난의 민족이라는 대명사로 불렸다. 그들은 모세의 리더십을 따라 종살이 애급에서 젖과 꿀이 흐르는 가나안으로 엑소더스(exodus)를 한다. 홍해를 건너고 갖은 고통을 사막에서 유리 고객 하는 아픔을 겪었다. 2,000년 동안 나라 잃은 설움을 겪으면서 아직도 중동과의 사이에서 포성이 끊이지 않는 상황이다. 그러나 유태인은 미국을 중심으로 유대인이라는 정체성과 그들의 정신을 잃지 않고 살아가고 있다.

우리 한민족도 예외가 아니다. 우리도 수난과 고난으로 점철된 민족이라 해도 과언이 아니다. 이는 분명히 우리가 못나고 잘나서가 아니라 세계 앞에 그런 역사적인 사명을 띠고 이민족에 의해 겪어온 사연과 곡절 속에도 끊임없이 이어온 우리의 정체성이자 또한 우리의 정신적 유산이었다. 물론 기나긴 역사 속에서 굴절된 부분도 없지 않다.

우리 민족은 수없는 전쟁의 수난을 겪었고, 또한 근대사에서 일본의 36년간의 일제강점과 6.25전쟁의 전쟁을 겪었다. 이러한 이유로 많은 동포들이 집시가 되어 해외로 삶의 근거지를 옮겼다. 그래서 수많은 동포들이 디아스포라의 슬픔을 안고 지구촌 곳곳에서 흩어져 살고 있다. 자신의 의지와는 무관하게 강제 이주될 수밖에 없었던 한국인도 적지 않다.

재외동포는 2017년 12월 기준으로 약 740만으로 우리 전체 인구의 15%에 해당한다. 재외동포 현황 총계(2017년 12월 기준)로 전 세계 재외동포 수는 약 740만 명(7,430,688명, 2017년 기준)으로, 외국국적 동포(64%)와 재외국민(36%)으로 구성되며, 지역별로는 동북아(45%), 북미(37%), 유럽(8.5%), 남아시아 태평양(7.5%), 중남미(1.5%), 중동(0.5%) 순으로 다수 거주하고 있는 것으로 나타나고 있다.

「재외동포현황(2017년 12월)」(단위: 명)

지역별 \ 연도별		2011	2013	2015	2017	백분율(%)	전년비 증감율(%)
총계		7,175,654	7,012,917	7,184,872	7,430,688	100	3.42
동북아시아	일본	913,097	893,129	855,725	818,626	11.02	-4.34
	중국	2,704,994	2,573,928	2,585,993	2,548,030	34.29	-1.47
	소계	3,618,091	3,467,057	3,441,718	3,366,656	45.31	-2.18
남아시아 태평양		453,420	485,836	510,633	557,791	7.51	9.24
북미	미국	2,075,590	2,091,432	2,238,989	2,492,252	33.54	11.31
	캐나다	231,492	205,993	224,054	240,942	3.24	7.54
	소계	2,307,082	2,297,425	2,463,043	2,733,194	36.78	10.97
중남미		112,980	111,156	105,243	106,794	1.44	1.47
유럽		656,707	615,847	627,089	630,693	8.49	0.57
아프리카		11,072	10,548	11,583	10,853	0.15	-6.30
중동		16,302	25,048	25,563	24,707	0.33	-3.35

출처: 외교부(2019. 7. 23)

위의 표를 살펴보면 우리의 동포는 세계 어느 나라이고 없는 곳이 없다. 약 740만 명 이상이 고국을 떠나서 세계에 흩어져 살고 있다.

우리 민족으로서 겪어야만 했던 과거 일제 식민지로 인한 재일동포도 있다. 이로 인해서 강제 연행된 동포는 해방 후에 고국으로 돌아온 경우도 있었지만 그대로 일본에서 돌아오지 못하고 일본의 교포사회를 이루기도 했다. 사실 지금의 일본에 살고 있는 교포들은 해방이후 숱한 우여곡절을 겪게 되었다. 한국인도 아니고 일본인도 아닌 무국적자로 살고 있는 처지이다. 일명 조선인이라 불리면서 일본사회에서 차별을 감내하면서 살아가고 있다. 여기에 대한 배경에는 1947년 해방 후 히로히토 일왕이 식민지 출신들은 '외국인으로 간주한다'는 칙령이 발표되었다. 사실 재일교포는 이 칙령이 발표되기 전까지는 일본 국적자로 살았다.

지금 일본교포사회로는 재일본대한민국민단(약칭: 민단)과 재일본조선인총연합회(약칭: 조총련)이 있다. 이러한 역사적인 배경에는 남북분단과 6.26전쟁을 겪으면서 일본 내 교포사회는 이념적으로 남한과 북한을 서로 다르게 지지하는 양상으로 나타났다. 이로써 일본 내 교포사회는 민단과 조총련으로 양분되어 첨예한 갈등과 대립구조가 되었다.

조총련은 조선학교에서 김일성 주체사상을 가르치고 있다. 필자가 일본에 거주하고 있을 때 우연히 조선학교를 방문했던 적이 있다. 교문 앞에는 '민족의 태양 김일성 어버이 수령은 우리와 함께 영원히 살아 있다'고 붉은 글씨로 크게 쓰여 있었다. 일본사회에 같은 언어를 쓰는 우리의 동포가 이렇게 적나라하게 구분되어 있음에 상당한 거리감을 느끼기도 했다.

필자가 처음 일본에 건너갔을 때는 단기비자로 입국을 했었다. 그 후에 3년 비자로 연장을 했고, 다음에는 영주권을 취득했다. 영주권을 찾기 위해서 동경에 자리 잡고 있는 일본대사관을 방문하게 되었다. 담당 공무원과의 인터뷰에서 첫 질문이 "일본에 귀화할 의향이 없느냐?"였다. 의아스러웠지만 "나는 한국인으로 살겠다"고 응답했었다.

지금의 일본사회에서 살아가는 우리 교포들은 한국말도 잘 못하는 세대들이라 조국에 대한 정체성도 모호하고 일본에서도 차별을 감수해야 하지만 한국에서도 언어문제로 소통이 쉽지 않다. 그래서 더러는 점점 일본인으로 귀화해 가는 현실이 안타깝기만 하다.

과거 일본 영토였던 사할린은 해방 후 러시아의 영토로 귀속되었다. 이로 인해서 겪어야만 했던 사할린 동포들의 애환은 또 어찌할 건가! 그들은 일본어, 러시아어에다 한국어까지 사용한다. 그러나 2세들부터는 부모를 통해서 배운 한글이 서툴다. 지금 충남 천안시에도 사할린 동포들이 꽤 많이 살고 있다. 대한적십자사 천안협의회의 도움을 받으면서 가끔 가족들을 만나기 위해서 사할린을 방문하기도 한다. 지금은 함께 살고 있는 사할린동포들이 커뮤니티를 만들어서 열심히 살고 있다. 그들은 최근에 수필문학 활동인들의 도움으로 역사적인 『천안의 디아스포라』라는 자서전을 쓰고 있는 중이다.

6. 분단을 넘어 통일의 그날을 소망하며

우리 한민족에게는 해방의 기쁨도 잠시뿐이었다. 해방 후 갑작스럽게 밀어 닥친 지정학적 냉전의 이데올로기로 인해 우리의 의지와는 상관없이 민족분단이라는 뜻하지 않은 비극이 찾아왔다. 그리고 또 이어진 6.25전쟁은 우리민족에게는 엄청난 희생과 고통의 연속이었다. 전쟁의 폐허 속에서 영문도 모르게 남북으로 갈라진 이산가족의 운명은 너무도 가혹했다. 남북의 분단이 오래도록 이어지면서 남과 북의 체제에 의한 갈등과 불신은 극도로 증폭되었다. 특히 최근 북한의 핵 위협은 한반도뿐만 아니라 동북아를 넘어 세계적인 위협으로 다가오게 되었다. 또한 이산의 아픔은 아직도 끝나지 않은 진행형이다.

무엇보다도 안타까운 것은 분단의 지속으로 인한 우리 민족의 정체성의 굴절과 이질화에 있다. 따라서 분단을 극복하고 통일로 가기 위해서는 보다 더 지혜로운 대처, 포괄적인 접근을 요하게 된다. 인류 공통의 보편적 가치인 자유와 인권의 문제는 누구도 외면할 수 없는 문제로 대처해야 할 사안이다.

따라서 이제 통일에 대한 더 이상의 거대담론적인 접근에서 벗어나야 한다. 먼저 우리 시민들의 의식이 깨어나서 자발적인 참여로 먼저 온 통일, 즉 탈북민들에게 깊은 관심을 가져야 할 시점이라고 생각한다. 그들은 단지 북한에서 태어났다는 이유만으로 인간이 누려야 할 기본권인 자유와 인권을 유린당한 채 살아야만 했다. 그들은 북한에서 굶주림에 허덕이다가 먹을 것을 찾아 무작정 탈출을 시도했다.

북한을 탈출하여 중국에 거주하고 있는 탈북민이 약 10만 명에서 50만 명에 달한다고 하지만 이 또한 추측에 불과하다. 북한이탈주민은 현재 국내 3만 명을 넘어서고 있는 실정이다. 충남지역에는 북한이탈주민이 대략 1,200명 거주하며, 그중에서 천안지역에는 약 350여 명이 거주하는 것으로 추산하고 있다. 각 지역에 따라서 탈북민을 다문화가정으로 분류하기도 하는데, 이들은 한국에 정착하기 위하여 여러 가지로 적지 않은 갈등을 겪기도 한다. 그동안 전혀 다른 체제 속에서 살았기 때문에 불가피하게 겪는 고통이다.

탈북민들이 북한을 탈출하는 과정은 목숨을 건 결단이고 내일을 기약할 수 없는 하나의 모험이라고 볼 수 있다.

하나의 예로서 과거 2001년 장길수 가족 7명[19]과 한미 가족 5명이 북한을 극적으로 탈출하였다. 삼엄한 중국공안의 감시를 뚫고 탈출하여 자유의 품에 안기는 과정은 하나의 드라마틱한 사건이었으며, 세기의 큰 사건으로 우리의 기억에 남아 있다.[20]

---

19) "2001년 6월 22일 길수를 비롯한 7명의 대련 식구들은 버스와 열차를 이용하여 은신처를 떠난다. 북경에 도착한 후 며칠 동안 머물며 기회를 엿보다가 큰아버지의 인솔로 6월 26일 유엔난민기구(UNHCR)에 전격적으로 진입, 사흘 만에 중국을 벗어날 수 있었다. 큰아버지를 만나 은신생활 22개월 만에 그토록 꿈에 그리던 대한민국 자유의 땅을 밟았다." 장길수, 『우리, 같이 살아요』 p. 451.

20) 장길수 가족과 한미 가족의 극적인 탈출이 이루어진 과정에는 사실 보이지

특히 장길수는 15살의 어린 나이에 배가 고파 몇 번이고 두만강을 건넜다. 그리고 가족을 구하기 위해서 살벌한 북한을 목숨을 걸고 넘나들었다. 그가 중국에 은신하면서 그림으로 남긴 북한의 처참한 실상은 많은 사람들에게 충격을 주기도 했다.[21)]

이렇게 어렵게 북한을 탈출해 온 탈북민들을 외계인이나 이방인들처럼 취급하지 말아야 할 것이다. 그들이 쓰는 말투나 억양이 좀 다르고 가치관이 다르다고 차별하는 것은 지양해야 할 것이다. 탈북민들이 한국사회에 적응하면서 살아가기 위해서 갖가지 난관에 부딪칠 수가 있다. 그러나 그것은 우리가 공동으로 함께 노력하고 풀어가야 할 숙명적인 과제이며, 같은 민족이라는 인연이 가져다준 필연적 운명이다.

탈북민들이 하나같이 북한을 탈출하는 과정에서 겪게 되는 정신적인 외상은 후일에 남한에 살면서 떨치기 어려운 트라우마로 남는다. 사람에 따라서는 더러는 우울증에 시달리기도 하고 남한에 적응하는 과정에서 상당한 어려움을 호소하는 경우도 있다. 따라서 그들이 우리 사회에서 적응해 살도록 하기 위해서는 무엇보다도 북한이탈주민들에 대한 편견과 차별을 갖지 말아야 한다. 그들 스스로 말투나 억양이 달라서 상당한 스트레스를 받기도 하고 특히 북한이탈주민이라는 사실을 숨기면서 애써 표준말을 배우려고 노력하기도 한다.

한편 하나원에 입소한 탈북자가 하루 만에 정신병원으로 이송된 사건이 있다.[22)]

않은 숨은 사람들이 배후에 있었다. 대표적인 인물로 서영숙(1952년 중국에서 출생. 1999년 여름, 꿈을 통해 장길수 소년과 인연을 맺다. 2002년 한국으로 망명·귀화했다. 저서로 『꽃제비』, 『공개처형 목격담』 등이 있다), 문국환(국제인권연대 대표), 슈잔숄티(미국의 보수단체 디펜스 포럼재단 회장) 같은 사람들의 끊임없는 도움의 손길이 있었기 때문이다. 특히 문국환 대표는 중국에 은신하고 있는 장길수 가족을 자신의 가족 이상으로 돌보면서 그들의 탈출을 도왔다. 그래서 탈북민 사이에서는 문 대표를 큰아버지라고 호칭하기도 한다.

21) 글·그림 장길수, 『눈물로 그린 무지개』, 서울: 문학수첩, 2000.

22) 임아영 (2010년 12월 30일), “입소 탈북자를 하루 만에 정신병원 보낸 하나

북한을 이탈하여 한국으로 입국하거나 제3국으로 이동해 가는 과정은 우리가 상상도 할 수 없을 만큼 힘든 과정이다. 대부분 탈북하는 과정에 있어서 무엇보다도 신변의 위협을 느끼면서 언제 잡혀서 북한으로 강제 송환될지 모르는 절박한 심적 고통을 경험하게 된다. 이들이 겪게 되는 여러 가지 정신적인 외상은 후에 계속적으로 전문 정신과 의사로부터 치료를 요하게 된다.

또한 이들이 한국사회에 살면서 북한에서 경험하지 못했던 시장경제에 대한 경험 부족으로 나타나는 여러 가지 어려움들이 있다. 따라서 금융이나 법률적인 지식을 자연스럽게 쌓아가야 할 과제에 놓여 있다. 예를 들어서 은행에 예금을 하고 필요시 인출하는 과정을 누군가가 친절하게 안내하면서 실제로 활용하는 방법을 가르쳐 주어야 한다. 이는 북한사회에서는 결코 허용되지 않는 시스템이기 때문이다. 사회생활을 하면서 부딪치는 사소한 일에서부터 전문적인 기술 습득과 취업 알선 등등이 한국사회에 적응해 가기 위해서는 필요한 내용들이다.[23)]

필자는 통일운동의 NGO활동을 하고 있는 관계로 탈북민들과 소통하면서 지내고 있다. 작년 2018년 초 충남에 살고 있는 탈북민 여성이 나를 찾아왔다. 자기의 어머니가 중국에 거주하고 있는 동안 공안에 잡혀 중국 모 교도소에 5년형을 언도받고 수감 중이라는 것이었다. 제발 구출해 달라고 하면서 구구절절한 안타까운 사연을 적은 노트를 내게 건네주었다. 그녀는 어머니가 북한으로 송환될 가능성을 제기하면서 몹시 불안해했다.

필자는 이러한 간절한 부탁을 외면할 수 없어서 일단 북한인권 국제연대 문국한 대표와 상의했다. 재중 한국대사관에 공문을 발송하고 구명요청을 했다. 그리고 다방면으로 도와줄 방법을 모색했다. 그리고 그 탈

원", 『경향신문』, 2011년 1월 27일에 확인함.

23) 이 내용은 2016년 11월 11일 민주평통충남지역회의, 충남교육센터, 통일교육위원충남협의회의 공동주최로 개최된 2016 충남평화포럼 '북한인권문제에 대한 토론회'에서 필자가 발표한 원고 내용임

북여성은 수감 중인 어머니가 북한으로 송환될 가능성도 있다는 불안한 생각에 자신의 6살 어린 딸을 데리고 중국에 있는 교도소로 몇 번의 면회를 다녀오기도 했다. 지성이면 감천(至誠感天)이라는 말처럼 드디어 기적이 벌어졌다. 우리의 노력과 국경을 넘나드는 모녀 간의 간절한 염원과 애타는 심정은 드디어 어머니를 자유의 땅 한국으로 오게 하는 결정적 역할을 하게 했다. 중국 당국에서 극적인 결정이 내려져 작년 2018년 9월 입국이 성사되었다. 감동이 아닐 수 없다.[24)]

이 모든 것은 우리 민족으로서 분단의 아픔을 안고 살아가는 우리 모두의 공동 운명이다. 그리고 분단의 극복은 우리의 숙명적인 과제가 아닐 수 없다. 필자는 2015년부터 충남에서 탈북민들의 정착을 도와주는 일환으로 매년 탈북민과 우리 NGO활동 회원 간에 자매결연을 추진하고 있다. 이는 자매결연을 통해서 한 가족 공동체로 살아가고자 하는 소박한 동기로 시작했다. 또한 탈북민 자녀 장학기금 조성을 위한 모금활동도 진행했다. 천연 기능성 비누 판매와 희망 나눔 인터넷 모금활동으로 몇 번의 장학금을 탈북민 자녀들에게 전달하기도 했다.

우리 모두의 꿈이 한데 모여 머잖은 날 통일의 꿈이 현실로 다가올 것을 기대한다. 통일은 우리 민족의 정체성을 회복하기 위해서도 필연적으로 실현되어야 할 과제이다.

한국글로벌피스재단 창설자인 문현진 의장은 그의 저서『코리안드림』에서 한민족의 정체성의 구현으로 통일에 대한 새로운 비전을 제시했다. 그 비전은 우리 민족 고유의 전통인 가족문화에 기초하며 이는 널리 인간을 이롭게 하는 홍익인간의 숭고한 정신에 두고 있다[25)]고 그 연원을 밝히고 있다. 이러한 정신은 우리의 역사 속에 언제나 그 비전을 실

---

24) 탈북민의 안전을 도모하기 위해서 구체적인 이름과 지역명을 밝히지 않았다.

25) 문현진, 2017,『코리안드림』, 소담출판사, p. 122. 홍익인간의 정신 안에 내재된 우리의 염원에는 역사적으로 하나였던 민족의 집단의식을 일깨워 분단의 상처를 치유할 수 있는 힘이 있다. 그것으로써 우리는 '나라 집'을 굳건히 세울 수 있고 궁극적으로 역사의 소명을 실현할 수 있게 될 것이다.

현하기 위해서 노력해 왔다.

특히 올해는 2019년은 3.1운동 100주년을 맞이하는 뜻 깊은 해다. 당시 일제의 강압적 식민지 통치에 시민이 주체가 되어서 자발적인 비폭력운동으로 일본에 맞섰다. 이는 실로 평화를 사랑하는 한민족의 정신의 위대한 발로라 아니할 수 없다. 이는 인류의 보편적 가치로서 자유와 인권을 추구하며 함께 더불어 공생하고자 하는 우리 민족의 자연스러운 발로에 기초한 운동이었다. 이러한 3.1운동의 정신은 인도의 마하트마 간디에게도 영향을 주어서 영국으로부터 독립을 성취하는 원동력으로 작용했으며, 미국의 마틴 루터 킹 주니어에게 영향을 주어서 흑인해방운동의 기치를 들게 만들었다.

분단을 극복하고 통일한국을 실현하기 위한 코리안 드림은 하나의 비전과 가치운동의 확산이다. 한 사람의 꿈은 단지 꿈에 불과하지만 함께 꾸는 꿈은 현실이 된다는 칭기즈칸의 말은 우리 모두 그 비전과 가치를 공유해야만 실현 가능하다는 것이다.

앞에서 고려시대 동북아 정세를 정확하게 바라보고 거란과 담판을 지어 강동6주를 확보한 서희 장군을 소개했다. 지금의 한반도는 북의 핵위협으로 사상 유례가 없는 시련과 어려움을 겪고 있다. 특히 동북아의 지정학적 위치에서 한반도는 주변의 4대강국의 첨예한 이해관계로 둘러싸여 있는 상황이다. 바로 지금이 과거에 발휘했던 국난 극복의 지혜와 리더십이 필요한 시점이다. 어려움 속에서도 상생하고자 하는 홍익인간의 정신으로, 분단을 슬기롭게 극복하고 통일의 문을 열어야만 할 것이다.

8. 한민족의 고전문학에서 보여준 교훈

1)흥부전

한민족의 고전문학에는 단순한 이야깃거리가 아닌 소중한 가르침과 교훈적 내용이 담겨 있다. 이는 대부분 작자미상으로 입에서 입으로 전해 내려왔다. 이러한 구전전승(口傳傳承)의 대표적인 고전문학의 하나인 흥부전은 한국인이라면 누구나 잘 알고 있는 스토리다. 이는 정을 바탕으로 한 한국인의 정서와 성향을 잘 나타내고 있다. 전체 내용의 주제는 권선징악(勸善懲惡)이다. 그 의미는 선한 일을 권장하고, 악한 일은 징계한다는 뜻이다. 인간은 관계적인 삶에서 선행을 하면 복을 받게 되고, 악행의 결과로는 벌을 받게 된다는 교훈적 내용이 담겨 있다. 그리고 또 인과응보(因果應報)의 사상을 가르쳐 주고 있다.

흥부는 형 놀부와 함께 살았지만, 욕심이 많은 놀부로부터 재산을 다 빼앗겼다. 억울하게 배척을 당하는 입장에서도 형을 조금도 원망하거나 미워하지 않았다. 어느 봄날 제비 새끼 한 마리가 처마 끝 둥지에서 떨어져 다리가 부러졌다. 이를 목격한 흥부는 측은하게 여겨서 정성껏 치료를 해서 둥지에 돌려주었다. 이러한 흥부의 아름다운 심성은 바로 인간 본성의 측은지심(惻隱之心)의 발로이다. 흥부는 제비를 도와준 덕분에 이듬해 봄날 제비가 물어다 준 박 씨 하나로 큰 부자가 되었다. 그리고 비록 악행을 저질러서 벌을 받게 된 형 놀부였지만, 흥부는 형에게도 재산을 나누어 주었다. 마음씨 착한 흥부의 초지일관 선하게 살고자 하는 마음은 어떠한 환경에서도 변치 않았다.

흥부의 삶을 통해서 비록 미물에 불과한 제비의 불행도 외면하지 않고 도와주고자 하는 아름다운 심성을 그리고 있다. 그래서 미물인 제비조차도 흥부의 은혜를 갚고자 박 씨에 보은을 담아 돌렸다.

흥부의 이러한 자세는 바로 고난의 삶을 살아온 한민족의 운명을 상징하는 듯하다. 이는 또한 한민족이 숱한 어려움을 극복하고 함께 더불어 살고자 하는 홍익인간 정신의 발로라고 여겨진다.

2)춘향전

춘향전 또한 작자 미상의 고전문학이며, 구전전승으로 전해 오는 스토리다. 신분이 미천한 성춘향의 남편 이몽룡을 향한 일편단심의 마음은 어떠한 처지에서도 변치 않았다. 요즘 환경에 따라 시시때때로 변하는 간사한 인간의 마음에 경종을 울리는 교훈적 내용이 아닐 수 없다.

춘향과 백년가약을 맺은 이몽룡은 수많은 어려움을 극복하고 과거에 급제하여 암행어사(暗行御史)[26]가 되었지만 춘향과의 언약을 결코 소홀히 여기지 않았다. 드디어 이몽룡이 산천초목도 두려워한다는 암행어사의 마패를 가슴에 품고 거지차림으로 춘향을 찾아갔다. 그러나 춘향의 처지는 변 사또의 수청을 거절함으로 인해서 변 사또의 생일 잔칫날 참수를 당할 처량한 입장이 되어있었다. 포박을 당한 춘향은 남편에 대해서 어떠한 원망도 하지 않고 담담하게 그 운명을 받아들인다. 춘향은 죽음이라는 극한의 시련 앞에서도 추호도 불의에 굴하지 않는, 일편단심 낭군을 향한 열(烈)의 정신을 굳건히 지키고 있었다. 춘향은 결코 불의와 타협하지 않았고, 인간으로서 지켜야 할 절개를 추호도 더럽히지 않았다. 춘향이 사형을 당하는 마지막 순간으로 질주하는 클라이맥스에 이몽룡이 드디어 사또의 잔칫상에 거지차림으로 나타나서 시를 한 수 지어 올릴 테니 좋은 시라고 여겨지면 술과 음식을 달라고 요청한다. 잔칫상에 있던 사람들은 모두 거지라고 업신여기고 비웃으면서 그것을 허락한다. 이때 이몽룡이 시를 한 수 읊조리니, 그 내용이 다음과 같다.

금준미주(金樽美酒)는 천인혈(千人血)이요,
금술동이에 담긴 좋은 술은 천 사람의 피요,

26) 조선시대에 있었던 왕이 임명한 임시관리였다. 암행(暗行)은 몰래 다닌다는 뜻이며, 어사(御使)는 왕의 명령을 수행하는 특별한 관리를 말한다.

옥반가효(玉盤佳肴)는 만성고(萬姓膏)라.
옥쟁반에 담긴 안주는 만 사람의 기름이라.
촉루락시(燭淚落時)에 민루낙(民淚落)이요,
촛농 떨어질 때 백성들의 눈물이 떨어지고
가성고처(歌聲高處)에 원성고(怨聲高)라.
노래 소리 높은 곳에 백성들의 원망 소리 높도다.

이는 변 사또를 포함해서 당시 관리들의 부패상을 적나라하게 시로써 드러내고 있다. 나라의 녹을 먹고 사는 그들의 눈에는 민초들의 고통과 어려움은 안중에도 없었다. 오로지 사욕과 탐욕으로 힘없는 백성을 착취하고 농락했다. 상하가 함께 공생해야 함에도 배부른 그들은 이를 철저히 거부했다. 드디어 이몽룡은 암행어사 출두를 외치고, 군졸들에게 변 사또를 포박하게 하고, 그의 죄상을 명명백백히 밝힌다. 그리고 오매불망 춘향과의 극적인 상봉이 이루어진다. 정말로 불의가 정의에 제압당하는 통쾌한 장면이 연출되었다. 스토리의 근저에서 엿볼 수 있는 것은, 우리 민족이 고난 가운데서도 함께 잘사는 그런 정의롭고 공정한 세상을 간절히 염원해 왔다는 것이다.

이 드라마틱한 춘향전의 내용은 또한 권선징악의 교훈을 시사하고 있으며, 무엇보다도 춘향과 이몽룡과의 관계를 통해서 신분적 차별을 뛰어넘는 고귀한 사랑의 관계를 묘사하고 있다. 인간관계의 정도(正道)를 예시해준 감동의 스토리라 아니할 수 없다.

3)심청전

심청전은 인간이 갖추어야 할 도리로서의 효에 관련된 이야기다. 비록 현대적 관점에서는 심청의 효에 대한 다소의 비판도 있지만, 그 정신은 부모에 대한 지극한 효심의 발로이다.

무남독녀로 태어난 심청은 모친의 얼굴도 모르고, 앞을 못 보는 아버지에 의해서 자랐다. 아버지 심 봉사에게 안겨서 이 집 저 집 동냥젖으

지에 의해서 자랐다. 아버지 심 봉사에게 안겨서 이 집 저 집 동냥젖으로 자란 심청의 기구한 운명이었다. 심청이 나이 들어 아버지를 바라보니 아버지가 불쌍하기 그지없었다. 심청의 마음은 오로지 아버지의 눈을 뜨게 하고픈 효성의 마음뿐이었다. 심청은 이웃집에 다니면서 삯바느질을 하면서 아버지를 극진히 모셨다.

심청은 결국 아버지의 눈을 뜨게 하기 위하여 자신의 몸을 팔아 인당수 물에 제물로 몸을 던졌다. 이는 아버지가 약속한 공양미 300석에 자신을 팔아서 그 약속을 지킨 것이다. 심청의 효심에 바다의 용왕도 감동하여 심청을 연꽃에 실어 지상의 왕후로 환생하게 했다. 여기에서 현실과 초월성, 즉 죽음과 재생이라는 모티브가 등장한다.

왕후가 된 심청이 오매불망 아버지를 잊지 못하고 맹인잔치를 열었다. 애타게 기다리던 심 봉사는 잔치가 파하는 마지막 날에야 거지차림으로 나타났다. 심청은 반가움에 맨발로 달려가서 아버지와의 극적인 만남이 이루어졌다. 심청이 아버지를 소리쳐 부르자, 심 봉사가 딸 심청을 보려고 "내 딸 청아! 어디 한번 보자"하고 외치는 순간 심 봉사의 눈이 번쩍 떠졌다. 심 봉사와 함께 맹인잔치에 참석했던 모든 맹인들도 동시다발적인 개안(開眼)현상의 기적이 일어났다.

심청전을 통해서 심청의 지극한 효성에 하늘도 감동했다는 내용이었지만, 한편 다른 측에서도 한번 생각해 볼 여지가 있다. 장승부인은 심청을 수양딸이 될 것을 제의할 정도로 끔찍이 아꼈다. 그리고 장승부인은 죽음을 선택하는 맹목적인 효보다는, 현실적인 방안을 제시하기도 했다. 장승부인 자신이 공양미 300석을 대신 내겠다고 심청을 설득하기도 했다. 심청에게 살아서 아버지에게 효도하는 길을 권유하는 측면은 오히려 현대적인 효의 의미에서 한번 생각해 볼 여지를 주고 있다.

우리의 고전문학은 모두 하나같이 인간 삶의 극적인 장면을 연출시키는 특징이 있다. 아슬아슬하게 삶과 죽음을 넘나드는 인간의 고통과 아픔을 극복했을 때 비로소 행복과 이상에 도달할 수 있다는 흐름이다.

그리고 구전전승이며 작자 미상이라는 공통점 또한 있다. 이러한 독특한 스토리는 판소리나 창을 통해서 다양한 방법으로 대중과 끊임없이 소통하면서 오늘날 한류의 문화로 이어지고 있다..

8. 한류의 문화

예로부터 한민족에게는 신명문화(神明文化)라는 것이 있었다. 과거 한민족은 어려움을 당하면서도 굴하지 않고, 언제나 기쁨으로 승화시켜 온 민족이었다. '신명 난다'라는 말은 마음을 비우고, 무아의 상태에서 경험하는 신인합일(神人合一)의 상태를 의미하며, 동학의 인내천사상에서 나타나기도 했다. 이는 신과 인간을 굳이 구분 짓지 않았고, 일체로 보았다. 신명문화는 원래 고대 샤머니즘으로 제천의식에서 비롯되었다. 이는 슬픔과 한 그리고 억눌림을 바람과 물처럼 노래와 춤으로써 푸는 동시에 그런 경지에서 자아를 잊는 높은 카타르시스를 경험하게 했다.

과거 전통에서 강강수월래(强羌水越來)는 정월 대보름 날 여인들이 원을 그려가며 점점 흥을 돋우는 율동으로 이어지며 달을 쳐다보면서 풍년을 기원했다. 이는 한국적 정서와 신명이 깃들어 있는 대표적인 노래와 춤이기도 하다. 그리고 사물놀이 또한 문자 그대로 네 가지 악기인 꽹과리 · 징 · 장구 · 북의 농악기로 신명나게 연주하는 다이내믹한 전통적 음악과 춤이다.

우리 한민족에게 있어서는 모든 인간이 함께 어울려 더불어 살아가고자 하는 정신이 홍익인간의 발로이다. 그리고 이러한 정신은 또한 노래와 춤으로 어려움을 함께 극복하고자 했다. 따라서 과거 우리 한민족의 한(恨)과 흥이라는 복합적 정서가 현대적인 한류로 표출된 것이 아닐까.

홍익인간의 정신과 신명문화는 한국인의 정신이며, 숨결이다. 이러한 깊은 내면의 정서가 현대에 이르기까지 다양한 문화의 형태로 발현되어 나타나게 되었다고 볼 수 있다. 오래전에 우리의 안방을 뜨겁게 달구었던 한류드라마 <대장금(大長今)>은 국경을 넘어 세계인을 감동케 했다. 2003년 9월 15일부터2004년 3월 23일까지 방영된 대하드라마였다. 주인공 장금은 온갖 어려움을 이기고 궁중 최고의 요리사가 되었고, 의녀로서 왕의 주치의가 되는 과정은 파란만장한 인생의 여정이었다. 선행과 악행 그리고 다양한 인간관계에서 주인공장금은 인내와 정성 그리고 사랑으로 일관된 삶으로 인해 종국에는 성공하게 된다는 감동의 스토리다. 이는 한민족의 고전문학에서 일관되게 나타내고자 했던 핵심사상이기도 하다.

2003년 무렵 드라마 <겨울연가> 또한 일본의 40~50대 중년 부인들의 마음을 사로잡았다. 드라마에서 열연한 배용준에 대해서 그들은 '욘사마'라고 극존칭으로 부를 정도였다. 일본의 언어에 '사마(님)'은 극존칭으로 거의 사용하지 않는다. 일반적으로 선생, 사장, 회장이라고 부른다. 이 극존칭은 천황가에 대해서만 유일하게 붙인다. 그런데 배용준에게 사마라는 극존칭을 붙였다는 것은 이례적인 현상이다. 어쩌다 나리타공항에 배용준이 나타나면 일본 중년 부인들의 환영 인파로 인산인해를 이루었다. 가정집 냉장고에 배용준의 사진을 빼곡히 붙였고, 그 드라마의 촬영지인 가평 남이섬이 일본인의 관광명소로 바뀌었다. 그리고 그 드라마를 볼 때 일본어 자막을 보느라 욘사마의 얼굴을 볼 수가 없다며 한때 한글 배우기 붐이 일기도 했다.

인간은 누구나 예외 없이 자신 내면의 깊은 곳에 아름답고 순수한 사랑을 동경하고 있는 것 같다. 비록 현실의 삶에서 그런 사랑을 실현해 보지 못했지만 드라마를 통해서 대리만족을 얻으려는 동기로 보인다.

2001년 1월 26일 저녁 7시경 한국인 유학생 이수현이라는 청년이 일본 동경 신주쿠 신오쿠보역에서 철로에 추락한 일본인을 구하기 위해서 뛰어들었다가 숨진 사건이 발생했다. 다음 날 일본의 방송과 조간신문은 이수현 청년의 살신성인(殺身成仁)의 죽음에 대해서 앞 다투어 사고 상황을 보도하기도 했다. 타인의 삶에 무관심한 일본인들은 충격을 받았고, 이수현의 의로운 죽음을 애도하였다. 기념물이 세워지기도 했으며, 사건 후 16년이 지났음에도 2017년 2월에는 <가케하시(仮橋, 가교)>라는 다큐멘터리 영화가 일본에서 개봉될 정도였다. 지금 신오쿠보역 주변은 코리안타운이 형성되어 있고, 한류의 거점도시가 되었다.

특히 최근 일본정부의 수출규제에 따른 한일관계의 악화에도 불구하고 일본의 중고생으로부터 20대 젊은이들에 이르기까지 여전히 한류에 대한 열풍은 식지 않고 있는 듯하다. 일본 내에서는 한류에 대한 흐름이 드라마에서 출발하여, 지금은 한류 붐의 3개 축으로서 K-POP, 화장품, 음식으로 발전해 가고 있다.

과거 일제 강점기에 우리 민족이 당해야만 했던 고난의 역사는 잊을 수 없다. 나라를 잃고 국권을 회복하기 위하여 수많은 애국자들이 조국을 위하여 희생해 갔다. 앞에서 언급한 일본인을 구하기 위한 이수현 유학생의 즉각적인 행위는 이러한 민족의 감정을 뛰어넘는 따뜻한 인류애의 발로가 아닐까.

일찍이 백범 김구 선생도 세계문화의 강국을 강조했다. 도덕, 윤리적 전통과 문화는 물질을 앞선다. 일찍이 한국사회에 높은 문화의 필요성을 강조했던 백범 김구의 "내가 원하는 우리나라"에서 다음과 같이 강조하고 있다.

> "나는 우리나라가 세계에서 가장 아름다운 나라가 되기를 원한다. 가장 부강한 나라가 되기를 원하는 것은 아니다. 내가 남의 침략에 가슴이 아팠으니, 내 나라가 남을 침략하는 것을 원치 아니한다. 우리의 부는 우리 생활을 풍족히 할 만하고, 우리의 힘은 남의 침략을 막을 만하면 족하다. 오직 한없이 가지고 싶은 것은 높은 문화의 힘이다. 문화의 힘은 우리 자신을 행복하게 하고, 나아가서 남에게도 행복을 주기 때문이다. 지금 인류에게 부족한 것은 무력도 아니오, 경제력도 아니다. 자연과학의 힘은 아무리 많아도 좋으나, 인류 전체로 보면 현재의 자연과학만 가지고도 편안히 살아가기에 넉넉하다.
>
> 인류가 현재에 불행한 근본 이유는 인의(仁義)가 부족하고, 자

비가 부족하고, 사랑이 부족한 때문이다. 이 마음만 발달이 되면, 현재의 물질력으로 인류 20억이 다 편안히 살아갈 수 있을 것이다. 인류에게 이 정신을 배양하는 것은 오직 문화이다. 나는 우리나라가 남의 것을 모방하는 나라가 되지 말고, 이러한 높고 새로운 문화의 근원이 되고, 모범이 되기를 원한다. 그래서 진정한 세계의 평화가 우리나라에서, 우리나라로 말미암아 세계에 실현되기를 원한다."[27]

사실 한국사회는 기나긴 역사를 통해서 변치 않는 어떤 도덕적 양식 즉, 문화적인 가치체계를 형성해 왔다. 가정과 사회와 국가를 유지시킬 수 있는 하나의 정신적·문화적인 삶의 양식의 체계가 바로 한민족의 효문화라고 볼 수 있다.

1913년 아시아 최초로 노벨문학상을 수상한 바 있는 인도의 시성 라빈드라나트 타고르의 '동방의 등불'이라는 시가 있다. 이는 우리에게 이미 잘 알려진 유명한 시로, 1929년 동아일보에 발표한 시이다. 타고르는 동경을 방문하고 한국에 가지 못하는 상황에서 영감에 젖어 시로써 한국을 그리워하는 마음을 대신했다. 일제 식민지의 절망으로 암울한 시대에 한국을 동방의 등불로 노래했다는 사실은 의미 있는 일이라 여겨진다.

일찍이 아시아의 황금시기에
빛나던 등불의 하나 코리아,
그 등불 다시 한 번 켜지는 날에
너는 동방의 밝은 빛이 되리라
마음엔 두려움이 없고
머리는 높이 쳐들린 곳
지식은 자유롭고
좁다란 담벼락으로 세계가 조각조각 갈라지지 않은 곳

27) 김구, 도진순 엮어 옮김, 『쉽게 읽는 백범일지』(파주: 돌베개, 2011), pp. 315~316.

진실의 깊은 곳에서 말씀이 솟아나는 곳
끊임없는 노력이 완성을 향해 팔을 벌리는 곳
지성의 맑은 흐름이
굳어진 습관의 모래벌판에 길 잃지 않은 곳
무한히 퍼져나가는 생각과 행동으로 우리들의 마음이 인도되는 곳
그러한 자유의 천국으로
내 마음의 조국 코리아여 깨어나소서

타고르의 시처럼 “그 등불이 다시 한 번 켜지는 날! 너는 동방의 밝은 빛이 되리라!”고 한 그 빛은 과연 무엇일까? 어둠을 밝히는 그 등불은 아마 경제적·물질적인 것을 넘어선 보다 내적인 가치일 것이며, 이는 분명 다름 아닌 ‘효 문화’의 등불을 의미할 것이다. 한민족의 독특한 정을 토대로 한 효 문화는 세계인을 감동시킬 마지막 한류의 바람이 될 것이라고 기대해 본다. 분명 그 등불은 동방의 밝은 빛이 되어 세계를 밝히는 등불이 될 것이다.

제 3 장

전통을 넘어 현대적 효로 묻는다

1. 효경에 나타난 효의 본질

소금이 간직하고 있는 본질은 짠맛이다. 소금이 그 고유의 정체성인 짠맛을 잃으면 소금으로서의 가치를 상실하게 된다.

소금에서 소금의 고유한 짠맛이 소금의 가치를 결정짓듯이 효에 있어서도 효의 본질적인 요소가 있다. 효의 실천 방법은 시대에 따라 달리할 수 있지만, 효에 대한 본질은 변할 수 없는 보편적 가치인 것이다. 그렇다면 효의 본질은 무엇인가를 규정하는 것은 대단히 중요한 내용이 아닐 수 없다. 사실 효경에서는 효의 본질적 요소에 대해서 정확하게 적시하고 있다.[28)]

> "부모를 사랑하지 않은 사람이 어떻게 다른 사람을 사랑할 수 있으며, 부모를 공경하지 않은 사람이 어떻게 다른 사람을 공경할 수 있는가. 부모를 사랑하지 않고 다른 사람을 사랑하는 것을 悖德(패덕)이라고 했으며, 부모를 공경하지 않고 다른 사람을 공경하는 것을 悖禮(패례)라고 일렀다."[29)]

부모를 사랑하고, 공경하는 것이야말로 인간이 행해야 할 가장 근본적인 시발로 보았다. 부모와의 이러한 관계성을 통해서 비로소 인간으로서 남을 사랑하고 존경할 수 있는 기본과 자격을 갖게 됨을 강조한 부분이다.

이러한 부모와의 관계성이 설정되지 않은 입장에서 남을 사랑하고 존경한다는 것은 도리에 어긋난 것이며, 바로 위선적인 모습이라는 뜻일 것이다. 따라서 진정성을 상실한 거짓은 인간으로서 예가 아니라는 뜻일 것이다. 이러한 근원적이며 본질적인 부모와의 관계설정이 되지 않은 입장에서 아무리 교육을 한들 무슨 의미가 있을

---

28) 김명운, "전통과 현대의 효교육 비교: 가정교육을 중심으로", 2012, p. 11.
29) 不愛其親 而愛他仁者 謂之悖德 不敬其親 而敬他人者 謂之悖禮 以訓則昏民亡則焉, 孝優劣章. 『효경』.

것인가. 이는 효에 대한 가장 중요한 본질과 그 속성으로서 사랑과 존경이라는 것을 강조한 내용으로 여겨진다. 자녀가 부모에게 행해야 할 사랑과 존경은 인간이 인간으로서 갖추어야 할 가장 큰 본질이며, 궁극적인 요소이다.

이계학은 효의 본질이 경(敬)이며, 그 경에는 사랑과 존경이라는 복합적인 정감이 내재되어 있다고 보았다.

효의 본질로서의 사랑과 존경이 배양되는 최초의 장소가 가정이라는 울타리다. 이는 부모를 통해서 자연스럽게 이루어진다. 전통의 효에서는 부모도 언제나 예외 없이 자기 수양의 과정을 끊임없이 이루어가면서 동시에 자녀에 대한 부모의 역할을 강조하고 있다.

가정이라는 틀 속에서 무엇보다 중요한 것은 친밀한 가족관계의 형성이다. 전통의 효에서는 부모를 통해서 이루어지는 자녀에 대한 훈육과 양육의 부분을 특히 강조한 듯하다. 그러나 사실 부모뿐만 아니라 형제자매 간에 이루어지는 인간관계는 또한 중요한 부분을 차지한다. 정을 바탕으로 인간의 가장 기초적인 감성이 함양되는 과정은 가족관계를 중심하고 폭넓게 이루어진다고 볼 수 있다.

어머니를 사랑하는 사람은 다른 사람을 사랑할 수 있습니다. 어머니를 존경하는 사람은 다른 사람을 존경할 수 있습니다. 어머니의 은혜를 아는 사람은 남들의 도움을 고마워할 수 있습니다. 그러나 어머니를 사랑하지 않는 사람은 세상 누구도 사랑할 수 없고, 어머니를 존경하지 않는 사람은 어떠한 사람도 존경할 수 없습니다. 어머니의 은혜를 고마워할 줄 모르는 사람은 어느 누구에게도 고마운 마음을 가질 수 없습니다. 어머니와의 관계는 세상 모든 사람과의 관계를 시작하는 출발이기 때문입니다.(김흥식, 2004: 18).

집을 지을 때도 기초를 튼튼하게 하는 것은 무엇보다도 중요하다. 이는 인간에 있어서도 크게 다르지 않다. 나라는 존재는 부모의 사랑에 의해서 태어나고, 부모와 더불어 그리고 형제자매와 더불어 형성되는 가족관계는 미래의 삶에 기본이 되며, 기초를 형성하게 된다. 이는 결국 가정을 넘어 사회로의 확장된 인간관계의 형성의 기본 틀이 된다. 결국 친밀한 부모와 형제자매를 통해 형성된 효의 본질적 요소로서의 사랑과 존경은 그대로 사회생활에서 인간관계에 확대되며, 적용되는 것이다.

2. 효는 인간의 관계성이다

일반적으로 효에 대해서는 단지 부모와 자녀와의 관계로 한정하고, 그 범주를 축소해서 보는 관점이 적지 않다. 그러나 효는 부모와 자녀의 관계뿐만 아니라 모든 인간관계에 연관된다. 사실 전통적 개념의 효는 일방적이라는 선입관이 강한 듯하다. 따라서 효에 대한 올바른 방향과 그 본질을 이해해야 할 것이다. 전통에서 아름다운 전통과 본질적인 내용은 전수해 가야겠지만 그 폐단은 버리고 현대적이고 새로운 효의 문화로 자리매김해 가야 마땅하다.

현대적 효는 '인간관계학'이라는 관점에서 접근이 필요하다. 아리스토텔레스가 '인간은 사회적 동물이다'라고 말했던 것처럼 인간은 관계를 떠나 살 수 없으며, 따라서 상대적 관계성의 존재이다. 그러면서도 인간의 관계만큼 어려운 것이 없다. 인간의 행복과 불행은 모두 인간의 관계성에서 좌우된다고 해도 과언이 아니다. 따라서 효를 인간의 관계성에 중요한 부분이라고 생각한다. 위에서 이미 효의 본질적 요소로서 효경에 근거해서 사랑과 존경이라고 했다.

인간의 관계성은 무엇보다도 위의 두 요소를 통하여 이루어지며, 지속된다. 이러한 사랑과 존경은 무엇보다도 최초의 비형식적인 가정의 울타리에서 부모와의 관계 그리고 가족구성원들과의 관계성을 통해서 형성된다. 이렇게 형성된 사랑과 존경의 마음은 가정이라는 울타리에서 머묻지 않고, 확장된 사회생활에서 모든 인간관계에 영향을 미치는 것이다. 이제 효의 본질적 요소인 사랑과 존경에 대해서 구체적인 탐색을 시도해 보고자 한다.

1) 사랑

인간은 부모의 사랑에 의해 탄생하고, 부모의 사랑에 의해서 성장하게 된다. 따라서 인간의 삶에 있어서 사랑은 어떤 추상적인 관념이 아니라, 실재이다. 사랑을 좀 더 구체적으로 설명해 보자. 사랑의 속성은 먼저 상대방에게 주고자 한다는 것이다. 먼저 받고자 하는 것은 이미 사랑이 아니다. 먼저 상대방에게 투입했을 때(授), 자연스럽게 잘 받게 되는(受) 선순환 작용의 원칙이다.

인간이 생존하기 위해서 절대적으로 필요한 호흡작용은 바로 잘 주고 잘 받는 원리에 의해서 이루어진다. 인간의 호흡은 자연의 순리에 따라 먼저 숨을 내보내고 난 다음에 숨을 들이마시게 된다는 것이다. 먼저 마시는 것이 아닌 먼저 내보내고 그다음에 들이마신다는 법칙이다. 그래서 호흡이라고 표현한다. 아기가 세상에 태어날 때 "응아!" 하고 울음을 터뜨리는 그때가 숨을 내쉬는 순간이다. 아기가 태어났을 때 그러한 과정에 의해서 울음을 터뜨리는데, 아기가 울지 않으면 엉덩이를 때려서라도 그러한 반응이 나타나도록 한다는 것은 참으로 오묘한 원리라고 여겨진다. 그리고 사람이 마지막으로 임종하게 되는 순간은 반대로 숨을 들이쉬고, 지상에서의 삶에 끝을 맺는다.

인간의 삶은 누구나 3단계(水中-氣中-愛中)의 과정을 거친다. 처음의 단계는 수중생활(양수)이다. 인간은 먼저 어머니의 자궁 속에서 잉태되어 태아가 자라는 모태라는 한정된 환경이 주어진다. 태아가 자라는 모태 속은 양수로 이루어져 있다. 태아는 절대적인 산모와의 관계에서 오로지 탯줄을 통해서 영양소를 수급 받으면서 성장하게 된다. 모태 속에서의 태아의 모든 성장과정은 기중생활(공기)을 위한 준비과정이다. 자궁 속에서 영원히 안주하기 위함이 결코 아니다. 태아가 모태 속에서의 성장과정을 마치게 되면, 모태의 수중생활을 청산하게 된다. 아기가 출생하면 산모와 절대적으로 연결되어 있는 생명선과도 같은 탯줄을 자르게 된다. 이는 모태에서의 삶의 끝을 의미하고, 전혀 차원이 다른 육신세계, 즉 기중세계로의 출발을 의미한다.

그렇다면 육신을 쓰고 공기로 둘러싸인 기중생활의 목적은 어디에 있는가? 인간의 삶은 결국 일생을 통하여 사랑을 완성해 가는 하나의 과정이라고 볼 수 있다. 그래서 인간은 궁극적인 행복의 요소인 사랑을 위해서 태어났다고 해도 과언이 아니다. 인간은 자연계를 통하여 육신이 영위해 가는 데 필요한 동질동요소(同質同要素)인 육신의 영양소를 섭취하면서 살아간다. 그리고 또 한편으로는 모든 관계성을 통하여 인생의 궁극의 목적인 사랑을 완성해 간다. 사랑은 그래서 인간 행복의 씨앗이며, 인간 행복의 절대적 요소이다. 이는 인간의 최종 단계가 되는 애중세계(愛中世界)를 위한 준비과정이라고 볼 수 있다.

인간 삶의 목적은 일생의 삶을 통하여 사랑의 실체, 인격의 실체가 되는 것이다. 마치 과목을 통해서 그 열매를 맺게 되는 것과 같은 이치인 것이다. 나무가 뿌리를 통하여 땅에서 흡수하는 모든 영양소는 그 과목의 성장에 있는 것이 아니라 결국 열매에 있는 것이다. 인간의 삶의 궁극의 목적은 외형적인 지식이나 권력이나 돈이 아니라, 시간과 공간을 초월해서 영원히 주고받을 수 있는 사랑의 결실에 있는 것이다.

인간의 삶에 있어서 사랑의 수수관계(授受關係)는 부부관계에서도 마찬가지다. 남성과 여성이 처음 만나 연애를 할 때, 서로가 먼저 주고자 한다. 선물도 먼저 주었을 때 기쁨이 곱이 된다. 그렇기 때문에 첫사랑의 기쁨으로 영원을 함께 사는 부부는 행복한 것이다. 흔히 부부관계에서 행복하다는 한국적 표현을 '깨가 쏟아진다'고 한다. 이는 서로 먼저 주고자 하는 사랑의 관계로 수수의 관계가 잘 이루어진다는 재미있는 표현이다.

그런데 살다보면 그 부부의 첫사랑이 식어서, 어느 날부터인가 내가 먼저 받고자 하는 마음이 생긴다면, 그때가 바로 부부관계의 적신호가 켜지는 것이다. 왜냐하면 주고받고자 하는 사랑의 순리를 벗어나는 것이기 때문이다. 행복한 부부관계를 유지하려면 먼저 잘 주고 잘 받는 것이 순리이기 때문이다. 부부관계에서 받는 것을 먼저 생각하는 것은 사랑의 순리가 아닌 사랑의 역행이다. 나를 우선하는 것이 먼저이기 때문에 섭섭한 마음이 생기고, 갈등의 요소가 불청객처럼 생기기 시작한다. 첫사랑의 고백 때처럼 "당신이 없는 이 세상은 앙꼬가 없는 찐빵이고, 마치 오아시스 없는 사막이야!" 이런 사랑을 영원히 지속하는 것은 바로 수수의 법칙에 따른 사랑의 관계이다.

부모가 사랑하는 마음도 동일하다. 자연의 순리에 따라 물의 흐름은 위에서 아래로 흐른다. 부모의 자식에 대한 지극한 사랑과 헌신에 대하여 자녀도 효로써 부모의 은혜에 감사하고 보은으로 나타나는 것이 자연스러운 순리이며, 법칙이다.

2) 존경

존경이라는 것은 효의 또 하나의 중요한 본질적 요소이다. 자신을 낮추고 상대방을 높이는 행위야말로 가장 아름다운 미덕이다. 내가 상대방을 높여야 상대방도 나를 높이게 된다. 내가 상대를 무시하면 상대방도 나를 무시하게 된다. '바보도 무시하는 말을 알아듣는다'는 말이 있다. 부부 사이에서 왜 갈등하고 상충이 일어나는가? 그 요인은 간단하다. 서로를 무시하는 말 때문이다.

특히 인간관계에 있어서 남녀의 관계는 대립과 상충의 관계가 아니며 상호보완적 관계이다. 지구상에 인류는 남성과 여성으로 이루어져 있다. 태초에 조물주가 자신의 형상대로 사람을 창조하되 남성과 여성을 각각 창조했다고 성서는 기술하고 있다(창1:27). 인간은 만물의 영장이며, 우주의 축소체이기 때문에 소우주라고 한다. 따라서 남성은 모든 양성을 대표하고, 여성은 모든 여성을 대표하는 입장이다. 남성과 여성은 서로 사랑과 존경으로 조화를 이루어야 할 관계이다. 요즘 남녀관계는 양성평등의 차원을 넘어서 페미니즘은 남성혐오주의로 질주하고 있는 듯하다. 남성은 남성다울 때 가치를 발하며, 여성은 여성스러울 때 그 가치가 나타난다. 가정에 있어서 남편과 아내는 서로 보완적인 관계로서 상호 조화를 이룰 때 행복한 가정을 이루어 갈 수 있다.

위에서 언급한 것처럼 사실 인간이 우주 간에 가장 귀한 최상의 존재이기 때문이다. 비록 현재의 모습은 좀 부족할지라도 미래의 가능성과 향상된 모습을 그리면서 서로 높여주는 행위가 필요하다. 특히 어린 자식을 대하는 엄마는 현재 한없이 부족하다 할지라도 자녀에 대해서 조금의 향상된 행동에 대해서도 감탄을 잘 한다.

문화심리학의 김정운 교수는 특히 어머니가 어린 자녀에게 감탄하는 것에 '문명의 비밀'이 숨어 있다고 주장했다. 이는 정말로 의미 있는 지적이 아닐 수 없다. 또한 그는 인간은 감탄을 받기 위해서 태어났으며, 감탄을 받기 위해서 산다는 것이다. 어린아이는 부모의 감탄에 감응해서 또 감탄을 받을 일을 열심히 하게 된다는 것이다. 축구경기를 할 때 관중이 감탄하며, 응원할 때 힘이 나타나고, 집을 떠나 관광을 가는 것도 감탄하기 위해서 간다는 것이다.

두 개의 양파를 놓고 하는 실험을 통해서도 칭찬의 힘은 놀라운 것으로 이미 입증되었다.[30] 칭찬은 고래도 춤추게 한다고 하지만 그 칭찬보다 감탄이야말로 인간관계의 최상의 존경의 표시가 되는 것이다. 이렇게 감탄이야말로 사람으로 하여금 살맛나게 하고, 삶의 활력소이며, 윤활유가 된다. 자동차도 에너지를 충전해 줄 때 도로를 질주할 수 있다. 마찬가지로 칭찬하고 감탄하는 것은 인간의 삶에 의욕으로, 원동력으로

---

30) 양파 두 개를 각각의 물병에 심어놓고 한 개의 양파에는 매일 긍정적인 말로 "사랑해! 행복해! 고마워!"라는 칭찬을 하고, 다른 하나에는 매일 부정적인 말로 "미워! 싫어! 짜증나!"라고 말하며 변화를 관찰하는 실험이다. 한 달 후의 차이는 극명하게 다른 양파의 모습으로 나타났다. 긍정적인 말을 통해서 성장한 양파는 파릇파릇케 잘 성장했고, 부정적인 말을 들은 양파는 시들시들 잘 자라지 못했다는 실험이다. 이는 아이들에게 직접 실험을 시켜 긍정적인 자세와 서로 칭찬하는 말이 얼마나 삶에 영향을 미치는지를 전하는 생활 속에 좋은 교육과 체험이 될 수도 있겠다. 가능하면 매일의 변화를 일지를 쓰면서 관찰하는 것도 좋다.

작용한다. 혹자는 감탄할 일이 있어야지 감탄하는 것 아니냐고 반문한다. 그러나 역발상으로 감탄할 일이 없으면 감탄할 일을 만들면 된다. '행복해서 웃는 것이 아니라, 웃다 보면 행복해진다'는 말이 있다. 인간관계에서도 서로 간의 노력이 뒷받침될 때 좋은 관계로 발전된다. 감탄의 반대는 한탄이다. 한탄하고 한숨을 쉬면 개인적으로도 정신 건강에 악영향을 미칠 뿐 아니라, 인간관계에서도 좋지 않은 갈등관계로 가게 된다. 따라서 우리의 삶 속에서 한탄이라는 단어가 들어오는 문을 굳게 차단해야 한다. 우리가 유용하게 사용하는 컴퓨터도 악성바이러스에 감염되면 전체가 먹통이 되어버리는 것과 마찬가지 이치이다.

인간관계에 있어서 좋은 관계의 형성은 서로 노력하는 가운데 이루어지는 결과의 산물이다. 상대방의 단점보다는 장점을 극대화해서 높여주는 자세야말로 인간관계의 질을 높이고, 서로의 삶을 풍성하게 하는 지름길이다.

3. 인생은 곧 자아수행의 과정

인간은 누구를 막론하고 미성숙의 존재이기 때문에 언제나 인간관계에서 갈등의 소지를 안고 있는 불완전한 존재이다. 그렇기 때문에 언제나 '사욕을 억제'[31]하고 끊임없는 자아수행의 과정이 필수적이다.

『효경』에 의하면 입신양명(立身揚名)의 이전에 입신행도(立身行道)가 전제되어 있다. 사실 『효경』에서 입신양명으로 자신을 세워 후세에 이름을 날려 부모를 드러나게 하는 것이 효의 끝이라고 강조했지만, 그 이전의 대목이 더 중요한 내용이 아닌가 한다. 입신양명 이전에 무엇보다 철저히 자아수행의 과정으로서의 입신행도가 있었음을 염두에 두어야 할 것이다.

---

31) 김영철 교수는 자아수행에서 필수적으로 '사욕의 억제'를 강조했다.

그렇다면 『효경』에 입신양명이라는 내용이 어떻게 설명되고 있는지 분석해 볼 필요성이 있다. 이는 '자신의 몸과 터럭은 모두 부모에게서 받은 것이니, 감히 상하게 하지 않는 것이 효도의 시작이며, 몸을 세워(立身) 도(道)를 행해 후세에 이름을 날려(揚名) 부모를 드러나게 하는 것이 효도의 끝'[32]이라는 구절이다.

여기 『효경』에 나타나 있는 의미로서 효는 부모로부터 물려받은 자신의 몸을 귀하게 취급하는 것이며, '입신행도(立身行道)'라는 보다 근본적인 내용이 있음을 간과해서는 안 된다고 본다. 즉, 양명(揚名)하기 전에 선행되어야 할 전제조건이 있다는 말이다. 이는 '도(道), 즉 세상의 이치와 사람의 도리(道理)를 행함으로'이며, 결국 인간으로서의 '행도(行道)'가 핵심으로 나타나 있음을 알게 된다. 입신(立身) 길은 행도(行道)의 전제조건이며, 출세의 길은 행도의 결과로 자연스럽게 나타나는 것이라고 볼 수 있다. 따라서 『효경』의 가르침에 따르면 효교육의 직접적인 목적은 입신행도 하는 데 있음을 알 수 있다(김명운, 2012: 33).

그리고 또 공자는 '극기복례(克己復禮)'와 '수신제가치국평천하(修身齊家治國平天下)'를 강조했다. 극기복례의 의미는 자아수행의 과정을 통해서 자기를 이기고 예(禮)로 돌아가는 것이다. 수신제가치국평천하는 무엇보다도 수신을 강조했고 그다음에야 가정을 다스릴 수 있으며, 마지막으로 치국평천하로써 나라를 다스리고 천하를 평할 수 있다는 지극히 단계적 과정을 강조한 대목이 아닐 수 없다. 이는 무엇보다 선행될 내용으로 자신을 다스려서 극복하는 삶이 가장 중요한 선결과제로 삼았다.

왜냐하면 자아수행을 통해서 원만한 인격을 먼저 갖추게 될 때 비로소 어떠한 인간관계에서도 거리낌이 없는 원만한 인간관계를 가질 수 있기 때문이다.

---

32) 開宗明義章: 身體髮膚 受之父母 不敢毁傷 孝之始也, 立身行道 揚名於後世 孝之終也. 『孝經』.

일생의 과정을 자아수행의 과정으로 본다면 그중에서 빼놓을 수 없는 부분이 첫째로 대물관계(對物關係)이다. 이는 물건을 아껴 쓰고 자연을 사랑하는 삶을 말한다. 모든 존재는 나와의 연관성이 있다는 것이다. 스스로가 근검절약하는 생활을 알뜰히 하는 것이 결국 나 자신에게도 그대로 적용될 수 있다는 것이다. 물건을 함부로 취급하는 것은 곧 소중한 자신을 함부로 취급하는 삶으로 연결될 수 있다. 자기에게 주어진 주변의 물건 하나라도 소중하게 다루면서 아끼는 과정을 통해서 자연스럽게 자신의 소중함으로 연결될 수 있다.

『명심보감』에서도 강조하는 내용도 일맥상통한다. “勤爲 無價之寶, 愼是 護身之符.” ‘근면함은 값으로 따질 수 없는 보배요, 삼가고 신중함은 몸을 보호해주는 부적’이라고 했다.

자아수행의 과정에서 제일 큰 적은 자기이며, 자기를 이기기 위해서는 ‘사욕의 억제’가 필수적이다. 이 사욕의 억제는 자기를 중심한 이기적인 욕망을 제어하는 것이다. 자아수행에서 자신을 중심한 교만심을 극복하는 것이다. 그래서 늘 겸손한 마음을 견지하는 삶이다. 다시 말하면 자아수행에서 ‘가장 큰 적이며 걸림돌은 자신의 교만심이요, 가장 큰 무기는 바로 겸손이다.’

그리고 옛 선비들은 자아수행에서 늘 자세를 바르게 하고 나태함을 경계하는 생활을 강조했다. 이를 위한 생활에서 특히 퇴계의 율신(律身)[33]을 강조했다. 인간이 이렇게 몸가짐을 바르게 하면서 자아수행의 과정을 요함은 위에서 이미 언급한 것처럼 미성숙한 인간이기 때문이다. 그러므로 인간관계에서 언제나 미숙함과 그 불완전성이 나타나게 된다. 띠리서 인간관계에서 조금만 섭섭한 말을 들어도 상대방과의 관계가 소원해질 수 있다. 백 번 잘했어도 한 번의 섭섭한 말 한마디에 관계성에

33) 김익수(2008: 268)는 자신의 논문 “퇴계의 효사상과 가족문화의 형성”에서 첫 번째로 몸가짐인 율신(律身)이다. 이는 자기 자신에 대한 약속이요 몸가짐이다. 퇴계는 부친을 일찍 여의고 그의 어머니로부터 각별한 훈도를 받고 감동한 바 있어서 먼저 인간이 되고 효도해야겠다는 생각으로 자신의 몸가짐을 바로 하게 된 것인데, 이것은 모친이 행한 가정교육의 결실이다.

금이 가기도 한다. 그리고 화해를 위해서 건네는 말일지라도 경우에 따라서는 극단적인 파국이나 단절의 위험성도 언제나 도사리고 있다.

지극히 작은 암세포 하나가 결국은 인간의 생명까지 위협하게 된다. 인간관계에서 상충과 갈등은 큰 것을 통해서 일어나는 것보다도 항상 사소한 일에서 시작된다.

부부관계에 있어서도 크게 다르지 않다. 심지어 웨딩마차 후에 신혼여행 출발지에서 사소한 것 때문에 트러블이 생겨 신혼여행의 목적지에도 가기 전에 공항에서 이혼이라는 파국으로 가는 경우도 있다.

어느 80세의 노부부의 이야기다. 어느 날 노부부가 건강상태를 체크하기 위해서 병원을 찾았다. 진단결과는 대단히 좋은 건강상태를 유지하고 있었다. 놀란 병원 의사가 노부부에게 혹시 어떤 좋은 건강비결이라도 있었느냐고 진지하게 물었다. 그러자 노부부는 조용히 웃으면서 다음과 같이 대답했다. 사실 그 노부부는 결혼 후 신혼의 첫날 밤 서로가 약정 서명식을 엄숙하게 거행했다는 것이다. 먼저 남편이 아내에게 제안했다. "우리 같이 살다가 혹시 내가 화가 나면 당신은 아무 소리도 하지 말고 부엌에 가서 설거지를 하세요! 그리고 만약 당신이 화를 내면, 나는 아무 말 없이 그냥 산보를 가겠소!"라는 내용으로 서명을 했는데, 지나놓고 보니까 산보를 너무 많이 하게 되어서 오늘 이렇게 건강을 유지하게 되었다고 웃으면서 대답했다는 것이다.

사람이 살다 보면 그만큼 싸울 일이 많이 생길 수밖에 없다. 그러나 지혜로운 노부부는 결혼 첫날, 그 의미 있는 약정서로 인하여 서로 화목하게 지낼 수 있었고, 또 건강까지 유지했다는, 일석이조의 의미 깊은 삶의 이야기다.

부부라는 관계는 사실 서로 다른 환경에서 자란 다른 개성체가 한평생 동반자로서 살아간다는 약속의 관계로 출발한다. 그리고 서로 미래의 행복을 설계하기도 한다. 그러나 한평생을 함께 살다 보면 좋은 날도 있지만 의견이 달라 다툴 일도 생기게 된다. 따라서 본의 아니게도 지극히 가까운 부부 사이일지라도 뜻하지 않게 먼 관계로 전락될 수도 있다. 앞에서 언급한 노부부의 경우도 부부 사이에 산보와 설거지가 빈번했다는 것은 그만큼 다툴 상황이 많았다는 이야기다. 그러나 부부 사이에 했던 신혼 첫날의 약속 때문에 남편은 말 없이 산보를 나가서 조용히 걷는 사이에 어느덧 마음이 정리되고 자연히 갈등이 해소되어 다시 집으로 가게 되었다는 것이다. 그리고 아내도 마찬가지로 남편이 화가 나면 약속대로 조용히 부엌으로 가서 설거지를 했다는 것이다. 설거지 거리가 없으면 다시 씻어놓은 그릇을 꺼내서라도 그릇을 씻는 사이에 어느덧 섭섭한 마음도 함께 씻겨 내려가는 듯 마음이 정리되면서 남편을 이해하게 되더라는 것이다.

노부부의 일화를 소개했지만 사람은 부부로서 일생을 함께 살아가면서 관계가 좋을 때보다도 관계가 어려울 때를 대비한 이런 안전장치가 필요하다는 생각이 든다. 자동차를 만들 때 사고를 대비한 여러 가지 안전장치를 함께 만들어 놓는 것과 같은 이치라고 생각한다.

인간관계는 비단 부부관계뿐만 아니라 모든 인간관계에서 예외가 없다. 인간의 삶은 누구라도 마찬가지이겠지만 언제나 관계성에 있어서 갈등의 소지를 안고 살아간다는 것을 놓쳐서는 안 된다. 이러한 요인의 근본적인 이유로서 인간은 태생적으로 미성숙의 존재이기 때문에 일생의 전 과정이 성숙을 향한 끊임없는 자아수행의 과정이라 해도 과언이 아니다.

4. 현대적 효는 관계성의 소통과 하모니

전통의 효는 마치 하나의 거대한 광맥이며 원석과도 같다. 앞에서 효경에 적시하고 있는 효의 본질적 요소로서 사랑과 존경을 언급했다. 인간관계에 있어서 이 두 요소는 절대적 가치이며, 보편적 가치이다. 이 원석을 숙련된 연금술사를 통해서 아름다운 보석으로 거듭나게 하는 과정의 필요성을 느낀다. 이러한 입장에서 효에 관련한 현대적 관점에서 인간관계의 소통과 하모니라는 담론으로 접근을 시도하고자 한다. 사실 인간의 관계성은 중요하다. 왜냐하면 인간관계를 통하여 인간의 행복과 불행이 좌우되기 때문이다.

박이문은 그의 저서 『문명의 위기와 문화의 전환』에서 인간은 과학문화를 중심으로 지금까지 자연을 정복하며 과학으로 모든 문제가 해결될 것으로 믿었지만 결국 돌아온 것은 환경오염과 생태계의 파괴로 오히려 인간에게 재앙으로 다가왔다고 주장하며, 무엇보다도 인간의 비인간화 현상을 지적했다. 따라서 과학문화는 '인간 자체가 완전히 하나의 물리적 현상으로만 대상화되어 인간의 인격성, 즉 자율성이 존재하지 않게 됨을 뜻하며, 인간의 '가치'나 삶의 '의미'가 부재하게 된다.'[34] 따라서 이제 21세기 과학의 한계점을 인식하면서, 한편 동양적 전통문화를 중심한 효 문화라는 화두를 가지고 인간관계론적인 담론으로 전개해 갈 필요성과 당위성을 느낀다. 효의 새로운 방향성은 무엇보다도 전통과 현대의 조화로운 조우가 이루어져야 한다.

따라서 이제 효 문화를 중심으로 한 현실 사회의 적응 가능성과 함께 보편화 가능성을 살펴볼 것이다. 이러한 측면에서 위에서 언급한 효에 대한 인간관계론적인 접근은 우리의 삶과 연관된 것이다. 효를 영어로 표현하면 filial piety이다. 영어의 개념으로는 그 의미의 전달이 한계가 크다. 그래서 우리의 효는 영어로 그냥 그대로 쓰면서 그 의미를 설명하는 것이 더 좋다는 의견들이 있다. 그래서 현대적 효 개념에 대한 새로운 접근으로서 김종두는 그의 저서 『효의 패러다임과 현대적 개념』에서 '효(HYO)는 Harmony of the Young and Old의 약자로'[35] 효를 설명했다. 이에 대해서 공감하면서도 효는 단순히 신구세대 간의 조화뿐만 아니라 보다 근원적인 신인관계에서부터 모든 대인관계, 그리고 자연과의 관계, 대물관계를 포함해야 한다고 본다. 그 관계성은 사랑과 존경

---

34) 박이문, 『문명의 위기와 문화의 전환: 생태학적 세계관을 위하여』(민음사, 1997), p. 74.
35) 김종두(2011), 『효의 패러다임과 현대적 개념』(서울: 명문당), p. 205.

으로 조화와 소통의 관계성을 이루는 것을 의미한다.

우리가 사는 세상은 이미 외적으로 글로벌시대로 진입했다. 시공을 초월한 인터넷의 발달은 글로벌 패밀리라는 말을 자연스럽게 한다. 그러나 인간관계에서는 진정한 소통과 조화는 어렵고 오히려 극도의 갈등으로 인한 관계성에 피곤을 느끼는 것 같다. 따라서 현대인의 대인관계 기피현상과 자발적 고립을 자처하는 현상이 요즘 유행하는 '혼밥', '혼술', '혼영', '혼박'으로 나타나고 있다. 이러한 추세는 급기야 나홀로족의 증가로 '1코노미' 시대에 따른 마케팅 전략으로 나타나고 있다.

통계청에 따르면 2015년 우리나라 1인 가구는 약 520만 가구로, 전체 가구 수의 27%에 해당한다. 또한 2017년에 들어서서 우리나라 1인 가구는 약 560만 가구로 증가했으며, 일반가구 비율과 비교해 보면 28.6%로 꾸준히 증가하는 추세이다. 한국산업연구원에서는 1인 가구 소비지출 규모가 2015년 86조 원에서 2020년에는 120조 원까지 증가할 것으로 전망하고 있는 상황이다.

위의 이러한 현상은 빠르게 진행되는 1인 가구의 수치를 말하는 것이고 그에 따라 또한 1인 가구 소비지출이 늘어나는 현상을 구체적인 수치로써 나타냈다. 이러한 추세는 현재의 상황을 잘 나타내 주고 있다.

이러한 1인 가구의 증가로 인한 문제점으로 다양하게 노출되고 있는 현상에 대해서도 주목해 보아야 한다. 무엇보다도 1인 가구의 증가와 더불어서 나타나는 문제점의 하나가 가족과 더불어 생활하는 사람에 비해서 1인 가구로 생활하는 사람의 우울증과 대사증후군의 위험의 노출이 높다는 것이다.

그리고 아래의 도표는 1인 가구 청년과 다인가구 청년을 비교할 때 흡연, 과음, 비정상 수면 비율이 훨씬 높은 수치를 기록하고 있다. 이러한 현상도 관심 있게 주목할 내용으로 보인다.

1인 가구와 다인 가구 청년(20~30대)의 흡연·음주·정상수면시간 차이

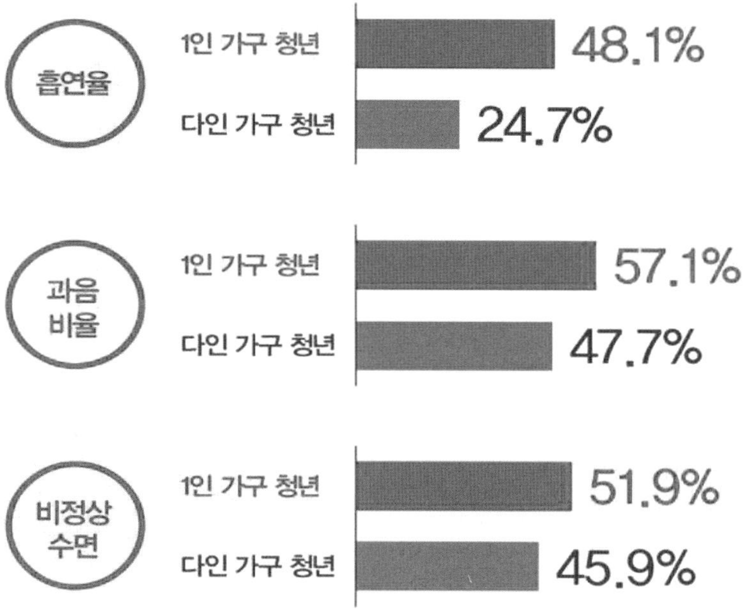

출처: http://health.chosun.com/site/data/html_dir/2017/10

위의 현상을 살펴보면 결국 인간은 더불어 살아가야 할 관계성의 존재임을 부정할 수 없다. 그렇다면 왜 관계성을 떠나 나 홀로의 삶을 추구하게 되는 것일까? 여러 가지 요인을 들 수 있겠지만 중요한 요인으로는 정상적인 인간관계의 어려움과 그리고 가족을 비롯한 모든 인간관계의 불편함과 가중되는 피곤함이 그 요인으로 작용한다. 따라서 이러한 요인들이 결국 인간관계를 기피하는 현상으로 발전하는 것은 아닐까.

특히 최근 들어 애완동물을 선호하는 사람이 많아서 애완동물 시장이 급성장하고 있다. 이것 또한 한 가지 요인으로 단정할 수 없지만 관계성으로 인한 요인이 적지 않다. 사람들 사이에서 피곤한 현대인들의 탈출구 중 하나로 애완동물에 애착을 갖는 것은 지극히 좋은 예라 할 수 있다. 왜냐하면 애완동물을 통해서 느끼게 되는 기쁨도 적지 않기 때문이다. 그리고 아이들에게는 애완동물과 교감하면서 느끼는 감성의 개발도 크다. 그러나 정상적인 인간관계를 떠나서 전적으로 이러한 삶은 결코 바람직한 삶이라고 보기는 어렵다.

이미 위에서 논한 1인 가구의 현상과 문제점에 대해서도 언급했다. 인간의 삶은 복잡하다. 특히 요즘의 사회에서 현대인은 '피곤하다'는 말을 많이 한다. 때로는 복잡한 도시를 벗어나고 싶은 충동을 누구나 느낀다. 가족을 잠시 떠나서 자연 속에서 혼자만의 여유 있는 시간을 갖는 것은 현대인에게 정말로 필요하다. 가족과 잠시 떨어져서 자연 속에서 혼자 나만의 시간을 갖는 것이 필요하다. 왜냐하면 나만의 시간이 때로는 피곤한 심신의 힐링과 함께 삶에 있어서 재충전의 소중한 시간이기 때문이다.

이러한 측면은 인간관계의 활력으로 작용하고, 나아가서 미성숙의 인간이 자연 속에서 자아수행을 하는 값진 시간이 될 수 있다. 이러한 일련의 내용은 인간관계를 촉진시키고 관계성을 활성화시켜서 보다 나은 삶, 행복한 삶을 위해서 그 의미가 크다 하겠다.

인간에게 있어서 교육이라는 것은 언제나 강의실에서만 이루어지는 것은 아니다. 자연과의 관계에서 교감되는 무언의 느낌과 가르침은 더 강렬한 것이 될 수 있다. 따라서 계곡에서 졸졸 흐르는 시냇물은 심신의 피로를 함께 씻어주며, 무한한 안정감과 평화로운 마음을 선물한다. 그래서 노자는 아름다운 자연이 주는 무언의 깨달음으로 도덕경에서 강조하는 상선약수(上善若水)와 수유칠덕(水有七德)을 밝혀 내지 않았을까 추측해 본다. 이는 인긴괸계에 있어서 너무도 훌륭한 가르침이라고 여겨지기 때문에 아래에 소개하고자 한다.

1. 물은 언제나 낮은 곳을 찾아 흐른다: 겸손
2. 물은 언제나 막히면 돌아갈 줄 안다: 지혜
3. 물은 언제나 더러운 물도 받아들인다: 포용력

4. 물은 어떤 그릇에도 담긴다: 융통성
5. 물은 바위도 뚫는다: 인내
6. 물은 장엄한 폭포도 투신한다: 용기
7. 물은 결국 유유히 흘러 바다를 이룬다: 대의

위의 내용은 늘 마음에 새기면서 인간관계에서 교훈으로 삼아야 할 것이다.

5. 관계성은 조화의 예술

전통의 효에서는 자녀에 대해서 부모의 엄부자모(嚴父慈母)를 강조했다. 자녀의 균형 잡힌 성장을 위한 부모의 역할이다. 앞에서 인생의 중요한 쌍방의 원리인 골든타임과 줄탁동시를 언급했다. 인간의 삶은 정말 모든 것이 관계성에 의해서 좌우된다고 해도 과언이 아니다. 박수도 두 손바닥으로 같이 쳐야 소리가 나는 것과 똑같은 이치이다.

부모와 자식은 서로가 고귀한 인격체이다. 진정한 부모는 자녀가 부모보다 더 훌륭하기를 바라고, 또 그렇게 양육해야 마땅하다. 훌륭한 스승은 제자가 배우기를 힘써서 스승을 뛰어넘도록 양성한다. 이것이 미래의 희망이다.

명나라의 사상가 이탁오는 나이 50세가 되어서 비로소 자기의 목소리를 내게 되었다고 했다. 종래의 틀을 뛰어넘는 역발상으로 공자를 비판하기도 했다. 그가 말하기를 "스승이 친구가 될 수 없다면 진정한 스승이 아니다. 친구이면서 스승이 될 수 없다면 그 또한 진정한 친구가 아니다"라고 했다. 위와 아래를 자유롭게 오가는 조화로운 쌍방적 상호 관계성은 사랑과 존경으로 가능하다.

1) 자동차의 주행원리와 인간관계의 조화

아래의 내용은 조화롭고 원만한 인간관계의 원리를 자동차와의 관계로 비교하면서 설명을 시도해보았다.

자동차가 도로를 주행해서 목적지에 도착하려면 여러 가지 조건이 잘 맞아야 한다. 자동차가 주행하기 위해서는 먼저 도로의 상황에 따라 운전자는 액셀러레이터와 브레이커를 적당히 조화롭게 밟아 간다. 어느 한쪽을 무리하게 밟아서도 안 된다. 그것은 도로의 상황에 의해서 이루어져야만 한다. 자동차는 또 충분한 오일과 충분한 연료가 채워져 있어야 하고 때로는 목적지가 장거리인 상황도 고려해서 사전점검이 이루어져야 한다. 왜냐하면 도중에 일어날지도 모를 만일의 사태에 철저히 대비해야 하기 때문이다. 그리고 아무리 바쁠지라도 다른 자동차도 도로위에서 달리기 때문에 양보와 배려를 하면서 조화롭게 운행해야 한다. 더 중요한 것은 정해진 룰로써 교통법규를 정확하게 지켜야 만 한다. 졸음운전은 파멸(죽음)로 갈 수도 있는 위험천만한 행위이며, 음주운전은 자살행위와 같다. 우리의 인생길도 이와 같이 목적지를 향해 가는 자동차의 주행과 다르지 않다고 생각한다.

위에서 언급한 자동차는 바로 나 자신이다. 액셀러레이터는 자녀에 대한 어머니의 역할이며, 브레이커는 바로 자녀에 대한 아버지의 역할에 해당된다. 물리학으로 말하면 원심력과 구심력의 원리이다. 전통의 효에서는 엄부자모(嚴父慈母)라고 했다. 부모의 조화로운 이중적 역할분담으로 자녀가 원만한 인격체로서 올바르게 성장해 갈 수 있다.

그리고 자동치기 움직이기 위해서는 충분한 연료가 보충되어야 하듯이, 부모가 충분한 내적(사랑)·외적(물질적 요소) 자양분과 영양소를 제공해야 한다. 또한 자동차를 운전하기 위해서는 어떠한 상황에서도 나태하거나 운전 위반을 해서는 안 된다. 치명적인 교통사고로 연결될 수 있기 때문이다. 운전 중에는 다소의 긴장감이 필요하다. 왜냐하면 생명에 치명적인 위험성이 언제나 도사리고 있기 때문이다. 인생길도 마찬가지다. 인간관계에서 언제나 파국으로 가는 위험요소가 있다는 것을 염두에 두어야 한다. 그리고 목적지를 향해서 운전해 가기 위해서는 운전도 잘 해야만 한다. 만약 미숙한 초보운전자라면 언제나 긴장하고 조심해야 한다. 따라서 인간의 삶도 잘 살아가기 위해서는 언제나 자아수행의 끊임 없는 과정이 뒷받침이 되어야 한다고 이미 앞에서 언급했다.

요즘은 편리한 내비게이션이 있어서 목적지를 설정만 하면 정확하게 방향을 안내받게 된다. 운전자는 때로는 도로의 상황에 따라 방어운전도 염두에 두어야 한다. 내가 아무리 교통법규를 잘 지킨다고 하더라도 상대방이 운전미숙으로 돌진해 오는 경우도 예상해야 하듯이, 우리의 인간관계에서도 언제나 상대방의 미숙으로 부딪혀 오는 돌발적인 상황에 유연하게 대처하는 능력도 겸비해야 하는 것이다. 물론 자동차는 철저히 만일의 사고에 대비해서 완충작용의 원리로 만들어져 있다. 타이어도 그렇고 범퍼도 그렇다. 그리고 생명을 보호하는 에어백도 구비되어 있다. 그렇다고 그것만 믿고 자신이 주의해야 할 사항을 소홀히 할 수 없다. 그래서 안전운전 수칙이나 교통법규를 충실하게 잘 지켜야 한다. 그것은 곧 소중한 자신을 위한 것이며, 나아가서 타인의 소중한 생명을 위한 것이다.

마지막으로 도로운전에서 조심해야 할 사항은 일방통행의 금지구역이다. 그리고 역주행은 더더욱 금기사항이다. 자기 파멸의 지름길이기 때문이다. 이는 강요가 아닌 자발적인 의사에 의해서 이루어진다.

그렇다면 효라는 것은 인간의 관계성을 중심으로 이루어지는 조화의 예술이라고 여겨진다. 상호 사랑과 존경으로 이루지는 쌍방적인 관계성이다. 관계에서 일방통행식은 관계를 악화시킨다. 그리고 막무가내식 역주행은 더더욱 효가 아니다. 인간관계의 파멸로 가는 지름길이기 때문이다. 인생도 길이 있기 때문에 인생길이라고 표현한다. 자동차 주행연습을 충분히 해서 운전면허를 취득했다면 안전하고 즐거운 운전을 할 수 있다. 운전을 하는데 급하다고 무면허로 운전을 할 수 없다. 우리가 택시를 탈 때 모범운전이라는 문자를 보면 운전수를 믿고 걱정 없이 안전하게 자기의 생명을 맡기게 된다. 나도 정말로 인생길의 모범운전자가 되어 행복의 문에 도달해야 하지 않을까.

모든 일에는 순서가 있고 길이 있다. 길을 가다가 잘못된 길인 것을 알면 즉각 돌이켜서 바른 길을 선택해야 한다. 왜냐하면 잘못된 길을 계속 고집해서 간다면 가야 할 목적지와 점점 멀어지기 때문이다. 필자는 자동차에 관련한 내용을 차용해서 인간의 삶과 연관 지어 설명을 시도해 보았다.

2) 배려를 통한 상호조화의 아름다움

모든 일에는 원칙과 법칙이 있다. 그 법칙대로 살면 잘 사는 것이요, 그 법칙을 무시하면 고통이 동반된다. 인간의 몸도 자연의 법칙에서 예외가 아니다. 법칙을 어기면 몸에 이상이 생기고 몸에 고통이 따르게 된다. 자연의 법칙은 하나의 순리라고 볼 수 있다. 순리라는 말은 마치 물 흐르듯 흘러가는 자연스러움이다.

우주를 보아도 태양과 지구는 공전과 자전을 정확한 궤도를 따라서 조화롭게 운행하며 이를 멈추지 않는다. 그리고 교향악단이 청중 앞에서 연주하게 될 때, 여러 가지 악기들이 등장한다. 각각의 악기를 든 사람들은 주어진 포지션과 순서에 따라서 조화롭게 연주를 진행한다. 만약에 바이올린의 연주 순서에 갑자기 룰을 무시하고 색소폰의 연주가 시작되어 버리면 그 연주회는 엉망이 되어버리고 만다. 따라서 청중이 기뻐할 수 있고 감동하게 될 때는 각자의 주어진 악기가 그때마다 조화롭게 하모니를 이루어서 연주가 이루어질 때이다. 결국 인생길도 똑같은 이치이며 모든 인간관계에 있어서도 이러한 조화로운 삶이 행복으로 가는 지름길이 아닐까.

인간은 때때로 스스로 인정받고 싶고, 또 자신을 드러내고 싶은 욕구가 있다. 그래서 인간관계에서 부지불식간에 자신의 교만이 드러날 수도 있다. 교만은 불운과의 동업자다. 따라서 그들의 출입을 엄격히 통제할 필요가 있다. 인간관계에서 무리하게 나의 주장을 앞세우는 일방적 강요는 상대방에게 불쾌감을 주는 무리수가 따를 수 있다. 경우에 따라서는 상대방을 무시하는 무례한 행동으로 비춰질 수도 있다. 비록 상대방을 설득해야 하는 나의 의도가 있을지라도 이를 잠시 보류해야 한다. 먼저 상대방의 의도와 생각과 상황을 파악하기 위해서 겸손한 마음으로 경청하는 쪽을 택하는 편이 지혜롭다. 바쁠수록 돌아가라는 속담도 이에 해당하는 내용이 아닐까. 그리고 이러한 태도는 상대방에 대한 존경의 마음이며, 상대방의 눈높이에 맞추려는 배려심이기도 하다.

그리고 대화를 하더라도 일방적인 대화의 주도는 꼭 피해야 할 사항이다. 대화에서 한 번의 만남으로 결론을 도출하려는 조급함과 성급함 또한 도리어 관계를 어렵게 할 수 있다. 오히려 조금의 진전이라도 있었다면 그것으로 만족하려는 자세도 나쁘지 않다. 이는 오히려 다음에 다시 만날 수 있는 여운을 남기게 된다.

인간관계에서 내가 나를 세워서 인정받게 되는 것은 결코 아니다. 상대방이 나의 인품에 감동해서 인정받게 되는 것이 자연스러운 방법이다. 자화자찬하는 것은 관계에서 언제나 무리수가 따르게 되고 자연스러운 방법이 결코 아니다. 이는 상대방에게 오히려 불편함을 줄 수도 있고 섭섭함과 소외감을 줄 수 있다.

3) 꽃의 아름다움과 인향천리(人香千里)

꾸밈이 없는 아름다운 자연은 무한한 깨달음과 교훈을 준다. 꽃에도 향기가 있듯 사람에게도 사람의 향기가 있다. 이는 무형의 보이지 않는 인품에서 우러나오는 향기를 말한다. 아름다운 꽃이 향기를 내게 될 때, 벌과 나비가 자연스럽게 찾아든다. 그래서 사람들은 꽃을 좋아한다. 그리고 꽃은 아름다운 자태를 뽐내지도, 자랑하지도 않는다. 그저 있는 그대로를 드러낸다. 분수를 지키고 만족한다. 꽃에는 수많은 다양한 꽃들이 있다. 각각의 꽃은 자기의 고유함을 지킨다. 나팔꽃은 나팔꽃으로 만족하면서, 곧이 화려한 장미꽃을 부러워하거나 흉내를 내려고도 하지 않는다. 그리고 꽃은 어디에 피어 있든지 불평 없이 언제나 자기의 자리를 지킨다. 그냥 있는 그대로 사람이 봐주는 곳이 아니어도, 그냥 그 자리에 만족하고 서 있다. 그리고 스스로 자기의 고유한 향기를 발산한다. 그러면 어디선가에서 자연스럽게 나비와 벌이 찾아든다. 이는 무리가 아닌 자연스러운 자연의 조화이며, 아름다움의 그 자체이다.

꽃이 주는 이러한 교훈으로 불교의 연꽃을 떠올리게 된다. 연꽃이 더러운 진흙 속에서도 아름답게 피는 이유는 세속의 고통 속에서도 변함없이 아름다움을 나타내기 때문이 아닐까.

연꽃과 관련된 유명한 일화 하나가 있다. 석가세존이 어느 날 연꽃을 들고 제자들 앞에 나타났다. 그때 가섭이 혼자 빙긋이 조용한 미소를 지었다. 가섭은 그 연꽃이 주는 의미를 스스로 깨달았다는 이야기다.

순백의 백합은 기독교와 인연이 있는 것 같다. 그리고 나라마다 그 나라를 상징하는 국화(國花)가 있다. 학교에도, 각 단체에도 상징하는 꽃을 내세운다.

꽃이 아름다운 향기를 내듯, 인간도 인품이 있어서 향기를 낸다. 만나고 싶은 사람, 가까이 가고 싶은 사람, 그래서 함께 지내고 싶은 사람이야말로 언제나 향기를 내는 사람이 아닐까. 그래서 있는 그대로의 모습이 남에게 부담을 주지 않는 사람일 것이다. 만나서 편안함을 주는 사람, 자연스러운 사람. 그런 사람을 향기를 내는 사람이라고 칭할 것이다. 그래서 인향천리(人香千里)라고 한 것 같다. 사람의 향기로움이 천리를 간다는 뜻이다.

자연이 주는 아름다운 관계를 노래하면서 사람들 사이에서도 아름다운 관계를 염원했던 장용철의 시가 다시 우리의 가슴에 와 닿는다.

아름다운 관계

장용철

벌은 꽃의 꿀을 따지만
꽃에게 상처를 남기지 않습니다.
오히려 꽃이 열매를 맺을 수 있도록 꽃을 도와줍니다.

사람들도 남으로부터 자기가 필요한 것을 취하면서
상처를 남기지 않으면 얼마나 좋을까요.

내 것만을 취하기 급급하여 남에게 상처를 내면
그 상처가 썩어 결국 내가 취할 근원조차 잃어버리고 맙니다.

사람과 사람 사이에도
꽃과 벌 같은 관계가 이루어진다면
이 세상엔 삶의 향기가 가득하지 않을까요.

4)바다가 주는 무언의 교훈

필자가 어릴 적 살았던 동해 바닷가에는 조약돌이 많았다. 형형색색의 조약돌은 마치 보석처럼 너무도 아름다웠다. 밀려오는 파도에 그 모습을 감추었다가, 파도가 다시 밀려가는 사이 햇빛에 반짝반짝 빛나는 조약돌이 다시 아름다운 모습을 드러낸다. 물기에 촉촉이 젖은 조약돌을 손에 넣으면, 그렇게 감촉이 좋을 수가 없었다. 가끔 바다에 나가서 아름다운 조약돌을 주워서 바다를 향해서 비스듬히 던지면, 바다 위를 포물선을 그리며 날아가는 것을 즐기기도 했었다.

손에 쥐어도 아프지 않은 매끌매끌하고 아름다운 조약돌은 처음에 산에서 바다로 굴러 내렸을 때는 분명히 모가 나고 날카로운 돌이었을 것이다. 그러나 수많은 파도에 부딪치면서 어느새 깎이고 깎여서, 그렇게 아름다운 조약돌로 변신하게 된다. 이처럼 사람도 마찬가지라 생각된다. 인간도 모난 마음을 가지고 있는 한 부지불식간에 상대방에게 상처를 준다. 분명히 날카롭고 모난 돌이 아름다운 조약돌이 되기까지는 파도에 의해서 부드럽게 되는 과정이 있었을 것이다. 인생도 마찬가지 이치라고 생각된다. 인간도 끊임없는 자아수행이라는 과정을 거치면서, 비로소 인간관계에 모나지 않은 원만한 인격체로 아름답게 변신해 가는 이치가 아닐까.

바닷속에서 조개로부터 아름다운 진주가 생성되는 과정은 수없는 고통의 연속이라고 한다. 바닷속의 조개가 입을 벌리고 있을 때 그 속으로 이물질이 들어가게 되고, 본능적으로 분비물을 뿜어낸다. 그러면 조개는 그 이물질을 감싸게 되고 그것이 쌓여서 결국 진주가 된다고 한다. 진주가 만들어지는 이러한 일련의 과정은 조개로서 수없는 고통의 과정이다. 한마디로 아름다운 진주의 생성은 고통의 결정체라고 할 수 있겠다.

바다는 이렇게 말 없이 인간에게 많은 가르침과 교훈을 주는 것 같다. 나는 어릴 적 언제나 바다를 바라보면서 자라서인지 바닷가에 서면 해방감을 느끼게 된다. 바다는 말 그대로 그 어떤 것도 거부하지 않고 어머니의 품속처럼 받아준다고 해서 바다인가 보다. 산에서 흘러내리는 물은 흘러 흘러서 결국은 바다로 들어가게 된다. 어떠한 흙탕물도 차별과 예외를 두지 않고 기꺼이 받아준다. 또 바다에는 적당한 염분이 함유되어 있어서 부패를 방지하기도 한다. 그리고 바닷속에는 무엇보다도 인간이 살아가는 데 필요한 엄청난 식량과 자원이 숨어 있다. 인간의 삶과 밀접하게 관계하면서도 유유히 그 존재감을 굳이 나타내지 않는 바다는 그래서 좋다.

사실 나라는 존재는 이 세상에서 가장 소중한 존재이다. 각각의 고유한 꽃이 있고 고유한 향기를 내듯, 사람에게도 고유한, 나만이 가지고 있는 개성체는 이 세상에서 오직 유일한 존재이다. 그래서 석가는 인간의 존재를 '천상천하유아독존(天上天下唯我獨尊)'이라고 칭했다. 예수는 "너희가 온 천하를 얻고도 내 생명을 잃으면, 무엇이 유익하리요"라고 했다. 즉 인간을 온 천하를 주고도 바꿀 수 없는 그런 가치적 존재로 보았다는 것이다. 동학에서는 인간의 가치를 '인내천(人乃天) 사상'으로 나타냈으며, 이는 '인간이 곧 하늘'이라는 뜻이다. 그만큼 인간을 존엄하고 유일한 최고의 가치적 존재로 여겼다.

나의 최고의 자존감은 이렇게 나라는 존재의 가치를 인식하고, 스스로를 소중하게 여기는 것에 있다. 내가 이렇게 소중한 존재이기 때문에 상대방에 대해서도 그렇게 소중하게 여길 것이며, 우리도 그러한 의식으로 소중한 공동체를 만들어 가게 된다. 그리하여 정말로 향기 나는 인간관계를 만들어 간다면 우리가 살아가는 세상은 정말로 아름답고, 평화로운 세상이 될 것이다. 조물주는 그러한 향기 나는 아름다운 세상을 꿈꾸면서, 하나님만큼이나 가치 있는 소중한 존재로서 인간을 이 땅 위에 창조하지 않았을까를 생각해 본다.

5)아프리카의 '우분투' 정신의 교훈

남아프리카 반투어에 '우분투(UBUNTU)'라는 말이 있다. 우분투는 아프리카의 코사족과 줄루족의 인사말로 '당신이 있기에 내가 있다'는 의미로 사람과의 관계를 소중히 여기며 살아가는 공동체사상이다.

어느 인류학자가 아프리카 원주민에 대한 조사를 끝내고, 공항으로 떠나기 전 시간이 좀 있어서 아프리카의 아이들에게 놀이를 하나 제안했다. 그는 이웃마을에서 사온 사탕바구니를 멀리 떨어진 나뭇가지에 메달아 놓고 어린이들에게 먼저 도착한 사람이 그것을 다 먹게 해주겠다고 했다. 그가 출발신호를 하자 전혀 예상하지 못한 상황이 일어났다. 아이들은 일제히 서로 손을 잡고 사탕바구니를 향해 달려가서는 모두들 둥글게 둘러 앉아 사탕을 사이좋게 나누어 먹었다. 의외의 상황을 지켜본 인류학자는 너무도 어리둥절해서 그중에 체격이 좋은 한 어린이에게 "혼자 먼저 빨리 가서 사탕바구니를 차지하면 혼자 다 먹을 수 있는데 왜 다른 친구와 함께 갔느냐"고 물었더니 "다른 아이들이 슬퍼하는데 어떻게 혼자만 행복할 수 있어요?"라고 대답하자 다른 어린이들이 "우분투"라고 일제히 외쳤다. 순간 인류학자는 아이들의 반응에 너무 놀랐다. 마치 머리를 한 대 얻어맞은 것처럼 강한 인상을 받았다. 인류학자는 그동안 원주민에 대해서 연구를 했지만 정작 아프리카를 떠나는 날이 되어서야 비로소 아프리카 원주민들의 진정한 정신을 이해하게 되었다는 것이다.

이 일화는 대단히 큰 의미로 우리의 가슴에 와 닿는다. 아프리카의 '우분투'의 의미는 나 한 개인이 다른 사람과 분리되어 있는 것이 아니라 우리라는 공동체에 함께 연결되어 있다는 사실이다. 내가 너에게 연결되고 너는 우리에게 연결되어 살아간다. 즉 혼자서는 사람이 될 수 없는 것이고, 따라서 우리 모두는 밀접하게 연결되어서 전체에 영향을 미친다는 의미이다. 아프리카의 속담에 '한 아이를 키우기 위해서는 온 마을이 필요하다' 말이 있다.' 이는 개체는 전체를 위해서 전체는 개체를 위해서 존재하는 상호 조화로운 관계성의 삶을 강조한 내용이다.

6. 인간관계는 인사로 시작된다

과거 전통에서는 사람과의 관계에서 특히 예절을 소중하게 생각했다. 보통 사람들 사이에서 '예의가 없는 사람'이라고 지적하면 상종을 못 할 사람이라는 뜻이다. 그만큼 인간이 갖추어야 할 기본도리에 대해서 엄격했다는 뜻이다.

인간의 만남과 헤어짐에 있어서 언제나 예로서 만나고, 예로서 헤어지는 소중한 행위가 인사다. 그래서 예절 가운데 가장 기본이 인사(人事)이다. 사람과의 관계에서 서로 나누는 인사는 한자가 주는 의미처럼 사람의 일이 인사(人事)라는 뜻이다. 즉 '인사가 만사(人事萬事)'라는 깊은 의미를 준다. 회사나 조직사회에서 흔히 인사가 만사라고 이야기를 하지만, 사람과의 사이에서 나누는 인사 또한 만사라는 의미다. 이는 인사에 대한 인간의 됨됨이를 결정짓는 모든 행위의 첫걸음이라 해도 지나치지 않다. 따라서 예로부터 인사는 인간 예절의 기틀이 되는 것으로 여겨왔다. 속담에 '말 한마디로 천 냥 빚을 갚는다(一字千金)'는 말이 있다. 이는 감사하는 마음으로 건네는 한마디의 인사가 그만큼 크다는 의미로 해석된다.

인사할 때의 첫인상은 인간관계의 첫걸음인 동시에 인간관계의 승패를 좌우한다 해도 과언이 아니다. 그만큼 사람과의 만남에서 인사의 중요성은 적지 않다. 인사할 때의 자세는 자신을 낮추고, 상대방을 높이는 존경의 뜻이 포함되어 있다. 나라마다 다양한 인사가 있지만 원래 우리의 전통적인 인사법은 큰절이었다. 특히 부모님께 인사를 할 때 큰절을 올렸다. 정성을 다해서 올리는 사랑과 공경의 표시라고 볼 수가 있다. 한국의 전통에서는 설날, 새로운 한 해가 출발하는 날에 웃어른들께 세배를 올릴 때 이런 유형의 큰절을 한다. 사실 현대에도 그 전통이 사라지지 않고 이어지고 있다. 세배의 덕담을 듣고 세뱃돈을 받는 정겨운 가족문화의 형태는 지속해 가야 마땅하다고 본다. 매일 큰절을 하기는 어렵다 하더라도 일 년에 한 번씩이라도 하는 것이 어떨까 한다. 큰절은 효의 본질로서 부모와 웃어른에 대한 자연스러운 공경을 표하는 아름다운 행위이기 때문이다.

인사할 때의 태도로서 유념할 것은 언제나 내가 먼저 한다는 생각으로 해야 하며, 무엇보다도 존경심을 담아서 부드러운 표정으로 상대방의 눈을 응시하면서 해야 한다. 그리고 악수를 하면서 인사를 나누는 경우에 쉽게 간과하는 것이 있다. 그것은 상대방의 눈을 응시하지 않고 다른 사람이나 다른 곳을 쳐다보면서 악수하는 경우이다. 물론 많은 사람들에게 바쁘게 인사를 하는 상황에서 이런 실수도 있겠지만, 이는 상대방을 무시하는 대단히 결례되는 행동이다.

어떤 조직에서건 인간의 사기를 높이고 일의 성과를 높이는 것은 서로 간에 건네는 감사의 인사라는 연구내용의 실례에 주목해 볼 필요가 있다. 아래의 내용이 그것을 입증하는 좋은 예라고 볼 수 있다.

하버드 경영대학원(HBS)의 프란체스카 지노(Francesca Gino) 교수는 어떻게 감정이 의사결정 과정이나 조직 행동에 영향을 미치는지를 연구합니다. 최근 출간된 책에서 지노 교수는 감사

(Gratitude) 의사를 표하는 것이 사람들의 행동에 어떤 변화를 가져오는지 상세히 기술하고 있습니다. 와튼 경영대학원의 교수 아담 그랜트(Adam Grant)와 함께 진행한 실험에서 이들은 57명의 학생들에게 가상의 인물인 에릭이라는 학생의 구직 커버레터에 대한 피드백을 주도록 했습니다. 그런 뒤 피드백을 준 학생 중 절반에게는 "저의 커버레터에 대한 당신의 피드백을 받았습니다(I received your feedback on my cover letter)"라는 아주 짤막한 확인 이메일을 받게 하고 나머지 절반은 "저의 커버레터에 대한 당신의 피드백을 받았습니다. 매우 감사합니다. 당신의 피드백을 받게 되어 정말 감사하게 생각합니다(I received your feedback on my cover letter. Thank you so much! I am really grateful)" 라는 내용의 이메일을 받게 했습니다. 지노 교수가 각 그룹의 학생들의 자아 가치감(Self-worth)을 측정했을 때 간단한 이메일을 받은 그룹의 25%만이 자신의 피드백이 가치가 있다고 느낀 반면, 감사 인사가 담긴 이메일을 받은 학생들의 55%가 자아 가치감을 느꼈습니다. 이어진 실험에서 두 그룹의 학생들은 스티븐이라는 가상의 학생의 커버레터에 피드백을 주도록 요청받습니다. 이전 실험에서 감사인사가 담긴 이메일을 받은 그룹의 66%가 피드백을 준 반면, 감사인사 없이 간단한 확인 이메일만 받은 그룹의 경우 32%만이 피드백을 줬습니다. 지노 교수는 이를 두고 감사의 표현을 받는 것은 우리의 자아 가치감을 높이고 이는 다른 사람들을 돕는 행동을 촉진시킨다고 주장합니다.

지노 교수의 다른 실험은 한 대학의 기금을 모금하는 직원 41명을 대상으로 이뤄졌습니다. 이들은 모두 고정된 월급을 받고 있었는데, 이 가운데 절반에게는 책임자가 한 명 한 명을 방문해 "열심히 일해줘서 고마워요. 대학 발전을 위한 당신의 노고에 진심으로 감사드립니다(I am very grateful for your hard work. We sincerely appreciate your contributions to the university)"라고 말을 했고, 다른 절반의 그룹에는 이러한 감사인사를 전혀 하지 않았습니다. 책임자의 감사인사의 효과가 있었을까요? 감사인사를 받은 기금 모금자들이 기금 모금을 위해 전화를 건 횟수가 그전에 비해 50% 늘어난 반면, 감사인사를 받지 않은 그룹은 아무런 변화가 없었습니다. 지노 교수는 감사를 표현할 기회를 놓친다는 건 조직의 리더들이 비교적 비용이 덜 들면서 직원들의 사기를 높일 수 있는 기회를 잃어버리는 셈이라고 말했습니다.

(출처: Harvard Gazette, New peppermint.com)

이렇게 사람과의 관계에서 윤활유처럼 활기를 주는 것이 사소한 인사에서 비롯된다. 돈 안 들이고 최대의 효과를 낼 수 있는 것이 인사 이외에 어떤 것이 있나? 위에서 연구한 내용을 통해 자아 가치감을 높이고 사기를 진작시킬 수 있는 놀라운 힘이 인사에 있다는 사실을 확인할 수 있다.

7. 인간관계의 성공은 경청(傾聽)의 자세에 좌우된다

앞에서 효경을 통해 효의 본질적인 요소 가운데 하나인 공경을 언급했다. 여기에서는 존경이라고 표현하겠다. 왜냐하면 같은 말이지만 존경은 좀 덜 무거운 뉘앙스를 주기 때문이다. 존경이라는 것은 인간관계에서 대단히 중요하다. 그렇지만 구체적으로 어떤 행위가 존경을 나타내는 것일까? 상대방에 대한 다양한 행위가 있겠지만 무엇보다도 사람과의 만남에서 먼저 서로 대화를 주고받게 된다.

대화의 시작은 무엇보다도 상대방의 말에 겸손한 마음으로 경청(傾聽)하는 자세로 임해야 한다. 경청이라는 말의 사전적 의미는 남의 말을 귀 기울여 주의 깊게 듣는다는 뜻이다. 그냥 듣는 것이 아니다. 즉 상대방을 향해서 존경하는 마음으로 듣는다는 뜻이다.

인간관계에서 중요한 것은 만남이 아니다. 물론 만남도 중요하다. 그러나 더 중요한 것은 만남을 통해서 서로가 좋을 수 있는 관계로 만들어가는 과정이며, 이는 서로의 노력이 뒤따라야 할 부분이다. 왜냐하면 만나서 좋을 수도 있고, 나쁠 수도 있기 때문이다. 인간관계의 성공의 여부는 겸손한 마음으로 상대방의 말을 먼저 귀담아 듣는 자세에 달려 있다고 해도 과언이 아니다.

특히 일본인에게는 '끼끼조즈(귀동양)'라는 말이 있다. 그들은 상대방의 말을 잘 듣는다. 그리고 상대방의 말을 경청할 때 '나루호도(과연 그렇군요)', '스고이데스네!(대단하네요!)'라고 말하면서 박자까지 잘 맞춘다. 이는 대단히 상대방의 말에 공감하고자 함이며, 존경의 강한 표시이다.

대체로 한국인은 자기의 주장이 너무 강한 편이다. 자기 주장을 하기보다 먼저 상대방의 의견과 의도가 무엇인가에 관심을 갖는 것이 대화에서 중요한 포인트이다. 내 주장만 강하게 하다 보면 일방적인 강요가 될 수 있다. 이는 상대방의 기분을 상하게 할 수도 있으며, 상황에 따라서 대화가 단절될 수도 있다. 상대방을 무시하는 일방적인 주장은 정상적인 대화로 볼 수 없으며, 이는 논쟁이다. '논쟁에서 지면 기분이 나쁘고, 이기면 친구를 잃게 된다'는 말이 있다. 따라서 존경하는 마음으로 먼저 상대방의 말을 귀담아 듣는 자세는 인간관계 설정에 중요한 자세가 된다. 인간관계에서 경청은 상대방을 높이는 행위이다. 경청할 때에는 상대방의 눈을 응시하면서 진심을 다해서 들어야 한다. 그리고 듣고 난 뒤에는 적당히 피드백을 주고 리액션을 하여 더욱 진지한 대화를 이끌어낼 수 있게 한다. 이러한 대화의 자세는 상대로 하여금 함께 대화하고 싶은 사람, 함께 일하고 싶은 사람으로 여기게 할 것이다.

경청의 중요성에 대해서 조선시대에 황희 정승의 일화를 하나 소개하고자 한다. 조선시대 세종 때 일이다. 당시 영의정을 지낸 황희 정승은 청백리로서 우리에게 잘 알려진 인물이다. 어느 날 밖에서 일을 보고 집으로 돌아와 보니 머슴들이 마당에서 대판 싸움을 히고 있었다. 부인이 싸움을 말리다가 남편인 황희 정승이 집으로 들어오는 것을 보자, 남편 황희 정승에게 제발 싸움을 좀 말려 달라고 부탁했다. 그때 황희 정승은 조용히 머슴의 이야기를 듣고자 했다. 드디어 한 머슴의 이야기가 시작되었다. 한참 이야기를 다 듣고 난 황희 정승은 조용히 웃음을 지으면서 "자네 말이 일리가 있네!"라고 했다. 그러고는 또 다른 머슴의 이야기를 들었다. 한참을 듣고 난 뒤에 황희 정승은 "자네 말도 일리가 있네!" 하고 답했다. 마지막 머슴이 이야기를 했다. 마찬가지로 다 듣고 난 황희 정승은 또 미소를 지으면서 "자네 말도 일리가 있네!" 하고 답했다. 옆에서 한참 이를 지켜보고 있던 부인이 "당신은 뭐 이것도 아니고 저것도 아니고 도대체 시시비비를 정확하게 해야지, 뭐 그렇게 물에 물 탄 듯 합니까?" 하고 그의 부인이 못마땅해 하면서 말했다. 부인의 말을 듣고 난 황희 정승이 "자네 말도 일리가 있네!"라고 말하자, 그 자리가 웃음바다가 되었다.

여기서 놀라운 황희 정승의 면모와 인간관계의 중요한 리더십이 엿보인다. 무엇보다도 그는 먼저 모두의 이야기를 조용히 경청했다는 점과 모두를 차별 없이 받아들이고, 긍정하고 인정했다. 아랫사람의 이야기에 대해서도 윗사람으로서 훈시하지 않고 조용한 경청의 자세를 취했고, 이는 모든 갈등을 말끔히 해소시켜주었다.

인간관계에서 갈등과 분쟁은 결국 상대방으로부터 무시를 당했거나, 인정을 받지 못함으로 인하여 발생한다. 따라서 황희 정승의 사례는 인간관계에서 중요한 교훈을 주고 있다. 당시는 양반을 중심으로 한 엄격한 신분제의 시대였다. 그는 영의정이라는 높은 관직에 있었음에도 일개 머슴의 이야기를 일일이 다 들어주었다. 이는 황희 정승의 놀라운 인품과 포용력의 리더십이 아닐 수 없다. 인간관계에서 빚어지는 갈등을 어떻게 하면 해결할 수 있는지를 잘 알려준 일화이다. 경청의 자세는 진정으로 상대방을 인정하고 높이는 행위다.

인간관계에 있어서 사람에 따라서 보슬비 유형과 소낙비 유형이 있다. 소낙비의 유형은 자신이 필요할 때만 갑작스럽게 상대방에게 집중적으로 다가 가는 유형이며, 보슬비의 유형은 상대방의 입장을 존중하면서 스텝 바이 스텝으로 조금씩 지속적으로 다가가는 유형이다. 상대에 대한 관심과 애착으로 상대방의 마음을 사는 유형이다. 우리는 후자의 유형으로 인간관계를 맺어가는 것이 어떨까.

8. 현대 신구세대 간의 소통의 가능성

현대는 급속한 변화의 시대라고 표현해도 무방할 것 같다. 급속한 과학의 발달로 인해서 시간과 공간을 극도로 단축시킨 인터넷 그리고 스마트폰이 유행하는 요즘 얼마나 소통이 편리하고 신속하게 이루어지는 현대 문명사회인가. 그러나 조금만 생각해 보면, 그 편리함 뒤에 오히려 사람과 사람 사이에는 좁혀지기 어려운 간극이 생겼고, 진정한 마음의 소통은 불통이라고 해도 과언이 아니다. 정이 메마르고 자기의 이익 때문에, 아니면 필요에 의해서 사람과 문자로 편리하게 주고받는다. 마땅히 갈 곳이 없는 오늘날의 청소년들은 오로지 문자를 통해서 상대방과 대면하게 되고, 현대의 편리한 매체를 이용해서 장난 삼아 이지메[36) 도구로 활용하는 것 같다. 그리고 집단 폭력과 집단 괴롭힘으로 인해서 자살을 선택하는 청소년들이 부쩍 늘어나고 있는 현실적 상황이다.

학교에서는 점점 교사에 대한 학생들의 존현(尊賢)[37)]의 마음이 사라지고, 교사들 사이에서는 이런 상황에서 교단을 떠나고 싶다는 탄식의 목소리가 높아만 가고 있는 서글픈 현실이다. 교육이 학교에서 인간의 자유와 개성을 존중하며 이루어질 수는 없을까? 대단히 중요한 물음이 아닐 수 없다.

특히 오늘날 우리사회에서 신구세대 간의 계층적 갈등은 심각한 사회문제 중의 하나로 나타나고 있다. 구세대는 아날로그적인 사고를 하고, 신세대는 디지털적 사고를 하고 있다. 인터넷을 통해서 시시각각으로 변화해 가는 다양한 정보와 유행을 추구해 가는 젊은 세대는 구세대의 전통에 매력을 느끼지 못하고 있는 현실이다. 이러한 신구세대 간의 갈등은 심각한 사회문제로 대두되고 있다. 이러한 입장에서 구세대가 과거의 틀을 강요하는 것은 현대의 젊은 층에게 마치 조선시대의 갓을 쓰

36) 일본어로 왕따(집단 괴롭힘)라는 의미로서 최근에 보편화된 언어로 사용되는 것 같다.

37) 장상호 교수가 그의 저서 『학문과 교육』에서 사용한 용어로서, 제자가 스승을 존경하는 마음을 일컬어서 존현이라고 표현했다.

라고 강요하는 것과 다를 바 없다. 따라서 계층 간의 갈등과 간극을 좁히기 위해서는 서로 관심을 갖고 먼저 다가가고자 하는 순수성과 진정성이 요구된다.

사실 요즘은 노인층도 대부분 스마트폰을 기본적으로 휴대하게 되었다. '카카오톡'을 통해서 서로 소통을 하고 '유튜브'를 통해서 다양한 정보를 접하게 되었다. 이러한 것은 시대의 발전에 따라 자연스럽게 이루어지는 현상이다.

얼마 전 나는 우연히 아이들이 즐겨보는 TV 22번 채널 M-net We are K-POP을 자녀들과 접하게 되었다. 처음에는 도대체 무슨 내용인가 하는 가벼운 호기심으로 함께 시청했다. 그러나 보면 볼수록 10대들의 힙합에 매력을 느끼게 되었다. 힙합은 10대들의 역동적인 율동과 노래이다. 놀랍게도 그들이 노래하는 그 가사의 내용이 더 감동적이었다. 그 가사내용은 생각보다 철학적이며, 인간의 보편적 가치를 노래가사에 담고 있었다. 즉 인간의 자유, 인권, 그리고 행복에 관한 것이었다. 솔직히 과거 힙합에 대한 필자의 이미지는 그렇게 좋은 것이 아니었다. 그러나 아이들과 10대들의 힙합을 보면서 과거의 흑인들의 저질스럽기만 한 음악의 부류라는 그런 선입관을 일시에 불식시키는 계기가 되었다. "왜 이렇게 힙합이 건전하게 바뀌었느냐"고 아이들에게 질문하자, 요즘은 10대들도 그런 저질스러운 내용을 가지고는 대중에게 흥미롭게 다가갈 수 없다는 것을 잘 안다는 것이다. 이렇게 10대들이 좋아하는 힙합도 자연스럽게 시대의 흐름에 따라 빠르게 변해 간다는 사실에 놀랐다. 힙합에도 누가 뭐라고 하지 않아도 스스로 시대적 흐름에 따르는 자정능력이 있고, 대중에게 기쁨을 주는 음악의 한 장르로 계속 변화를 거듭해 간다는 사실이다.

과거에는 농경사회였기 때문에 당연히 농사 경험이 풍부한 어른들이 존경을 받았다. 그러나 현대에 이르러서는 오히려 젊은 세대가 시시때때로 빠르게 변화해가는 인터넷을 중심한 지식 정보화의 시대에 더 앞서 가고 있다. 신구세대가 같은 시대에 함께 살고 있지만 그 갭은 너무 크다. 따라서 전혀 다른 시대를 살아가는 신구세대라고 해도 과언이 아닐 정도다. 그렇다면 이런 신구세대 간의 간극을 좁힐 수 있는 소통의 채널은 과연 무엇일까를 한번 생각해 볼 수 있다.

위에서 논거했듯이 필자로서는 우연한 기회에 자녀들과 10대들이 좋아하는 음악을 함께 접하며 조금이나마 소통의 장이 이루어질 수가 있었다. 신구세대 간의 조화로운 관계와 소통은 과거의 틀을 강요하는 일방통행으로서는 이루어질 수가 없다. 좀 더 서로 열린 마음으로 다가가는 자세가 필요한 것 같다.

9. 사랑의 실천은 낮은 자리에서 가능하다

사랑은 특성상 높고자 하는 것이 아니라 언제나 낮고자 한다. 자식을 사랑하는 부모는 언제나 자식을 대할 때 낮고자 하며 스스로의 자존심을 생각하지 않는다.

예수는 십자가의 고난을 예견하고, 이 땅에서 인류에게 마지막으로 보여주었던 사건이 있었다. 그것은 그가 그의 사랑하는 제자들과 최후의 만찬도중에 일어나서 제자들의 발을 손수 씻어주었던 일이다.

예수는 왜 하필이면 인간의 신체부위 중에서 가장 낮은 제자들의 발을 손수 씻겨주었을까? 이런 예수의 갑작스러운 행위에 대해서 당시 제자들은 당황해하면서 이해하지 못했다. 왜냐하면 제자들은 예수를 외형적으로 대단한 권위를 지니며 정치적으로 장차 이스라엘의 왕이 될 인물로 여겼다. 예수의 행위는 제자들의 생각과 크나큰 간극이 있었다. 이러한 예수의 갑작스러운 행위는 그가 가장 낮은 자리에서 섬김과 모심의 도리를 보여준 고귀한 사랑의 실천행위였다. 인간의 신체부위 중에서 가장 낮은 위치에 있는 부위는 발이다. 이렇게 가장 낮은 위치에 있는 발을 씻어주는 행위는 그야말로 모심의 극치가 아닐 수 없다. 그리고 발을 씻어준 후에는 제자들을 향해서 "너희도 가서 그렇게 행하라"는 메시지를 주었다. 제자들 앞에서 먼저 손수 섬김의 본을 보여 주었다. 너희가 대접을 받고 싶거든, 너희가 먼저 남을 대접하라는 것이다. 이렇게 예수는 사랑에 대해서 쌍방적인 상호관계성을 강조하면서 너희가 먼저 사랑을 베풀고, 사랑을 먼저 투입하라는 것을 강조했다. 스스로가 낮은 자리에 서지 않고서는 사랑의 실천이 불가능하다는 사실을 보여준 것이다.

오늘 우리 사회에서 봉사하는 삶을 많이 강조한다. 타인을 위한 자선이나 봉사활동은 자신을 낮추지 않으면 하기 어렵다. 왜냐하면 봉사활동이야말로 사랑의 실천적 행위이기 때문이다. 사회에서 소외계층, 복지의 사각지대에 눈을 돌려서 그들을 보살피는 삶은 서로 더불어 살아가는 아름다운 행위라고 볼 수 있다. 이웃을 위한 봉사의 행위는, 어떤 의미에서는 자신을 위한 것이다. 왜냐하면 봉사생활을 통해서 스스로 기쁨과 행복을 느끼기 때문이다.

미국의 정유독점사업으로 세계적인 갑부가 된 록펠러의 유명한 일화가 있다. 그는 33세에 백만장자가 되었으며, 43세에 미국의 최대 부자가 되었다. 53세에 세계 최대 갑부가 되었지만 록펠러는 행복하지 않았다고 한다. 55세에 그는 불치병으로 1년 이상 살지 못한다는 사형 선고를 받았다.

그는 최후 검진을 받기 위해 휠체어를 타고 병원 로비를 지나면서 우연히 벽에 걸린 액자의 글을 보게 된다. '주는 자가 받는 자보다 복이 있다.' 그는 그 글을 보는 순간 마음속에 전율이 생기고 눈물이 났다. 선한 기운이 온몸을 감싸는 가운데 그는 눈을 지그시 감고 생각에 잠겼다.

조금 후 시끄러운 소리에 정신을 차리게 되었는데 입원비 문제로 다투는 소리였다. 병원 측은 병원비가 없어 입원이 안 된다고 하고, 환자 어머니는 입원시켜 달라고 울면서 사정하고 있었다. 록펠러는 곧 비서를 시켜 병원비를 지불하고 누가 지불했는지 모르게 했다.

얼마 후 그가 은밀히 도왔던 입원환자인 소녀가 기적적으로 회복하자 그 모습을 조용히 지켜보던 록펠러는 얼마나 기뻤던지 나중에는 자서전에서 그 순간을 이렇게 표현했다. “나는 살면서 이렇게 행복한 삶이 있는지 몰랐다.” 그 후부터 그는 나눔의 삶을 살기로 작정했다. 그와 동시에 신기하게 그의 병도 사라졌다. 이후로 그는 98세까지 살았으며, 남을 돕는 자선사업에 힘을 썼다. 그는 나중에 그의 회고록에서 “인생 전반기 55년은 쫓기며 살았지만, 후반기 43년은 행복하게 살았다”고 했다. 그에게 위대한 깨달음을 안겨준 것은 ‘주는 것이 받는 것보다 복되다’라는 메시지였다.

부모는 자식 앞에서 언제나 낮은 자리를 마다하지 않는다. 가정의 행복과 평화는 부모의 희생적 사랑과 자녀의 보은, 즉 효로 실현된다. 이는 일방적 통행이 아닌 자연스러운 쌍방적 통행이며 상호 발전적인 수수법칙(授受法則)이다.

인간의 성숙도는 어떠한 지식이 아니라 겸손함에 있다. 우리 속담에서 벼가 익으면 고개를 숙인다고 했다. 자연만물도 성숙과 완숙의 상태는 이렇듯 자연스러움에 있고, 자신의 분수와 자신의 위치를 지키면서 조화를 이룬다.

10.노블레스 오블리주(noblesse oblige)[38]의 역할과 도덕적 리더십

오늘 우리 사회는 그 어느 때보다 극심한 분열과 극도의 갈등관계에 직면해 있다. 왜일까? 그것은 무엇보다도 사회와 국가 지도층의 도덕적 리더십의 부재에 기인한다. 지도자로서 지켜야 할 공의로운 소신과 신념을 저버리고 남의 눈치를 살피면서 자신의 행동을 저울질하는 위선적인

38) 프랑스어로 노블레스(명예), 오블리주(의무)는 사회지도층과 가진 자의 도덕적 의무를 뜻하는 말이다.

포퓰리즘의 폐단을 지적하지 않을 수 없다. 따라서 우리 사회는 진정한 노블레스 오블리주의 역할이 절실히 요구되고 있다. 특히 요즘 지도층의 공정치 못한 이기적인 특권과 반칙은 관계성을 저버리는 행위이며 진정 우리 사회의 미래를 더욱 어둡게 하고 있다. 이는 또한 우리의 공동체 의식을 약화시키는 주원인이 된다.

진정 관계성으로 볼 때 너와 내가 따로 국밥이 아닌 우리라는 공동의 운명체이다. 우리가 서로 공존하며, 함께 조화를 이루어야 함에도 불구하고 언제부터인가 우리의 공동체에 관계성을 위협하는 심히도 공정하지 못한 현상이 바로 지도층의 이중 잣대(double standard), 다른 잣대(different standard)로 인한 논란과 갈등이다. 요즘 유행어 가운데 '내로남불'이라는 말과 통한다. 내가 하면 로맨스, 남이 하면 불륜이라는 아전인수 격 논리다. 이는 우리사회에 지극히 공정치 못한 현상으로 보인다. 옛말에 '똥 묻은 개가 겨 묻은 개를 나무란다'는 말과도 상통하는 말이다. 이제 더 이상 이러한 소모적인 편 가르기 식 논쟁과 갈등을 과감히 넘어서야만 한다.

과거 대영제국의 식민지로부터 무저항 비폭력으로 맞서 독립을 쟁취한 인도의 지도자 마하트마 간디의 '신발 한 짝(The other Pair)'의 일화가 전해오고 있다. 그가 젊은 변호사로 일을 하고 있을 때의 일이었다. 어느 날 바쁘게 열차를 타려고 플랫폼에 올라선 순간 그의 한쪽 신발이 벗겨져서 열차 아래로 떨어졌다. 열차는 움직이기 시작했고, 그는 미처 자신의 신발을 다시 주울 수가 없었다. 어찌할 수 없는 순간에 간디는 자신의 한쪽 신발을 마저 벗어서 떨어진 신발이 있는 쪽으로 던졌다. 이를 지켜본 승무원이 이상히 여겨서 그 이유를 묻자 간디는 조용히 미소를 지으면서 "어느 가난한 사람이 바닥에 떨어진 저 신발 한 짝을 주웠다고 생각해 보세요. 그에게 그 신발 한 짝은 아무런 쓸모가 없을 겁니다. 하지만 떨어진 두 짝은 이제 다른 사람에게 가치가 있게 될 것입니다."

간디의 이러한 순간적 행위는 나의 신발을 줍게 될 누군지도 모를 가난한 사람을 위한 따뜻한 배려심에 기인한 것이다. 난처한 상황에서도 머뭇거림이 없는 그의 즉각적인 행동에는 내 것에 대한 아무런 욕심이나 집착이 없었다. 그리고 그의 행동은 평소의 그의 삶이 어떠했는가를 짐작케 한다.

간디의 일화는 함께 더불어 살아갈 우리 공동체의 삶에 조용한 감동과 울림으로 다가오는 내용이 아닐 수 없다.

'빨리 가려면 혼자 가고, 멀리 가려면 함께 가라'는 격언이 있다. 우리는 지금까지 1950년 6.25전쟁 이후 폐허가 된 잿더미 속에서도 좌절하지 않고 숨 가쁘게 달려왔다. '빨리 빨리'라는 우리 특유의 국민성은 경제적으로 고속성장의 기적을 일구어냈다. 과거 원조를 받았던 가난한 나라에서 이제는 원조를 하는 나라로 바뀌었다. 그러나 우리는 이제 '빨리 빨리'가 아닌 숨고르기를 하면서 함께 멀리 가야 할 시점에 와 있다고 생각한다.

공생(共生)의 아름다움을 극명하게 보여주는 대표적인 사례를 우리는 철새들의 세계에서 찾아볼 수 있다. 그 중에서도 기러기는 우리들에게 많은 것을 시사한다. 기러기들이 얻는 힘은 다만 물리적인 71%라는 부력만은 아니라고 한다. 한 마리의 기러기가 잠시 감각을 잃고 대오를 벗어나면 잃어버린 부력으로 인해 즉시 힘이 떨어지는 것을 느끼기 때문에, 앞을 나는 새의 부력을 받기 위해 대오로 되돌아오는 것이다.

V자의 앞에서 날고 있는 새가 방향을 잡고 대오를 이끄는 리더다. 그런데 그 새는 앞에서 만들어주는 부력이 없으므로 자연 쉽게 지치기 마련이다. 맨 앞의 새가 지치면 맨 뒤로 가고 자연스럽게 한 줄씩 자리를 바꾸어 리더 역할을 하면서 비행을 계속한다.

또 맨 앞에서 나는 새의 속도가 조금씩 떨어지면, 그에게 격려를 해주고 경각심을 불러주기 위해서 '꺼억 꺼억' 소리를 낸다고 한다. 새들이 이처럼 항상 무리지어 다니는 것은 혼자가 아니라는 안정감으로 인해 혼자 날 때보다 70% 가량 더 오래 날 수 있기 때문이다. 더

흥미로운 것은 이 기러기들이 사용하는 언어에는 언제나 긍정과 응원의 힘이 서려 있다는 점이다.

"그래, 잘하고 있어. 조금만 더 가면 되니까, 힘내! 네 옆엔 우리가 있잖아."

이처럼 그들은 서로를 격려하고 배려하면서 살아간다.

새들에게서 발견되는 또 하나의 놀라운 일은 어느 한 마리가 아프거나 상처를 입게 되어 대오에서 떨어져 나가게 되면 다른 두 마리가 그 새를 따라 함께 내려앉는다는 점이다. 낙오된 그 동료를 도와주고 보호해 주기 위해서다. 그래서 그 새가 다시 날수 있게 되거나 죽을 때까지 그들은 함께 머물러 준다고 한다.

그 기간이 빠르면 원래의 대오로 따라붙게 되지만, 기간이 늦어지면 다른 대오를 만나 합류하게 된다. 이렇듯 철새들은 혼자 날아서는 불가능한 일을 그룹을 지어 함께 날면서 공동의 힘을 극대화시킴으로써 자신들의 목적지에 도달하는 것이다.
(출처:MD전도정착사관학교)

흔히 기러기는 가야 할 목적지가 어느 노래의 가사처럼 하늘 구만리를 간다고 한다. 가야 할 목적지를 향해서 날아가는 이 철새의 공생의 삶은 놀랍다. 반면교사로 삼아야 할 자연이 주는 숭고한 가르침이라 여겨진다.

우리는 지금까지 쌓아 올린 공든 탑을 허물 것인가 아니면 더욱 비약해 갈 것인가의 준엄한 역사의 변곡점에 서 있다. 따라서 이 시점에서 간디가 경고한 국가 멸망의 전조인 7가지 사회악[39]을 한번

---

39)
1. 원칙 없는 정치: Politics without Principle
2. 노동 없는 부(富): Wealth without Work
3. 양심 없는 쾌락: Pleasure without Conscience

냉정히 생각해 봐야 할 것 같다. 왜냐하면 오늘 우리 대한민국 호는 유감스럽게도 그러한 전조가 엿보이기 때문이다. 마치 불을 지핀 따뜻한 물속에서 가만히 있는 개구리와 같다는 느낌을 지울 수가 없다.

따뜻한 물속의 안일한 개구리는 바로 죽음이 목전에 다가오고 있음을 예측하지 못한다. 이제 우리는 이러한 절박한 위기의 상황에서 그릇된 사고를 도려내는 과감한 탈출(엑소더스)을 시도해야만 한다.

오늘 우리를 둘러싼 주변 강대국의 움직임과 끊임없는 북한의 핵무기의 위협은 결코 녹록지 않은 상황이다. 최근 자국의 경제적 이익만을 우선하는 냉혹한 내셔널리즘(nationalism)이 다시 고개를 들고 있는 듯하다. 이러한 현상은 지구촌 국가 간의 관계성을 위협하는 요인으로 작용하고 있다.

이미 앞에서 논거 했듯이 과거 우리는 어려움에 직면했을 때일수록 위기극복이 뛰어난 특이한 민족이었다. 따라서 이제야말로 위기를 기회로 삼아야 할 때라고 생각한다. 기나긴 역사를 통해서 숱한 고난을 겪으면서도 우리가 꿈꾸어 왔던 이상은 홍익인간(弘益人間)의 정신이 구현된 새로운 나라였다. 널리 인간을 이롭게 한다는 홍익인간의 이념은 분단의 갈등을 넘어 아랫동네(남)와 윗동네(북)가 하나 되는 관계성 회복의 위대한 철학이다. 이는 바로 너와 내가, 그리고 우리 공동체가 공생(共生)과 조화(調和)를 이루면서 더불어 살고자 하는 간절한 염원이 실현되는 것이다.

---

4. 인격 없는 교육: Knowledge without Character
5. 도덕 없는 상업: Commerce without Morality
6. 인간성 없는 과학: Science without Humanity
7. 희생 없는 종교: Worship without Sacrifice

11. 포기하지 않는 한 반드시 길은 있다

인간관계학의 담론 『효(HYO)로써 길을 묻는다』라는 제목으로 한창 집필 작업에 열을 올리고 있을 즈음 2019년 8월 1일 오전에 갑자기 필자에게 전화 한 통이 걸려왔다. 다름 아닌 '우주항공테마파크(청소년 우주체험장)' 조성을 위해서 집념을 불태우고 있는 이태규 박사였다. 너무도 반가운 나머지 바로 오전에 나의 사무실에서 만나자는 약속을 하고 전화를 끊었다. 잠시 후 다시 그에게 전화가 왔는데 지금 자신이 천안 문성동 주민센터에 있으니 자신을 좀 태워서 나의 사무실로 가면 어떻겠느냐는 말에 쾌히 승낙하고, 바로 자동차로 문성동 주민센터로 직행해서 이태규 박사를 만났다. 너무도 반가운 만남이었다. 11년 만에 다시 만나게 되었으니 정말 오랜만의 재회였다. 우리는 곧바로 사무실에 들러서 이런저런 이야기를 나누었다.

이태규 박사가 충남 천안에 '우주항공테마파크'를 조성하고 싶은 마음을 전해 왔기 때문에, 필자는 충남도청의 담당자에게 전화를 했다. 겨우 전화연결이 되어서 이태규 박사의 제의를 간단하게 설명하자, 담당자가 13시 40분에 도청에서 만나자고 했다. 그래서 서둘러 이 박사의 메일에 담겨 있는 프로젝트 자료들을 프린트했다. 그리고 빨리 점심식사를 하기 위해서 사무실 바로 아래층에 있는 식당으로 향했다. 식사주문을 하고 조금 후에 내가 집필 작업 중인 모든 자료가 들어있는 메모리 USB가 없어졌다는 것을 알게 되었다. 혹시 위층 사무실에 떨어뜨린 것은 아닐까 하고 4층 사무실을 오르내렸다. 37도의 찜통더위에 땀을 뻘뻘 흘리면서 찾아다녔지만 헛고생이었다. 어쩔 수 없이 식사 후에 도청 관계자와의 약속시간을 지키기 위해서 출발할 수밖에 도리가 없었다. 본인으로서는 중요한 자료였지만 나중에 차분히 찾기로 마음을 정했다.

도청에 도착해서 차를 파킹하려고 했으나 지하주차장에 차들이 빼곡히 있어서 한참을 빙빙 돌다가 가까스로 한 자리가 비어 있는 것을 발견했다. 그러나 차량 한 대가 중간에 가로막고 있는 상태여서 이 박사가 차에서 내려 손수 그 차를 밀어서 간신히 주차했다. 도청 담당자의 사무실을 물어가면서 본관 5층 사무실에 도착한 시간은 약속시간에 조금 늦은 시간이었다. 담당자는 아직 미팅 중이어서 잠시 대기한 후 만날 수가 있었다. 약 10분 정도 짧은 시간 프로젝트를 소개하고 담당자에게 적극적인 검토를 부탁했다.

미팅 후에 또 하나의 해프닝이 발생했다. 내 휴대폰을 어디에 두었는지 보이지 않았던 것이다. 사실 며칠 전에 새 휴대폰으로 교체를 했었다. 차 안에 있겠지 하고 생각했지만 주차장에 도착한 후 차 안을 살펴보니 영 보이질 않았다. 숨이 막힐 정도로 무더운 날씨에 아까 주차공간을 가로막고 있던 차를 다시 밀어내고 혹시 차 밑에 떨어지지 않았나 하고 바닥을 살펴봤다. 그러나 핸드폰은 없었다. 잠시 후 앞을 지나가려하는 차량 때문에 어쩔 수 없이 지하주차장을 한 바퀴 돌면서 본래에 파킹했던 자리로 또 돌아와서 살피고, 또 살폈다. 그러나 핸드폰의 행방은 오리무중이었고, 귀신 곡할 노릇이었다. 그러나 찾기를 포기하지 않았다. 처음 차에서 내린 뒤의 이동경로를 잠시 찬찬히 생각해 보았다. 도청의 담당자를 만나기 위해서 본관 5층으로 올라가기 전에 별관 3층 화장실에 들렀던 기억이 순간 되살아나는 것이었다. 황급히 그곳을 달려갔다. 다행스럽게도 소변기 앞에 그대로 놓여 있었다. 그제야 안도의 한숨을 내쉬면서 나는 함께 핸드폰을 찾아준 이 박사에게 미안한 마음으로 “하나님께서 포기하지 않으면 반드시 길이 있다는 것을 깨닫게 해주기 위하여, 이렇게 더운 날 혹독한 고생을 시킨 것 같습니다”라고 멋쩍은 듯이 말을 건네자, 이 박사는 어떻게 화장실에 있을지도 모른다는 생각을 했냐면서 기뻐했다.

돌아오는 도중에는 갑자기 천둥소리와 함께 소낙비가 줄기차게 내리기도 했다. 이 박사와는 천안에 도착한 후 바로 천안역에서 헤어졌다. 서울에서의 다음 스케줄이 기다리고 있었기 때문이었다. 출발 전 분실했던 USB는 사무실에 도착한 후에야 양복 안주머니에서 발견되었다. 하루의 일과는 그렇게 저물어 갔다. 11년 만에 이루어진 이 박사와의 재회는 기쁜 일이기도 했지만 한편으로는 값비싼 대가를 톡톡히 지불한 깊은 깨달음의 시간이었다.

이 박사는 정말로 꿈을 현실로 만들기 위해서 노력하는 사람이다. 그의 프로젝트는 자라나는 청소년들에게 우주를 향해 도전하는 꿈을 심어주기 위해서 시작한 것이었다. 이는 구소련의 우주정류장 미르를 오래전에 도입하여 우주과학 체험시설과 청소년을 위한 우주트레이닝 캠프 등 국내 최초의 우주과학기술 체험시설인 체험형 테마파크를 조성할 원대한 그의 플랜이다. 그동안의 추진과정은 결코 쉽지 않은 도전의 연속이었다. 나는 그의 꿈이 현실로 결실될 것을 믿는다. 지성이면 감천이다.

그의 꿈은 포기하지 않는 한 반드시 결실되리라고 확신한다. 오늘 뜻하지 않게 두 차례나 겪은 해프닝은 그것을 입증하기에 충분했다. 야구경기에서 9회말 2아웃의 상황에서도 역전의 가능성은 얼마든지 있다. 게임이 거의 끝나가는 마지막 순간의 역전승은 그만큼 승리의 감동이 크다. 모든 일에도 최후의 순간까지 함께 최선을 다하는 삶이 아름다운 것이다.

이 박사는 특히 그의 '저서 『한국의 부자인맥』에서 무엇보다 인간관계의 소중함을 강조한다. 그래서 그는 진정성을 갖고 그동안 인맥관리를 꾸준히 해왔다. 인간의 품성을 개발하는 일에도 열정을 갖고 있었다. 이는 필자가 집필하고 있는 내용과 연관성이 있다고 여겨진다. 이 박사는 하루빨리 필자의 책을 보고 싶다는 마음을 전해 왔다.

제 4장

효 문화 운동의 실재

필자는 2010년에 비영리단체인 국제효문화선양운동본부 주최로 '전국청소년효문화 선양글짓기대회'를 추진한 바가 있다. 왜냐하면 종래의 효 문화 운동이 이론적인 내용에 치중해온 경향이 적지 않았기 때문이다. 효 문화 글짓기의 동기는 청소년들의 순수함과 효에 관한 정서를 자유롭게 유도하고, 그 잠재성을 발현시켜줄 수 있는 장이 무엇보다도 중요하다고 보았기 때문이었다. 효라는 것은 윗사람의 일방적인 주입이나 강요로 이루어지는 것이 아니기 때문이다. 효 문화 글짓기는 약 2개월간에 걸쳐서 전국 초·중·고교에서 예선의 과정을 거쳐서 약 221편의 부모에 대한 진솔한 산문, 편지글의 형식으로 당시의 『효문화교육신문(*HYO TIMES*)』의 공용메일(hyotimes@hanmail.net)로 답지했다. 그리고 5명으로 구성된 심사위원들의 심사과정을 거쳐서 총 50편의 글이 입상작으로 선정되어서 2010년 7월 24일 충남 천안시 동남구청 대회의실에서 전국의 입상자 시상식이 이루어졌다. 이날은 전국에서 학부모 학생, 교육기관의 담당 장학사들이 참석하였다. 시상식 이후에는 대상을 수여받은 학생들의 글을 수상 학생 본인이 직접 낭독하는 시간을 갖기도 했다.

이제 이로부터 어느덧 9년이라는 세월이 흘렀다. 그때의 감동이 눈에 선하다. 세월이 지났지만 지금 효와 관련된 글을 쓰게 되면서 그 당시의 글과 자료를 다시 접하게 되었다. 학생들의 작품을 읽으면서 또다시 감동의 눈물을 감출 수가 없었다. 이러한 자료를 방치할 것이 아니라 많은 사람들과 함께 공유하는 것이 마땅하다는 생각을 하게 되었다. 좀 늦은 감이 있지만 이제야 세상의 빛을 보게 된 것을 다행스럽게 생각한다. 당시에 함께 동참했던 그 학생들은 이미 많이 컸겠지? 어디서 무엇을 하고 있는지도 몹시 궁금하다. 그리고 늦게나마 이러한 내용을 접하는 많은 분들의 가슴에 또 하나의 울림으로 다가갔으면 하는 간절한 소망을 가져 본다.

이제 그때의 입상 작품 가운데서 부모의 사랑에 감사하는 몇 편의 글을 소개하고, 구체적인 그 당시의 자료들도 함께 소개하고자 한다.

<관련자료1-1>

중등부 대상)

벙어리 아빠, 귀머거리 엄마! 사랑해요[40)]

무선중학교 3-1
주이슬

이 세상에서 가장 소중하게 날 아껴주는 우리 엄마, 아빠!

사랑하는 딸 이슬이여요. 고등학생인 오빠와 중3인 내가 학교에 가면 아빠, 엄마는 오늘도 어김없이 사람들이 많이 오고가는 길거리나 시장 부근으로 호두과자나 호떡 장사를 하러 나가셨겠지요?

우리 집 생활비와 우리들 학용품비를 마련하시느라고 고생하시는 엄마, 아

빠! 저는 이 세상에서 가장 자랑스럽고 존경스럽답니다.

하지만, 한편으로는 미안한 생각이 절절하답니다. 왜냐구요? 저희들 뒷바라지 하시느라고 그렇게 고생이 많으신 줄 다 안답니다.

하느님은 참 이상도 하시네요? 둘 중 한 가지만 불편하면 좋을 텐데……. 아쉽게도 아빠는 말을 하지도 듣지도 못하시잖아요? 세상 사람들이 나의 사랑하는 아빠에게 모두들 벙어리라고, 엄마에게 귀머거리라고 비난을 해도, 저는 소중한 아빠이고 엄마랍니다. 그러니까 절대로 실망하시거나 힘들어하시지 마세요.

---

40) 위의 글은 2010년7월24일 비영리단체인 국제효문화선양운동본부 주최로 개최된 "제1회 전국청소년 효문화글짓기대회"에서 중등부 대상을 수상한 작품이다. 주이슬 학생은 당시에 여수에 있는 무선중학교 3학년 학생이었다. 그녀의 아버지는 벙어리이며, 어머니는 귀머거리였다. 그러나 주이슬 학생은 그런 부모에 대해서 조금도 부끄럼 없이 자신을 키워주신 부모에 대해서 감사했으며, 부모와 함께 여수에서 입상자 시상식에 참석해서 그 작품을 읽었다. 그 학생의 깊은 효심은 그 자리에 참석한 많은 사람들에게 깊은 감동을 주기에 충분했다. 부모와 자녀 그리고 교사가 함께 효 문화 글짓기를 통해서 순수하고 아름다운 효 문화를 꽃 피울 수 있는 자리는 모두에게 의미 있는 장이 되었던 것 같다.

그래도 엄마는 조금은 다행스럽게 아빠보다는 조금 나은 편이잖아요? 엄마는 상대방의 입모양을 보시고 말씀을 하시거나, 상대방이 연필로 글을 써주면 고개를 끄덕이면서 웃으시면서 말씀을 하실 수라도 있잖아요? 그나마 무척이나 다행이라고 생각한답니다. 그리고 엄마가 환하게 웃으시는 그 모습은 천사 얼굴이라니까요? 우리 담임 선생님께서도 아빠는 미남이고, 엄마의 웃는 모습이 참으로 좋다고 칭찬해 주셨답니다.

그런데 엄마, 아빠! 내가 아마도 1학년 바른생활 공부를 할 때일 거여요. 선생님께서 가족 자랑을 해보라고 하실 때가 제일 쑥스러웠던 기억이 난답니다. 그 때 솔직히 저는 쥐구멍이라도 있으면 들어가고 싶은 심정이었답니다. 정말로 친구들에게 부끄러워서 말하고 싶지 않았답니다. 할 수 없이 저는 대충 얼버무리고 책상 바닥에 엎드려서 엉엉 울고 말았던 기억이 생생하답니다.

그리고 집에 돌아와서는 아빠 엄마의 가슴을 두드리면서 원망하고 엉엉 울고 말았던 기억이 제 머리를 스쳐가네요.

사랑하는 엄마! 아빠! 하지만 지금은 전혀 괜찮아요. 그래도 특수학교에서 저보다 더 불편한 친구들과 5년간이나 근무하시다가 오신 초등학교 때 은사님께서 저에게 용기와 희망을 주셔서 얼마나 고마웠는지 모르겠어요. 아마도 엄마 아빠 다음은 될걸요? 엄마 아빠도 고맙지 않으세요? 저를 낳아주신 부모님과 저를 가르쳐주시는 선생님께 한없이 감사드린답니다.

그래서 요즈음은 얼마나 행복한지 모르겠어요. 엄마 아빠는 그렇게 몸이 불편하신데도 눈이 오나 비가 오나 바람이 부나, 매일 한결같이 호떡장사를 하시다보면 힘드실 텐데도, 돌아오시면 나를 가슴으로 안아주시거나 내 어깨를 두드려 주시면서 격려해주시는, 이 세상에서 가장 존경하는 부모님이시기 때문이랍니다. 아빠, 엄마 사랑해요! 힘내시고 우리 열심히 살아봐요!

그리고 나 역시 보청기를 끼우고 다녀서 처음에는 친구들이 무슨 이상한 기계소리가 난다고 별로 좋아하질 않았는데, 우리 담임 선생님께서 반 아이들에게 잘 이야기 해주신 덕택으로 요즈음은 저를 따돌리지도 않고 무척 잘 대해준답니다.

엄마 말씀에 의하면 내가 세 살쯤 어렸을 때, 중이염을 심하게 앓아서, 엄마께서 나를 계속 불러도 쳐다보지도 않고, 대답하지도 않아서 엄마는 나를 많이 혼내셨다고 하셨지요? 그리고 엄마는 나를 서울에 있는 큰 병원에 데려가서 귀가 잘 들리게 해주려고 했지만, 너무나 늦어버려서 지금은 결국 보청기를 끼고 다니지만 그래도 우리 엄마 아빠! 무지무지 고마워요.

엄마와 아빠는 나까지 귀가 안 들린다는 소식을 듣고 나를 부둥켜안고 맑은 하늘에 벼락이라도 떨어진 것처럼, 세상이 다 무너져가는 듯이 울었다고 하셨을 때는 저도 역시 가슴이 찡하게 저려왔답니다.

"아빠와 엄마는 그렇다 치고 이슬아! 너까지 이게 웬 일이냐?"하시면서 슬피 슬피 우셨다는 말씀을 들을 때는 저도 모르게 눈물이 주르륵 흘러 내렸답니다.

존경스럽고 사랑하는 엄마! 아빠! 그런데, 세상 사람들은 장애우들을 왜 싫어해야하고, 또 왜 왕따를 시켜야하는지 모르겠어요. 자기들도 시력이 안 좋으면 안경을 끼고 다니고, 다리가 불편하면 의족이나 목발로 걸어 다니며, 휠체어를 타고 다니는 게 뭐가 이상한 것인가요? 사람마다 성격이 다르고 습관이 다르듯이 저마다 나름대로의 모습이 있는 게 아니던가요? 나는 하나도 이상하게 생각되지 않는데, 사람들은 장애우들을 이상한 눈으로 바라보는 현실이 너무나 안타깝기도 했답니다. 제발 왕따를 시키는 편견을 버렸으면 해요. 같은 사람으로서 입장을 바꿔보면 그렇게 지낼 필요가 하나도 없는데 말입니다.

다행히 지난 4월 21일 우리 반 친구들과 함께 본 장애인 특집 방송에서 수인이라는 언니는 다운증후군 학생인데, 그 언니도 행복한 생활을 하고 있더군요.

나 역시 우리 반 친구들과 특수학교에서 5년간이나 근무하신 적이 있다는 우리 담임선생님 덕분에 여러 가지로 힘이 되어주어서 정말 난 행복하답니다. 우리 반 친구들이 이제는 나를 많이 이해해주고 함께 놀아주니 날아갈 듯이 좋구요.

나는 귀가 안 들리는 엄마와 소리를 못 듣고 말도 못하는 아빠가 있어도 내 곁에 항상 계셔서 좋답니다. 나도 다음에 나를 사랑하고 아껴줄 좋은 남자 친구를 만나서 결혼 하게 되면 아기를 낳고, 그 아이가 비록 장애아라고 해도 끝까지 평범하게 키울 것이랍니다.

한편, 엄마가 나를 이렇게 낳아줘서 원망스럽게 생각한 적이 한 두 번은 있었지만, 이젠 전혀 아니랍니다. 난 우리 엄마 아빠가 세상에서 그 누구보다도 자랑스럽고 존경스럽답니다. 엄마, 아빠! 사랑해유 힘내세유. 우리 다함께 열심히 살아봐유!!

2010년 6월 14일

사랑하는 딸 이슬이 올림

<관련자료1-2>

초등부 대상)

어머니

인천 인동초등학교 6학년

권예민

“엄마, 염색 좀 해 줄까?”

“아니 너만 속 안 썩이면......”

그래서 집에서 ‘불량품’이라고 부른다.

처음엔 학교 앞 문방구에서 불량식품을 사 먹는 모습을 보신 아빠가 붙여준 별명이지만 지금은 남자친구들이 ‘남자 같은 여자’라며 불량품이라고 부른다.

우리 엄마는 평범한 가정주부다. 그런데 요즘 흰 머리카락이 무척 많아 보인다. 아마 내가 엄마를 많이 힘들게 해서 그런 것 같다.

학교에서 집에 돌아와 ‘딩동’ 초인종을 누르면 안에서는 언제나 들리던 다정한 목소리.

“예민이 왔어?”

반갑게 안아 주셨던 어머니. 그런데 몇 달째 엄마 목소리가 들리지 않는다.

큰 교통사고를 당하셔서 6개월 병원에 입원하셨기 때문이다.

아빠께서는 엄마 병간호를 위해 병원에서 생활하셔야 했기에 우리들을 위해 새벽에 들어오셔서 아침밥 해 놓고 또 다시 병원에 가시고 늦은 밤이 되어 잠든 새 빨래 하기 위해 집에 오신다.

엄마 병원생활이 길어지면서 나는 점점 짜증났다. 아침마다 긴 머리는 엉망이고 날씨는 더운데 긴 팔 옷을 입고 새끼만 신발은 친구들이 볼까 창피했다.

“아빠, 엄마 언제 퇴원해?”

“아빠, 숟가락 가방에 넣었어?”

“아빠, 급식비 안 들어왔데!”

아빠한테 얼굴을 붉히며 버럭 화를 냈다. 아빠는 멍하니 서 아무 말씀도 없으셨다. 그날 밤 나는, 강아지 인형을 껴안고 엉엉 울었다. 일요일 엄마가 입원하신 병원에 언니와 함께 찾아갔다.

엄마는 반갑다며 꼬~옥 품에 안아주셨다.

"예민아 사랑해. 엄마 곧 퇴원 할 거야. 많이 힘들지? 조금만 참아 응" 하시며 눈물을 보이셨고 순간 참았던 눈물을 아픈 엄마한테 보이고 말았다.

엄마가 있을 땐 엄마사랑이 절실하지 않았지만 교통사고로 병원에 입원하신 후 엄마의 따뜻한 손길, 엄마가 계시므로 우리 집이 참 행복했었다는 것을 느낄 수 있었다. 나는 엄마를 다시 꼬~옥 안으며

"엄마 사랑해. 많이 보고 싶었어." 누워있는 엄마를 위로했다.

그날 저녁, 현관문을 열고 들어오는 아빠한테도

"아빠, 미안해. 이제 6학년이 되었는데……"

"엄마도 없는데 신발도 빨고 집 청소도 내가 할게."

"그런데 아빠, 오늘은 수염 좀 깎자. 노숙자처럼 보이잖아. 창피하게 이게 뭐야!"

텁수룩한 수염에 힘들어 하는 아빠를 향해 전기면도로 미안한 마음을 전했다. 아빠도 내 뺨을 꼬집으시며 쑥~ 턱을 내미셨다.

엄마가 병원에 있는 동안 정성껏 병간호 하시는 아빠의 모습을 보며 우리 집은 행복하고 결혼해 부부로 산다는 게 이런 거구나! 느낄 수 있었다. 엄마를 위해서 죽을 만들고 손수 반찬을 만드셨던 우리 아빠!

아빠 정성 때문일까?

엄마는 훨씬 빨리 퇴원 하셨다. 엄마가 퇴원 한 후 아빠는 설거지도 못하게 하셨지만 우린 오랜만에 엄마가 해 주는 김치찌개, 된장찌개를 먹으며 엄마의 소중함과 따뜻한 손길을 다시 한 번 느꼈다.

어머니!

어머니가 없으면 우린 어떻게 살 수 있을까요?

무릎이 뚝 튀어 나온 추리닝 바지에 빨래하고 밥하고 청소하고 학교 갈 때 다 챙겨주셨지만 존경하지 않았던 내 어머니!

다른 어머니들도 다 하는 평범한 일이라 생각했지만 그 일이 얼마나 힘들고 정성이 가는지 알 것 같다.

어머니!

아무리 불러도 아름답습니다. 이 세상에서 가장 자랑스럽고 존경받는 말이 아닐까요?

날마다 이거해라, 하지마라, 기차화통 같았던 목소리도 이젠 자장가처럼 따뜻하고 포근하게 들려옵니다. 약속해요. 숙녀인 '정품'이 될 거라고. 왜냐하면 6학년 되었고 내년이면 중학생이.......

어머니!

저도 이다음에 제 자식에게 자랑 할 것입니다. 봄 햇살처럼 포근한 어머니의 사랑, 커다란 은행나무처럼 든든한 아빠를 보고 자랐다고.......

<관련자료1-2>에서 권예민 학생은 글짓기대회 입상자 시상식에 부모와 함께 참석해서 부모에 대한 감사의 마음을 더욱더 느낄 수 있는 기회가 되었다고 입상소감에서 말하고 있다. 그 입상소감은 다음과 같다.

권예민 학생의 입상소감:

먼저 부족한 글을 예쁘게 읽어 주셔서 너무 감사드립니다.

엄마가 교통사고로 병원에 계실 때 아빠를 보면서 많은 걸 느꼈습니다. 가족이란 소중함을 알게 되었고 그동안 엄마한테 서운했었는데 엄마가 안 계시는 동안 엄마의 자리가 크다는 것을 알게 되었습니다. 그래서인지 이번 시상식에서는 특별히 엄마와 함께 참석하고 싶어 시상식에도 엄마, 아빠와 함께 참석하였습니다.

시상식에 참석을 하고 난 뒤에 엄마, 아빠와 함께 집으로 오는 도중 엄마의 눈에 다시 이슬이 맺힌 걸 보았습니다. 엄마의 눈물을 보고 나니 앞으로는 더욱 엄마에게 잘 해줘야겠다는 생각밖에는 들지 않았습니다. 이렇게 저에게 엄마에 대한 생각을 다시 하게 해주신 '효 문화 글짓기대회'를 주관해 주신 분들께 정말로 감사드립니다.

<관련자료1-3>

고등부 대상)

겨울나무와 벙어리장갑

안양예술고등학교 3학년

염보라

나는 겨울나무를 보면 엄마가 떠오른다. 혼자 묵묵히 그 자리에 서있는 엄마는 나무처럼 변해가고 있었다. 유달리 손과 발을 시려워 하는 엄마가 떠올라 깨끗한 새 장갑을 껴주고 싶었다.

엄마에겐 벙어리장갑이 하나있다. 그 벙어리장갑은 엄마와 내가 함께 쓰던 것이었다. 한동안 그 장갑은 장롱 속에 묻혀있었다. 유난히 추운 겨울. 엄마는 그 장갑을 찾아서 끼고 다닌다. 하얀색 털실로 된 장갑은 먼지로 더러워져 있었다. 엄마는 그 더러운 장갑을 끼고, 내게는 새로운 장갑을 사주었다.

엄마는 내가 중2때 발에 마비가 왔다. 병명은 말초신경장애였다. 엄마가 갖고 있던 루푸스라는 병이 신경을 계속 공격 한 것이다. 엄마는 병원에 한 달간 입원을 했지만, 예전으로 돌아갈 수는 없었다. 발을 주무르지 않으면 혈액순환이 제대로 되지 않아 통증이 있다고 한다. 엄마 발은 꼭 나무 표피처럼 딱딱했다. 엄마는 발이 아파 집에서도 양말을 신었다. 엄마는 편히 쉬는 것보다 걸어 다닐 때가 더 좋다고 했다. 걸어 다닐 때만큼은 통증을 잊을 수 있어서였다. 엄마는 남들처럼 높은 구두를 신지 못했다. 높은 구두의 굽을 자르거나 운동화를 신었다. 엄마는 루푸스 때문에 다리뿐 아니라 몇 가지 이상의 병이 왔다.

언제부터인가 엄마는 수저를 떨어뜨렸다. 엄마의 엄지손가락에 무언가가 닿기만 하면 놀랬다. 엄마는 수저를 들 때에도 최대한 손에 닿지 않도록 노력을 했다. 엄마는 가족들 앞에서 아프다는 말을 잘 하지 않았다. 몸이 좋지 않아 항상 가족에게 미안해했다. 엄마는 눈에 띄지 않게 엄마의 손과 발을 비교하며 만져보았다. 엄마의 손도 발처럼 꽉 조여지는 느낌일까. 엄마는 자신의 몸이 딱딱해지는 것 같아 수시로 엄마의 발과 손을 주물렀다. 손 상태는 생각보다 나빴다. 엄마는 가족들 몰래 손 부위 검사를 받았다.

병원에서는 발처럼 손도 혈액순환이 제대로 이루어지지 않고 있다고 했다. 큰 혈관이 자신의 기능을 제대로 해주지 못해, 그 옆에 작은 혈관들이 도와주고 있다고 했다. 무거운 물건이나 차가운 물이나 바람을 쐬면 혈관이 터질 수 있다고 했다.

엄마는 검사결과를 들으러 가던 날, 동상에 걸린 환자를 봤다고 했다. 환자는 마비 단계에서 더 심각하게 번져 동상에 이른 것 같다고 했다. 말초신경장애는 찬바람을 오랫동안 쐬게 되면, 동상에 걸리게 된다. 동상에 걸리면 혈관이 터질 수 있고, 심하게는 절단을 해야 한다. 환자의 다리는 멍이 든 것처럼 시퍼렇게 변해있었다고 했다. 통증이 심한지 소리를 지르기도 했다고 한다. 엄마는 심각하게 말을 하지 않았지만, 그냥 넘길 일은 아니었다.

엄마는 선생님의 말에 따라 노력했다. 손도 다리처럼 될까봐 두려웠던 것이다. 엄마는 장롱을 뒤져 하얀색으로 뜨개질이 된 장갑 하나를 찾았다. 나는 엄마한테 장갑을 하나 사서 끼라고 말을 했다. 하지만, 엄마는 이렇게 장갑이 버젓이 있는데 왜 사냐고 했다.

엄마는 집밖을 나갈 때도 장갑을 꼈다. 내가 중학교 때 꼈던 장갑이라 먼지가 끼고, 색이 바래있었다. 또 어른장갑이라고 하기에는 너무 장식이 화려했다. 엄마는 손을 보호해야 한다면서 장갑을 끼고 조심을 했지만, 집에 돌아오면 손이 벌겋게 변해있었다. 손이 얼얼하면서도 아무렇지 않은 척 웃어보였다. 따뜻한 물로 손을 계속 담그고 있어도 별효과가 없는지 엄마는 손을 주물렀다. 엄마가 노력을 하는 것에 비해 나는 아무것도 해주지 못했다. 마음은 항상 먼저 나서서 도와주고 싶지만, 그게 생각만큼 잘 되지 않았다.

엄마는 몇 달 전부터 거실에 나와서 잠을 잔다. 잠이 잘 오지 않는다고 했다. 잠은 잘 오지 않는데, 발의 통증은 너무 심해서 힘들다고 했다. 활동을 할 때에는 아픔을 잠시 잊을 수 있는데, 누워있을 때만큼은 통승이 너무 심해 가슴이 뛴다고 했다. 어떻게 해야 할지 몰라 다리를 주무르지만 별차도가 없다고 했다.

그동안 나는 엄마가 그렇게 통증이 심한지 몰랐다. 나는 엄마에게 다가가 발을 주물러 주었다. 엄마는 내가 힘들다며 말렸지만, 시원해 했다. 엄마의 발에는 열이 났다. 열이 나는 날에는 특히 더 아프다고 했다.

하루는 엄마가 잠이 오지 않아 이불을 들고 거실로 갔다. 엄마는 티브이를 보며 손과 발을 번갈아 가며 주물렀다. 얼마나 주물렀는지 손에 힘이 하나도 없어보였다. 티브이 속에서는 가수들이 이야기를 하고, 노래를 부르는 프로그램이 나오고 있었다. 엄마는 가수들이 높은 신발을 신으며 춤을 추는 모습을 빤히 바라봤다. 엄마는 한참 동안 그 모습을 보다 엄마의 다리를 봤다. 엄마의 다리는 자신의 의지와는 달리 떨었고, 아팠을 것이다. 엄마는 체념한 듯한 숨을 푹 쉬고, 다리를 주물렀다.

나는 그동안 엄마가 아픈 환자라는 것을 잊고 지냈다. 엄마에게 글이 안 써지거나 공부하는 일에 간섭을 하면 화를 냈다. 일반사람들과 달라 조금만 스트레스를 받아도 치명적인 엄마에게 나는 상처를 주었다. 빨래나 설거지도 잠시만 시간을 내서 하면 될 것을 나는 내 일이 아니라 생각을 했다.

엄마가 예전에 나와 아빠에게 했었던 말이 생각난다. 방이 어질러져 있는 모습을 보고 "내가 이 집의 가정부야? 돈 못 벌어온 다고 무시나 하고. 내가 뭐 일 안하고 싶어서 그러나? 몸이 안 따라 주니까 그런 거지. 아픈 것도 서러운데......" 라고 했었던 적이 있었다. 그 당시에는 엄마의 그런 모습에 당황스러웠다. 그런데, 지난주 엄마 생일도 대충 지나가 버리고, 너무나도 소중한 우리엄마의 자리를 잠시 잊고 있었던 것 같다.

"보라야, 수면 양말이라고 하던가? 그거 양말 말고, 장갑도 있니? 장갑이 많이 더러워져 가지고. 지하철에서도 싸게 판다고 하던데."

요즘 가장 유행하는 길 거리표 양말을 엄마가 봤나보다. 엄마는 백화점표도 아닌 지하철에서 파는 장갑을 갖고 싶어 했다. 엄마의 그런 작은 소원도 들어주지 못했던 못난 딸. 그때서야 나는 낡고 더러운 장갑이 눈에 보였다.

나는 죄스러운 마음에 수면 양말과 장갑을 하나 샀다. 용돈이 많지 않아 큰돈을 들여 사지는 못했다. 하지만, 마음만은 따뜻했다. 엄마의 장갑을 고르는 내내 엄마를 생각했다. 엄마의 손과 발에 통증이 사라지기를 바라면서 말이다. 벌써부터 내가 고른 양말과 장갑에 엄마의 온기가 느껴지는 것 같았다.

집에 돌아오는데 겨울나무를 봤다. 언제쯤 아픔이 사라질지 몰라 외로워보이던 나무였다. 그런데, 오늘은 왠지 나무의 손이 따뜻해 보였다.

<관련자료2>

2010년 7월 30일 ~ 2010년 8월 5일 제326호

천안 투데이 5

"벙어리 아빠,귀머거리 엄마,사랑해요!"

제1회 전국 청소년 효문화 선양 글짓기 대회

국제 효문화 선양운동본부와 효문화교육신문의 공동주최로 개최된 제1회 대회에서 영광의 대상을 차지한 주이슬양과 부모님.

제 1회 전국 청쇼년 효문화 선양 글짓기대회 입상자 시상식이 지난 24일 천안시 동남구청 회의실에서 이철기 국가원로회의부의장,양승조 국회의원,김지철 충남도 교육위 부위원장,김재근 동남구청장,김성수 도교육청 장학사,김평산 전 천안교육장을 비롯한 각급 기관 단체장과 수상자,학부모등 3백여명이 참석한 가운데 열렸다.

국제 효문화 선양운동본부(본부장 김명운)와 효문화교육신문 공동주최로 개최된 이번 대회에서 영광의 대상에 염보라(안양예고3)양의 '겨울나무와 벙어리장갑',주이슬(여수 무선중3)양의 '벙어리 아빠,귀머거리 엄마,사랑해요!',권예민(인천 인동초6)양의 '어머니'가 뽑혔고, 금 · 은 · 동 · 장려상 등 50개 작품이 수상했다.

김명운 본부장은 환영사에서 "점점 효 사상이 잊혀져가는 이 때,효 사상을 고취하고 함양하기위해 이번 대회를 개최하게 됐다"고 말했다.

한편 심사는 심사위원장 지요하(소설가)씨를 비롯해 강석화(시인),김송하(시인),신군자(시조시인),박미라(시인)씨 등이 맡았다.

/ 박선미 기자

lee-3600@hanmail.net

<관련자료2>는 주이슬 학생이 '전국청소년효문화글짓기대회' 입상자 시상식에 멀리 여수에서 장애우이면서 거동이 불편한 부모와 함께 참석해서 많은 참석자들에게 감동을 주었다. 당시에 언론에 보도된 기사 내용이다.

<관련자료3>

심사평

초·중·고 학생들의 글을 읽다 보니 문득 학교 교실에서 학생들에게 글 짓는 법을 가르치던 때가 생각났습니다. 초·중·고는 물론이고 대학교까지 가서 가르친 적이 있습니다. 학생들에게 글보다는 우선 마음을 가르치려고 했습니다. '글 짓는 방법보다 마음을 가르치자. 글 짓는 것은 곧 마음을 가꾸는 것이다.' 그런 생각을 많이 했습니다.

효에 관한 학생들의 글을 읽으면서 '마음'을 읽으려는 쪽으로 신경을 썼습니다. 논술교육의 효과가 있어서인지 학생들 모두 글을 잘 쓴다는 느낌이 들었습니다. 다시 말해 규격화된 '논술' 형태의 글이 많았습니다. 어쩌면 그런 것이 논술 교육의 폐해일지도 모르겠습니다.

초등학생들의 글 가운데는 너무 어른스러운 말이나 표현이 많은 글들도 적지 않았습니다. 백일장이 아니고 인터넷으로 글을 받는 형식이니 아무래도 어른들의 손질이 조금씩은 있었으리라는 점을 감안했지만, 지나치다 싶은 글들은 제외할 수밖에 없었습니다.

한 초등학교 어린이들의 글들 중에는 '외할머니'라는 대상이 거의 똑같은 형태로 등장하는 예도 있었습니다. 독창성이 결여된 글로 보일 수밖에 없는 일이었습니다.

초등부 대상으로 뽑힌 인천 인동초등학교 6학년 권예민 어린이의 「어머니」는 교통사고로 입원하신 엄마와 엄마 일을 대신하며 바깥일을 하시는 아빠의 노고, 또 엄마 없는 집안 생활의 어려움 가운데서 느끼게 되는 엄마의 소중함을 잘 그려낸 글이었습니다. 마침내 퇴원하신 엄마에게서 엄마를 새롭게 느끼게 되는 과정은 긴장감도 갖게 하고 반가운 웃음을 짓게 하였습니다.

금상으로 뽑힌 함안 가야초등학교 6학년 정호정 어린이의 「조경사 우리 아빠」는 실직 상태였던 아빠가 다시 직장을 얻어 적성에 맞는 일을 하게 된 과정과 가족의 오붓한 모습을 현실감 있게 표현하였습니다. 또 하나의 금상인 부산 당평초등학교 6학년 남의재 어린이의 편지 형태로 쓴 「아빠께」는 생동감 있는 문장이 재미를 주었습니다. 사이버 공간에 가족 카페를 만들고 인터넷을 활용하며 사는 가족의 모습, 그 카페

안에 담겨져서 자연스럽게 알게 되는 '가족사'는 정보화 시대의 색다른 모습을 보여주는 것 같았습니다.

중등부 대상으로 뽑힌 무선중학교 3학년 주이슬 학생의 「벙어리 아빠, 귀머거리 엄마, 사랑해요!」는 심금을 울릴 정도로 감동적인 글이었습니다. 장애를 안고 사시는 부모님을 바라보는 심경과 자신도 보청기를 끼고 사는 불편함을 꾸밈없이 드러내면서 부모에 대한 이해와 사랑, 자신의 미래에 대한 굳건한 희망과 의지를 진솔하게 표현하였습니다. 자식에게도 장애가 생길까 봐 노심초사하며 딸의 중이염을 치료하기 위해 피어린 마음으로 애를 쓴 부모님에 관한 이야기는 보물 같은 부분이었습니다.

금상으로 뽑힌 하안북중학교 3학년 황연경 학생의 「나밖에 모르는 우리 사랑하는 엄마께」는 자신이 실명 위기에 처했던 사정과 딸을 실명 위기에서 건져내기 위해 온갖 노력을 다한 엄마의 모습을 그림처럼 보여줍니다. 그런 엄마에 대해 감사하는 마음이 뜨거운 실감을 안겨 주었습니다. 또 하나의 금상 작품인 여수 구봉중학교 3학년 우 빈 학생의 「엄마 같은 할머니, 사랑해요!」는 아릿함 가운데서도 큰 미더움을 안겨 주는 내용이었습니다. 오래전에 가출하여 소식도 없는 엄마를 그리워하면서 할머니의 보살핌 속에서 살아가는 그 애환들이 읽는 이의 가슴에 깊은 감동을 안겨 주었습니다.

고등부는 알찬 내용의 좋은 글들이 많았습니다. 추린 작품들의 편수가 넘쳐서 규정 편수만을 뽑아야 하는 것이 못내 야속할 정도였습니다. 심사위원들이 A라는 표기를 해놓고도 선에 넣지 못한 작품들이 다수여서 정말 아쉽고 미안한 마음입니다.

대상으로 결정한 안양예술고등학교 3학년 염보라 학생의 「겨울나무와 벙어리장갑」은 말초신경장애를 겪는 엄마의 병고와 넉넉지 못한 생활 속의 노고들을 깊이 헤아리고 보살피는 어린 자녀들의 심정과 애환을 진솔하게 표현하여 따뜻한 마음을 갖게 하였습니다.

금상으로 결정한 광주제일고등학교 3학년 김영우 학생의 「부모님 힘내세요」는 심한 생활기복에 대한 애환, 중병의 어려움을 겪는 아버지에 대한 애틋한 마음을 담담하게 풀어내어 읽는 이로 하여금 눈물을 머금게 하였습니다. 참으로 감동적인 내용이었습니다. 또 하나의 금상 작품인 문산제일고등학교 1학년 김현식 학생의 「아름다운 단소소리」는 우선 소재가 참신하였습니다. 일반적인 효의 범위를 초월하는 이웃사랑과 인간애의 모습을 그려내었는데, 단소를 등장시킨 이야기 전개가 비범함을 느끼게 하였습니다.

심사위원들이 꼼꼼히 읽고 A라는 표기를 했음에도 규정 편수 때문에 선에 놓지 못한 작품들을 소개하고 싶습니다. 용인 동백고등학교 3학년 김근혜 학생의 「사랑하는 아버지께 보내는 편지」, 부산 국제외국어고등학교 1학년 정다은 학생의 「존경하고 사랑하는 어머니께」, 순천 팔마고등학교 3학년 김소라 학생의 글, 대구 상원고등학교 3학년 이나영 학생의 「할아버지로 시작된 효」, 경일고등학교 3학년 김시명 학생의 「아들의 옷」, 민족사관고등학교 3학년 심형태 학생의 「위에서 흐르는 물」, 구리 인창고등학교 1학년 강준호 학생의 「진정한 큰 어른이 그리운 시대」, 전남 보성여자고등학교 0학년 전은영 학생의 「기도하시는 할머니, 인내하시는 할아버지」, 인천 문일여자고등학교 1학년 권예은 학생의 「후회」, 충주 증산외국어고등학교 2학년 윤정희 학생의 「어머니께」는 하나같이 문장도 좋고 아기자기한 내용들을 담고 있었습니다. 고심을 했음에도 선에 넣지 못한 것을 미안하게 생각하며, 진솔하고 예쁜 효심과 글솜씨들을 잘 가꾸어 가시기 바랍니다.

이번 제1회 전국청소년 효 문화 선양 글짓기대회에는 초등부 112편, 중등부 36편, 고등부 73편 등 총 221편이 응모되었습니다. 적극 참여해주신 학생 여러분께 감사합니다. 글은 '마음의 거울'임을 명심하고, 마음의 거울을 닦는 일에도 계속 힘을 쓰면서 각자의 꿈을 잘 키워 가기를 기원합니다.

심사위원: 강석화(시인) 김송하(시인) 신군자(시조시인) 박미라(시인/수필가)

심사위원장: 지요하(소설가, 심사평 집필)

<관련자료3>은 효문화 글짓기대회에 전국 초중고등학교에서 예선의 과정을 거친 작품 총 221편이 『효문화교육신문(*HYOTIMES*)』 공용메일(hyotimes@hanmail.net)에 답지되었다. 모든 작품들을 5명의 심사위원

들이 심사했고 최종적으로 50명의 입상자가 선정되었다. 위의 심사평은 당시 지요하 심사위원장이 심사한 과정의 내용을 실었다.

<관련자료4>

행사 종료 통보서

<table>
<tr><td>행사명칭</td><td colspan="8">제1회 전국청소년 효문화선양글짓기대회 시상식</td></tr>
<tr><td>행사일시</td><td colspan="8">2010년 7월 24일(토요일)</td></tr>
<tr><td>행사장소</td><td colspan="8">충남 천안시 동남구청 2층 회의실</td></tr>
<tr><td>참여인원</td><td>학생</td><td>45명</td><td>교사</td><td></td><td>일반인</td><td>105명</td><td>계</td><td>150명</td></tr>
<tr><td rowspan="10">상장 수여 내역 (교육감상 수상기관 또는 학생)</td><td>상장번호</td><td>상 종류</td><td>소속</td><td>학년</td><td>성명</td><td colspan="2">수여일자</td><td>비고</td></tr>
<tr><td>제3-1020호</td><td>교육감상</td><td>인천인동초등학교</td><td>6학년</td><td>권예민</td><td colspan="2">2010.7.24</td><td></td></tr>
<tr><td>제3-1021호</td><td>교육감상</td><td>여수무선중학교</td><td>3학년</td><td>주이슬</td><td colspan="2">2010.7.24</td><td></td></tr>
<tr><td>제3-1022호</td><td>교육감상</td><td>안양예술고등학교</td><td>3학년</td><td>염보라</td><td colspan="2">2010.7.24</td><td></td></tr>
<tr><td>2010-227호</td><td>국회의원상</td><td>함안가야초등학교</td><td>6학년</td><td>정호정</td><td colspan="2">2010.7.24</td><td></td></tr>
<tr><td>2010-228호</td><td>국회의원상</td><td>하안북중학교</td><td>3학년</td><td>황연경</td><td colspan="2">2010.7.24</td><td></td></tr>
<tr><td>2010-229호</td><td>국회의원상</td><td>광주제일고등학교</td><td>3학년</td><td>김영우</td><td colspan="2">2010.7.24</td><td></td></tr>
<tr><td>제17060호</td><td>천안시장상</td><td>부산당평초등학교</td><td>6학년</td><td>남의재</td><td colspan="2">2010.7.24</td><td></td></tr>
<tr><td>제17061호</td><td>천안시장상</td><td>여수구봉중학교</td><td>3학년</td><td>우빈</td><td colspan="2">2010.7.24</td><td></td></tr>
<tr><td>제17062호</td><td>천안시장상</td><td>문산제일고등학교</td><td>1학년</td><td>김현식</td><td colspan="2">2010.7.24</td><td></td></tr>
<tr><td>후원명칭 사용내용</td><td colspan="8">민주평통자문회의천안시협의회, 천안일보, 아름다운학교만들기운동본부충남지부, 국제일본어교육원, 한국청소년신문, 금강FM방송, 세종교육신문, 언론사 방방곡곡(현수막 1곳, 포스터 0매, 팸플릿 150매)</td></tr>
<tr><td>행사</td><td colspan="8">개회선언, 국민의례, 내빈소개, 환영사에 이어 내빈의 축사, 심사위원에 의한</td></tr>
</table>

진행 사항	심사평, 시상식, 작품낭독, 폐회선언 기념촬영 등
기타 특기사항	많은 학부모와 학생들이 함께 참석했으며 특히 대상(초·중·고) 3명의 작품을 낭독하는 시간에 효에 대한 깊은 감동의 시간이 있었습니다.

위와 같이 행사 종료 보고서를 제출합니다.

2010. 08. 02

단체명 : 국제효문화선양운동본부 본부장

<관련자료4>는 효문화글짓기대회 시상식 행사종료 보고서를 작성해서 당시 충남도 교육청에 제출한 자료이다.

<관련자료5>

국제효문화선양운동본부 창립 취지문

작금의 오늘 우리의 현실은 과거의 어느 때보다도 물질문명의 풍요속에 정신적인 빈곤과 황폐화로 말미암아 극도의 이기주의가 만연하게 되었다.

미래의 이 나라와 이 민족을 짊어지고 나아가야 할 자라나는 청소년들의 모습은 인간으로서 갖추어야할 근본적인 효성의 도리는 찾아볼 수가 없는 입장에 전락되었고 가출, 학교폭력, 원조교제, 컴퓨터 게임 중독 등 각종 청소년의 일탈행동은 심각한 수위에 다다랐다.

예로부터 우리는 동방예의지국이라는 이 한민족의 아름다운 전통이 지금에 이르러 근본부터 송두리째 흔들리고 있는 작금의 현실을 어느 누가 감히 부인할 수가 있겠는가!

무엇보다 사랑의 학교이자 행복의 보금자리인 가정에서 손주들과 함께 웃음꽃을 피워야 할 우리의 할아버지와 할머니들은 길거리로 내몰리고 갈 곳이 없어 방황하는 나그네처럼 처량한 모습은 눈물겨운 현실이라 아니할 수가 없으며 이 어찌 남의 일이라 외면할 수 있을 것인가!

어두운 밤이 깊으면 깊을수록 동녘에 밝아오는 아침의 태양은 찬란하듯이 이제 바야흐로 새로운 새벽을 알리는 국제효문화 운동의 봉화불의 기치를 들었다.

이제 우리 분연히 일어서서 새 시대의 새로운 빛을 발할 것이다. 국제효문화선양운동본부는 이 시대의 간절한 요청에 귀 기울이고 새롭고 아름다운 우리 민족의 미풍양속을 되살리고 자라나는 청소년들에게 새로운 효 문화의 도덕적 가치를 심어줄 것이며 노인을 모시는 경노사상을 고취하는 운동을 전개할 것이다.

삼대가 한 가정에 모여 사는 대가족의 가족제도는 아름다운 우리민족의 가족제도이다. 효도는 우주의 근본이 부자의 인연이며 백행의 근본이라는 입장에서 새로운 도덕적가치관을 확립하는 효 문화운동을 생활속에 토착화시키는 이 운동은 세계적이요 항구적 평화운동이며 새로운 가치관운동으로 승화시켜야 할 시대적 요청이며 어느 누구도 거부할 수 없는 시대의 대세이다.

이제 간절한 시대적 요청에 따라 국제효문화선양운동본부를 창립하게 되었다. 이 시대의 양심과 뜻있는 모든 사람들의 동참을 촉구하는 바이다. 이 운동에 찬동하는 모든 분들과 함께 거국적으로 효 문화운동을 전개할 것이며 오늘 이에 창립을 선언하는 바이다.

2009년 7월 15일

국제효문화선양운동본부

<관련자료5> 오늘에 있어서 교육의 현장은 피폐되어 학교폭력과 이지메문제는 이미 도를 넘었다. 갈수록 심해지는 청소년들의 심각한 도덕적 일탈행동을 바라보면서 그 해결의 실마리를 찾고자 뜻 있는 사람들과 함께 효 문화교육 운동을 추진하게 되었고, 2009년 7월 15일 민간비영리단체로서 국제효문화선양운동본부의 창립총회를 개최하였으며, 당시 창립에 즈음하여 효 문화 운동을 전개해 가기 위한 창립취지문을 내어 놓게 되었다.

<관련자료6>

(경유)

제 목 효문화 강의 신청

1. 관련 : 중등교육과 - 14806(2010. 05. 24)호.

2. 품성교육 연구학교 추진의 일환으로 효문화 강의를 다음

니다.

- 다 음 -

1. 교육 주제 : 인성교육의 핵심가치로서 효 문화
2. 강사료 : 8만원
3. 준비물 및 방법 : 빔프로젝터, 스크린, 프리젠테이

붙 임 : 신청 양식 1부. 끝.

★◎교사 김자영 부장교사 교감 교

협조자

시행 원평중학교-@N (2010.07) 접수

우 361-823 충청북도 청주시 흥덕구 분평동 1362 / http://www.wp.ms.kr/

전화 043-287-8812 /전송 (043)287-8815 / email: youngkt29@hanmail.net /

<관련자료6>은 인성교육의 핵심가치로서 효 문화 강의를 PPT 형식으로 교육기재를 만들어서 학교에서 강의를 했다. 관계교육청을 통해서 협조공문을 학교에 전자메일을 보내고 학교에서는 학교장과 인성교육 담당자와 의논하고 자율적으로 강의신청을 받고 강의를 하게 되었다. 여러 공문 가운데 샘플로 하나를 소개했다. 앞으로 학생들의 눈높이에 맞는 다양한 효 문화 교육 콘텐츠를 개발해야 할 과제를 안고 있는 부분이다. 그리고 강의만이 아니라 학생 스스로가 작성한 부모에 대한 감사의 편지를 낭독하는 시간을 넣어서 자율적인 교육이 이루어질 수 있도록 했다. PPT 강의안에 특히 효에 관련된 생생한 동영상을 넣어서 입체적인 교육이 이루어질 수 있도록 했다.

<관련자료7>

인 터 넷 신 문 사 업 등 록 증

등록번호	충남아00074	제 호	효문화교육신문
종 별	인터넷신문	인터넷주소	http://hyotimes.com
발 행 소	충남 천안시 동남구 원성동 461-4번지 2층	전화번호	070-8276-8008
발 행 인	김 명 운		
편 집 인	김 명 운		
발행목적	한국의 정신문화의 핵심가치인 효문화 교육과 봉사활동 및 효문화 운동의 세계화		
보급지역	전국		
보급대상	네티즌	유가·무가	무가
등록일자	2010년 6 월 4일		

「신문 등의 진흥에 관한 법률」 제9조제4항 및 같은 법 시행령 제4조에 따라 위와 같이 등록하였음을 증명합니다..

2010 년 6 월 4 일

충청남도지사 인

<관련자료7>은 인터넷 신문으로서 『효문화교육신문(*Hyotimes*)』을 구축해서 2010년 6월 4일 충남도에 언론사로 등록한 것이다. 현대는 시간과 공간을 초월해서 서로 정보를 주고받는 지구촌 시대이다. 특히 요즘 젊은이들은 지면신문보다는 인터넷의 정보와 뉴스에 의지하는 경향이 강하다. 따라서 필자는 청소년들의 인성교육의 핵심가치로서 효 문화

를 생각했고, 그래서 쉽지 않은 일이지만 인터넷 언론으로서 『효문화교육신문(Hyotimes)』을 구축하게 되었다. 청소년들의 효 문화글짓기 입상자를 『효문화교육신문』을 통해서 발표했고, 입선 작품들과 그들의 소감문이 실림으로써 참가자들의 자녀와 부모들 그리고 학교 교사들이 이 신문에 많은 관심을 갖게 되는 계기가 되었다.

효 문화는 자연스럽게 우리의 삶에서 인간관계로 이루어진다. 자연의 모든 법칙은 억지와 무리가 없이 조화롭게 공생한다. 따라서 우리의 효 문화도 역시 윗사람과 아랫사람과의 관계는 자연스러운 조화에 기인한다. 이제 청소년들에게 자연스럽게 우리의 삶의 한가운데서 아름다운 효심을 키워주고 발현시켜 주고 싶은 마음이 간절하다.

제2012-365호

비영리민간단체등록증

1. 단체명칭 : 국제효문화선양운동본부

2. 소 재 지 : 충남 천안시 서북구 도원8길 37(성정동) 동경타운 4층

3. 대 표 자

   ○ 성 명 : 김 명 운

   ○ 주민등록번호 : 600501-1******

   ○ 주 소 : 충남 천안시 서북구 쌍용11길 33(쌍용동)

4. 주된사업 : 효문화 강의, 효문화교육신문 발행, 효문화 이벤트 사업 추진

비영리민간단체지원법 제4조제1항 및 동법시행령 제3조제1항의 규정에 의하여 위와 같이 등록하였음을 증명합니다.

2012년 1월 2일

충 청 남 도 지 사

<관련자료8>

<관련자료8>은 그동안 비영리단체로서 국제효문화선양운동본부를 중심으로 한 효 문화운동의 계속적인 활동과 그 실적이 인정되어서 2012년 1월 2일 충남도에 비영리민간단체로 공식등록 되었다. 앞으로 더욱 더 효 문화운동을 확산시켜 갈 수 있는 좋은 계기가 마련되었다고 본다.

제 5장

나가는 말

현대사회는 극도의 물질문명의 풍요 속에 정신적 빈곤과 갈급함을 느끼고 있다. 그리고 대중 속에 개인은 고독감을 느끼면서 또한 미래에 대해서 막연한 불안감을 느낀다. 요즘 세대들은 또한 어떠한 권위도 인정하지 않으려고 하면서 자유분방하게 살아가려고 하는 경향이 있는 것 같다. 그렇지만 정신적 빈곤과 갈급함을 채워줄 수 있는 새로운 가치체계를 어디에서 찾을 것인가? 철학이 부재한 현대인은 이러한 근원적인 질문에 목말라 하면서 철학적 사유를 필요로 한다. 인간의 삶에서 철학적 사유가 없는 삶은 곧 죽은 삶이다. 인간에 대한 교육은 바로 철학적인 사유에서 출발한다. 따라서 학교라는 공간은 바로 철학적 사유가 이루어지는 장(場)이 되어야 할 것이다. 이러한 측면에서 효에 관한 교육은 일방적인 주입식이 되어서는 안 된다. 특히 현대 사회는 다양한 문화가 공존하고 있는 사회이다. 따라서 그 다양함 속에서 무엇보다도 자율적인 소통과 조화와 다양한 개성의 존중이 전제되어야 한다.

지금까지 필자는 효(HYO)를 단순히 부모와 자녀의 관계에서 이루어지는 것으로만 한정하지 않았다. 효는 부모와의 관계에서 출발하여 모든 인간관계에 광범위하게 적용되는 인간관계의 하모니(조화)로 보았다. 그 하모니를 이루는 핵심을 효의 본질인 사랑과 존경에 기초한다. 이 기초가 형성되는 기간이 바로 인간이 최초로 부모와의 관계에서 형성된다고 보았다.

인간은 태어나자마자 부모와의 관계가 필연적이다. 그 관계성은 어느 관계보다도 소중한 관계이다. 왜냐하면 인간의 일생이 그 관계성에 의해서 좌우되기 때문이다. 부모와 자녀 사이에 이루어진 관계성은 장차 사회에 나가서 인간의 모든 관계성에 알게 모르게 직접적인 영향을 미친다. 즉 부모와 자녀 사이에 이루어진 품성은 하나의 대인관계의 기초를 형성한다. 마치 집을 지을 때 기초를 튼튼하게 해야 하듯이, 무한한 가능성과 잠재성을 가진 어린 시절은 그래서 인생의 골든타임에 해당된다고 본다. 아프리카의 속담에 <한 아이를 키우기 위해 온 마을이 필요하다>는 말이 있다. 이는 대단히 우리에게 시사해 주는 바가 크다. 왜냐하면 부모를 포함해서 이웃과 지역사회가 함께 관심과 애정을 갖고 원만한 인간을 길러내는 것이기 때문이다.

고기가 물을 떠나서 살 수 없듯이 인간은 관계성을 떠나서 살아갈 수 없는 존재이다. 인간은 누구를 막론하고 언제나 자의든 타의든 사람과의 관계성을 갖게 된다. 그러나 지속적인 인간관계를 갖기란 그렇게 간단하지도 않다. 왜냐하면 인간은 태생적으로 불완전한 존재이기 때문에 언제나 겸허한 마음으로 자아수행의 과정을 요하게 된다.

효(HYO)는 '백행(百行)의 근본(根本)'이라고 했다. 이는 인간의 모든 행위와 그리고 모든 학문과 지식의 근본이라는 의미다. 이는 단순한 이론만이 아니라 모든 인간관계에서 하모니를 이루어가는 실천적 기준점이 되기 때문이다.

필자가 추진한 '전국 청소년 효 문화 글짓기'는 효 문화에 관한 자유로운 의견을 표출할 수 있는 열린 소통의 장을 모색하려고 시도했다. 사실 과거의 전통을 중심으로 확정된 개념의 효 문화를 주입식으로 강요하는 것은 이미 교육이라고 보기 어렵다. 효 문화 교육은 다양한 의견의 소통과 조화 그리고 다양한 개성이 수용되는 열린 장이 필요하다. 왜냐하면 틀에 박힌 인간을 만들어내는 것은 결코 효 문화 교육이 아니기 때문이다. 왜 과거의 고착된 틀을 강요하는가. 그것은 이미 의미 없는 몰개성이며, 그것은 진정성이 결여된 형식에 불과하다. 부모와 자녀, 스승과 제자가 애경(愛敬)을 바탕으로 소통과 조화가 이루어진다면 그것이야말로 이미 아름다운 효 문화를 꽃피운 자리일 것이다. 학교에서, 가정에서 아무리 강압적으로 주입식의 효 문화 교육을 한다고 할지라도 서로 간에 공감대가 형성되지 않았다면 의미 없는 허상이며, 허공의 메아리일 뿐이다. 효 문화는 규정짓고, 한정지을 수 없는 정서적인 부분이 있다는 점을 이해해야 할 것이다. 그리고 또한 효 문화는 인간의 삶에 있어서 무한대의 보편적 가치이며 인간의 삶에 뿌리를 둔 문화의 개념으로 이해해야 할 것이다. 종래의 전통적인 효 문화의 개념에 틀 지우려는 그 어떤 시도나 노력도 이제 더 이상 설득력이 없을 것이다.

이젠 스스로 삶의 자리에서 끊임없는 사유를 통해서 과거의 통념과 습관성을 깨고, 인간의 관계성을 통한 새로운 효 문화의 가능성의 지평을 열어가야 할 것이다.

참고문헌

김구, 도진순 엮어 옮김, 『쉽게 읽는 백범일지』(파주: 돌베개, 2011).

김석동(2019), 『김석동의 한민족의 DNA를 찾아서』(서울: 김영사).

김정문(2004), 『효 윤리체계에 의한 「효행설화」분석』(성산효도대학원 석사논문).

김종두(2011), 『효의 패러다임과 현대적 개념』(서울: 명문당).

김영철(1998), 『전통 가정교육 연구』, 문음사.

김용석·이재민·표정훈(2011), 『한국의 교양을 읽는다』(서울: 청아문화사).

김익수(2008), "退溪의 孝 思想과 家族文化의 형성: 한국교육철학의 기저"(『한국사상과 문화』 제44집, 서울: 한국사상문화연구원).

김흥식(2004), 『우리에게 가장 소중한 것은』(고양: 주변인의 길).

루스베네딕트, 김윤식·오인석 옮김(2001), 『국화와 칼』, 을유문화사.

류한근(2001), 『공동체주의에 의한 효 윤리체계 연구』(성산효도대학원 석사논문).

마이클 샌델, 김선욱 감수· 김명철 옮김(2018), 『정의란 무엇인가(JUSTICE)』.

문현진(2017), 『코리안드림』(서울: 태일소담).

박명석(2001), 『세계화와 동·서양 문화 간 커뮤니케이션』(서울: 태학사).

박이문(1997), 『문명의 위기와 문화의 전환: 생태학적 세계관을 위하여』(서울: 민음사).

박철호(2010), 『효학의 이론과 실천』, 한국학술정보(주).

배갑제(1998), 『인성과 효도』(서울: 사단법인 한국 효도회).

설혜숙(2009), 『효 사상의 교육적 의의와 지도방안 연구』(부산교육대학교 석사논문).

성규탁(1995), 『새 시대의 효』(서울: 연세대학교출판부).

세계평화통일가정연합(2006), 『원리강론』(서울: 성화출판사).

우한기(2010), 『한국의 교양을 읽는다. 5(인문편)』(서울: (주)휴머니스트 출판 그룹).

유한구(2000), 『효의 의미: 교육학적 해석』 <교육의 동양적 전통1>(서울: 성경제).

이만열(임마누엘 페스트아이쉬)(2018), 『한국인만 모르는 다른 대한민국』(경기도: 21세기북스).
이영· 조명철(2010), 『일본근세근현대사』(서울: 한국방송통신대학교출판부).
이홍우(2006), 『교육내용으로서의 충효』(개정. 증보판 <지식의 구조와 교과>, 서울: 교학사).
이희승(1981), 『민중엣센스 국어사전』(서울: 민중서림).
장상호(1991), 『교육학 탐구영역의 재 개념화』, 정민사.
_____(2005), 『학문과 교육』, 서울대학교출판부.
장성균(2007), 『갑오동학농민혁명과 천안』(천안: 아우내문화원).
정현숙·정미애(2007), 『일본사회 문화의 이해』, 한국방송통신대학교출판부.
정현숙·김응렬(2008), 『현대일본사회론』(서울: 한국방송통신대학교출판부).
조화태·김계현·전용오(2008), 『인간과 교육』(서울: 한국방송통신대학교출판부).
최성규(2005), 『한국인의 효』, 코리아헤럴드 출판사.
한균자 외 14인 공저(2009), 『한국 사회문제』(서울: 한국방송통신대학교출판부).
허세일(2001), 『효의 도덕교육적 함의』(서원대학교 교육대학원 석사논문).
Zeilfelder, Eunsook Lee & 평택대학교 다문화가족센터 공저(2008), 『한국사회와 다문화가족』(파주: 양서원).

부록

전통과 현대의 효교육 비교

-가정교육을 중심으로-

(교육학 석사학위 논문)

교육학석사학위논문

전통과 현대의 효교육 비교
-가정교육을 중심으로-

A comparison study of traditional and contemporary education of filial piety
- Focused on the family education -

충북대학교 대학원
교육학과 교육사회 및 사회교육 전공
김 명 운

2012년 8월

<목　　차>

<표 목 차>

<그 림 목 차>

국문초록

전통과 현대의 효교육 비교

-가정교육을 중심으로-

김 명 운

충북대학교 교육학과 교육사회 및 사회교육 전공
지도교수 김 영 철

요 약

본 연구의 목적은 전통과 현대의 효교육 비교를 통하여 오늘날 청소년의 문제해결에 역점을 두고 이루어졌다. 이는 무엇보다도 가정에서 효교육을 통하여 그 방안을 모색하고자 했으며, 전통과 현대에서 효교육의 궁극적인 목표는 결국 올바른 인간형성에 있다. 전통가정에서는 효교육의 목표는 입신행도(立身行道)라고 보았으며, 현대가정에서의 효교육의 목표를 자아실현(自我實現)으로 분석했다. 이는 결국 같은 맥락에서 지정의(知情意)를 이룬 올바른 인격형성에 있다.

이러한 연구 목적을 수행하기 위하여 연구자는 첫째, 전통문화와 현대문화의 연관성에 대해서 언급하였다. 그리고 무엇보다도 전통문화 속에서 현대문화의 교훈과 법칙을 찾아야한다는 입장을 기술하였다. 효교육은 그 특성에 있어서 가정에서 이루어져야 한다고 보았으며, 무엇보다 효교육에 앞서 그 효의 개념에 대해서는 효관련 문헌을 살펴보았다. 효는 인간의 삶에서 '백행의 근본(百行의 根本)'이다. 따라서 연구자는 교육이 인간의 삶과 연관성을 갖고 이루어지는 것이 교육이라고 보았다. 그리고 가장 근원적이며 기초적인 교육은 바로 가정에서 부모와 자녀의 관계를 통해서 이루어져야 한다는 것을 염두에 두고 접근을 시도했다. 가정에서 비형식적인 형태로 교육이 이루어지는 전 과정은 바로 인간의 인격형성에 중요한 부분을 차지한다는 점에 주안점을 두었다.

둘째, 전통적 가정에서의 효교육은 어떻게 이루어 졌는가를 살펴보면서, 먼저 대가족과 교육삼대(教育三代)를 통한 가족의 형태와 효교육이 삼대가 한 가족으로 이루어져 온 배경은 무엇이었는가를 살펴보았다. 전통 가정은 농경문화를 배경으로 가부장적인 체제를 중심한 부자관계(父子關係)라는 수직적 특성을 갖고 있었다. 그 가족 형태는 조부모와 부모 그리고 부계 쪽으로의 형제자매를 포함해서 대가족의 형태를 띠고 있었다. 가정에서의 효교육의 형태는 무엇보다도 부모의 역할이었으며, 부모가운데서도 부친의 역할이 절대적이었다고 보았다. 전통가정에서의 가옥의 구조는 사랑방과 안방으로 구분되었다. 아버지는 언제나 사랑방에 기거하면서 자녀들에 대해서는 언제나 위엄과 권위적인 존재로 비춰졌다는 사실이다. 그러면서 대조적으로 어머니는 언제나 자녀와 자주 대면하게 되는 만만한 존재였다. 이러한 입장에서 어머니의 역할 또한 아버지의 역할 못지않게 중요한 부분을 차지하였다. 그리고 어머니의 역할은 무엇보다도 남편과 자녀사이에서 보조적이며, 교량적인 성격을 띠는 입장이었다고 보았다. 자녀에 대한 전통적 가정교육은 가정에서 효를 근간으로 해서 실천적인 내용이었다. 이는 주로 생활 속에서 자녀의 엄격한 자세와 규율을 몸에 익히도록 교육했다.

그리고 전통가정에서 효교육을 통해서 이루고자 하는 목표는 바로 입신양명(立身揚名)이라고 보았다. 입신양명은 단지 출세지향적인 의미로서가 아니라 입신행도가 궁극적인 목표였다.

셋째, 현대적 가정에서의 효교육은 변화된 가족의 구조와 배경으로서 핵가족과 교육이대(教育二代)는 사실 가정교육의 어려움이 불가피하게 나타날 수밖에 없었으며, 무엇보다도 전통적인 아버지의 권위와 위엄이 약화되는 경향으로 나타났다는 사실이다. 현대는 수평적 핵가족을 중심으로 부모는 자녀에게 자율과 친밀한 관계성을 기반으로 교육이 이루어지게 되었다고 연구자는 보았다. 전통가정에서는 주로 아버지가 자녀에게 교육의 역할이 주어졌다. 그러나 현대에 와서는 어머니 쪽으로 바뀌게 되었다. 이러한 입장에서 전통적인 가정에서 이루어졌던 효교육의 양상을 살펴보면서 연구자는 현대에 있어서 자녀의 올바른 효교육을 위해서 전통 가정에서의 효교육의 형태와 방법으로서 아버지로서의 권위를 되살리는 것이 필요하다고 보았다. 왜냐하면 교육은 역시 아버지의 권위와 위엄의 부재는 가정에서 효교육의 효과를 기대하기 어렵다고 연구자는 보았다. 전통가정에서 어머니의 입장으로서의 교량적 역할이 강조되었던 것과 같이 아버지로서의 교육적 역할분담이 여전히 필요하다는 점에 강조점을 두었다.

마지막으로 전통가정과 현대가정에서의 효교육의 차이점과 연관성을 분석하였고, 전통가정과 현대가정에서의 사회구조적 변화로 인한 가정교육의 불가피한 변화의 상황을 인식해야 한다는 점도 강조하였다. 현대사회가 아무리 급격히 변화되고 현대화되었다고 해도 인간이 갖추어 할 기본적인 가치는 유지되어야 한다. 이는 아무리 핵가족을 중심한 현대의 가족의 형태일지라도 부모와 자녀사이에서의 인격수행의 길로서 효교육은 생략할 수 없다. 따라서 효의 본질로서 사랑과 존경은 퇴색됨이 없이 가정에서 계속 이루어 져야 할 중요한 덕목으로서 효교육의 핵심이라 아니할 수 없다.

주요어: 효, 가정교육, 효교육, 전통, 문화, 권위와 자애, 자율과 친밀,

Ⅰ. 서　론

1. 연구목적 및 필요성

오늘의 시대는 한마디로 위기의 시대라고 말할 수 있다. 왜냐하면 가정의 붕괴와 해체가 가속화되면서 우리사회의 도덕과 윤리가 무너져가는 상황을 흔히 볼 수 있기 때문이다. 가정은 인간의 삶에 있어서 지극히 중요한 의미를 지닌다. 가정은 인간에 있어서 행복의 보금자리이며, 사회를 유지케 하며 영속시켜가는 최소 단위이다. 그리고 부모와 자녀와의 관계는 숙명적인 관계이다. 그렇다면 부모와 자녀의 관계를 맺게 하는 궁극적인 요소는 무엇일까? 그것은 바로 효이다.

이제 효교육에 대한 본격적 논의를 하기 전에 우선 효가 교육되고 실천되어야 할 현대사회의 실상과 부정적 현상을 몇 가지 예를 통해 먼저 확인해 보고자 한다.

첫째로, 현대사회는 서구문명의 산업화, 도시화가 급속히 진행되고 있다. 이는 전통적인 농경으로 생계를 유지하던 대가족 문화를 해체시켰고 부부와 자식으로 구성되는 핵가족 제도를 일반화 시켰다. 이런 산업구조 변화에 따른 가족구조의 변화는 인간의 의식과 가치관에도 큰 영향을 주었다. 특히 현대의 청소년들은 사회의 가장 작은 단위인 가정에서 원초적인 인간관계 학습이 어려워짐에 따라 개인주의적이며 이기적 사고가 기본이 되는 인간관계를 주로 형성하게 되었다.

둘째, 급속한 과학의 발달이 만들어 낸 IT기반의 통신은 시간과 공간을 단축시키고, 극도의 편리한 생활환경을 만들었다. 이러한 문명의 이기는 의사소통의 시간적 공간적 효율성을 역시 극대화 시켜 언제 어느 곳에서도 전 세계인들과 대화할 수 있는 환경을 만들어 내었다. 그럼에도 불구하고 문명의 이기가 인정(人情)을 소통하는 데는 정반대로 어려운 환경을 초래했다고 볼 수 있다. 인간의 커뮤니케이션은 언어행동만으로 되는 것이 아니라 비언어행동도 큰 역할을 하는데 그 기능을 강조한 결과 문자의 전달만이 이루어지고 있을 뿐이다. 더구나 인정이 결여된 의사소통과 그 도구들은 청소년들로 하여금 따돌림의 도구로 활용되어 자살의 사태를 초래한 예도 있다.

셋째, 부모와 자식, 교사와 학생 간에 발생하는 심각한 사태는 가정과 학교에서의 교육환경이 심각한 지경에 이르렀음을 경고하고 있다. 자식이 부모를 폭행하고 살해하는 끔찍한 패륜적 사건이 언론에 심심치 않게 등장하고 있고, 학생의 인권과 교사의 교권이 충돌하는 현상도 언론매체를 통해 자주 목도하게 된다.

이러한 현실적 상황을 직시하면서 연구자는 전통가정에서 부모를 통해서 이루어 졌던 효교육과 현대가정에서의 부모를 통해서 이루어지고 있는 효교육에 관한 비교의 접근을 시도하고자한다. 왜냐하면 현대에 있어서 날로 증가하고 있는 청소년 범죄의 원인이 주로 가정에 있다는 연구결과는 가정교육의 필요성을 더욱 절실하게 만들고 있다(이계학, 1993). 따라서 효교육은 무엇보다도 원초적인 가정에서 이루어져야 하며, 이는 부모와 자녀관계에서 이루어 져야만 한다. 연구자는 가정에서 비형식적인 형태로(유혜령, 1993)이루어지는 효교육의 전 과정은 바로 인간의 인격형성에 중요한 역할을 한다고 보았다.

한국인으로 살면서 누구나 일반적인 통념으로 효에 대한 나름대로의 정의를 갖고 있을 것이다. 한국인 각자가 갖고 있는 효에 대한 정의는 한국인으로 살아오면서 체득한 규범으로 마땅히 지켜야 하고 또한 지킬 것을 요구 받은 학습과 교육의 결과라는 것에 이견이 없을 것이다. 그럼에도 불구하고 다른 전통적 규범이나 가치관과 마찬가지로 효는 그 본질적 의미뿐만 아니라 효의 실천적 정의에 대한 일반적 중지를 확보하기란 역시 쉽지 않다. 이러한 입장에도 불구하고 연구자는 효가 무엇보다도 가정을 터로 해서 시발되고 체득되는 것이니만큼, 전통가정에서의 효교육과 현대가정에서의 효교육이 어떻게 이루어졌고, 또 어떻게 이루어지고 있는가를 살펴보고자 한다. 그리고 전통과 현대가정에서 효교육을 통해서 이루고자하는 이상적인 인간상(효자상)과 목표는 어떤 것인가에 대해서도 분석하고자 한다.

과거의 전통가정에서 행하여져 온 효교육의 내용들이 오늘의 현실에서도 여전히 알게 모르게 영향을 미치고 연관성을 갖고 있다고 본다. 효를 중심한 전통적 가정교육에서는 유교문화의 영향을 빼놓을 수 없다. 그렇다고 해서 전통적 유교문화를 중심한 효가 유일한 대안이라고는 보지 않는다. 그러나 적어도 유교의 오랜 전통이 역사를 통해서 연면히 우리의 삶에 영향을 미치고 있는 것이 사실이다.

연구자는 오늘날 인륜도덕이 무너지고 산업화와 도시화를 통해서 옛 전통적인 질서와 가치가 설득력을 잃고 있는 현 시점에서도 여전히 효의 가치와 규범은 현대인의 삶속에 지속적으로 남아 있다고 본다. 따라서 전통과 현대 가정에서의 효교육의 비교를 통하여 어떠한 관련성과 시사점이 있는가를 분석해 보고자 한다.

2. 선행연구 고찰

인성교육의 핵심가치로서 전통과 현대가정에서의 효교육에

관한 연구를 전개해 간다는 것은 의미 있는 시도라고 본다. 지금까지 효교육을 위한 다방면의 시도가 있었지만 그 실효성에 언제나 의문이 제기되었다. 왜냐하면 사실 효교육은 기타 지식교육과는 달리 단순한 주입식 교육이 아니기 때문이다. 따라서 연구자는 효를 인간 삶의 양식으로 보고 효교육을 본 논문의 주제로 삼고자 한다. 한 가지 아쉬운 점은 효의 실효성과 실천적인 효교육 관련 선행 연구자료가 충분치 않다는 점이지만, 일단 연구자는 본 논문의 전개를 위해 선행 연구자들의 연구를 살펴보고자 한다.

박명석(2001)은 동서양 문화의 다양성을 폭넓게 살펴보면서 문화의 이질적 측면을 고찰하였다. 지구상의 각양각색의 문화, 즉 풍습, 종교, 세계관, 관습, 가치관, 사고방식, 비언어적 행동 양식 등이 있다고 그는 언급하였다. 그리고 이러한 이질적인 문화의 차이를 이해하면서 과연 어떻게 하면 소통(커뮤니케이션)이 가능해질지 다양한 동서양간의 문화를 상세히 설명하였다. 특히 동양의 유교문화를 기초로 한 가족주의 문화와 서양의 기독교문화에 기반을 둔 평등주의와 개인주의를 중심한 합리적인 문화를 비교하면서 현실 속에서 소통의 어려움을 해결하는 가능성의 문을 열었다는데 크나큰 의미가 있는 듯하다.

조정현(2010)은 생활종교를 지향하는 원불교 창교자 소태산을 연구하면서 그가 지향한 전통적 효사상에 관해 재해석을 시도하였다. 그는 현대사회가 안고 있는 제반 문제점을 진단하면서, 문제 해결을 위한 효의 새로운 방향성을 모색하였으나, 원불교적인 관점에 한정을 두고 있는 듯하다.

류한근(2001)은 현대 우리 사회체계를 유지해온 두 가지의 핵심에 대해 언급하였다. 그가 주장하는 두 가지 핵심은 전통 유교적 동양문화에 근거를 둔 권위주의적 효 윤리체계와 현대 자유주의의 효 윤리체계이다. 그는 이 두 가지가 우리사회에 함께 공존하고 있지만, 이 두 가지 형태는 소위 가족형태를 영위케 하는데 한계점을 노정하고 있다고 보았다. 또한 그는 민주주의적 공동체주의 이론을 그 대안으로 제시하였다.

설혜숙(2009)은 전통적인 효에 관한 개념과 본질을 규명하여 현대의 상황에 맞는 효관(孝觀)을 정립하고자 시도했고, 가정과 학교 그리고 사회에서 어떻게 그 효관을 적용할 것인가를 연구하였다. 설혜숙은 효에 대해서 핵심적이며 본질적 바탕을 '애(愛)', '경(敬)', '인(仁)'으로 설명하였다.

허세일(2001)은 무엇보다도 효에 대한 개념을 공(公)교육의 장(場)인 학교교육에 적용하려고 했다. 특히 학교에서의 도덕교육, 인성교육이라는 측면에서 효관련 문헌 및 여러 자료를 분석했지만, 사례 연구보다는 이론 설명에 주안점을 두었다.

유한구(2000)는 교육학적 해석이라는 입장에서 효에 대해 설득력 있는 시도를 하였다. 그의 주장에 의하면 효를 자녀가 부모에게 해야 하는 일종의 의무사항으로 인식하는 것은 올바른 접근이 아니며, 부모와 자녀, 쌍방의 관점에서 효의 의미를 파악해야 한다는 것이다. 또한 그는 효경(孝經)을 근거로, 효는 부모를 사랑하고, 공경하는 것으로부터 이루어지는 것이기 때문에 이것 없이 다른 사람을 사랑하는 것은 패덕(悖德)이며, 다른 사람을 공경하는 것은 패례(悖禮)가 되며, 애와 경이 부재한 사랑이나 공경은 선악의 기준을 흐리게 만든다고 주장했다.

이홍우(2006)는 "충효는 가르칠 수 있는가?"라는 물음의 해답을 약 2천 4백 년 전 소크라테스가 프라타고라스에게 질문한 "덕은 가르칠 수 있는가?"에서 찾고자 시도했다. 그러나 가르친다는 것은 '사실'을 알려주는 것이며, 보여준다는 것은 행동으로 보여주어 인식케 한다는 입장에서 생각할 때, 이홍우(2006)는 충효를 어떻게 가르치고, 보여줄 것인가에 대해 역시 확실한 결론을 제시하지 못한 듯하다. 소크라테스 역시 덕은 가르칠 수 없다고 생각한 듯 즉답을 회피하고 있으며 산파술이라는 독특한 방법을 제시하였다. 결국 이홍우(2006)는 충효를 부모와 자녀의 간극을 최소화하는 정서적인 유대에 기인하는 원초적인 상호관계 속에서 시발되는 것이라고 상정한 듯하였다.

3. 연구문제 및 방법

현대사회는 전통적 가치관이 무너지고, 청소년들의 일탈행동과 가정의 붕괴현상은 우리사회의 심각한 위기적 상황이라 아니할 수 없다. 따라서 이러한 사회적 문제를 해결하기 위한 새로운 가치관이 절실히 요청되고 있는 실정이다. 따라서 연구자는 그 해결의 실마리의 하나로 가정교육을 중심으로 한 전통적 효교육과 현대적 효교육에 대해서 비교하는 것을 연구의 중심과제로 삼고 본 논문을 전개하고자 한다. 연구자가 논문의 주요 질문으로 삼은 것과 연구방법은 다음과 같다.

1) 전통가정과 현대가정에서 효교육은 어떻게 이루어졌으며, 어떻게 이루어지고 있는가?

2) 전통과 현대 가정에서의 효교육의 차이점은 무엇인가?

3) 전통과 현대 가정에서의 효교육의 연관성은 무엇인가?

연구자는 본 연구의 목적을 수행하기 위하여 문헌연구 방법을 활용하였다.

먼저 전통적 효의 개념을 추론하기위하여 효관련 연구문헌을 고찰함으로써 효교육에 대한 접근을 시도했다. 그리고 전통과 현대의 효교육이 가정에서 어떠한 방법으로 이루어 졌는가를 분석하기 위해서 효관련 단행본, 효관련 논문 등을 탐색하면서 접근을 시도하였다.

Ⅱ. 이론적 배경

1. 전통문화와 현대문화

전통과 현대를 문화적인 측면에서 접근해 볼 때 그것은 분리해서 생각할 수없는 특성이 있음을 알게 된다. 왜냐하면 전통이 과거에 존속했었던 하나의 문화로 화석화되어서 언제나 고착되어 있는 것이 아니라 현대에 있어서도 전통은 끊임없이 혼재하고 있으며, 지속적으로 현대에 영향을 미치고 있다는 사실이다. 그리고 전통문화라고 하면 우리가 흔히 놓치기 쉬운 면이 있다. 전통문화는 무조건 현대문화와 대비되는 개념으로 흔히 생각하기 때문이다. 전통문화의 대비가 현대문화라고 규정지을 수가 없다. 왜냐하면 현대문화라는 의미 속에는 외래문화라는 개념이 내포되어 있어서 그렇다. 즉 다시 말해서 외래문화로서의 서구문화가 포함되어 이루어지는 개념이기 때문이다. 그래서 현대문화의 개념을 쫓는 사고방식의 사람들은 무조건 전통은 과거의 구태의연한 것으로 단순하게 치부해 버리는 경향을 갖고 있는듯하다. 그래서 이홍우는 이점에 대해서 우리가 가지기 쉬운 맹목적 편견-전통적 방법은 낡아빠진 것이며 이미 거들떠 볼 가치가 없다는 식의 사고방식-에 대한 경고를 나타낸다(이홍우, 1993, p.133). 우리가 가볍게 생각해서 서구의 문명화된 것은 무조건 옳은 것이며, 전통의 문화는 과거의 문명화되지 못한 미개한 것으로 생각해서는 안 된다는 사실에 주목해야 한다. 이러한 입장에서 중국의 유교를 중심한 공자는 전통과 현대에 대한 의미 있는 내용을 우리에게 제시하고 있다. 이는 다름 아닌 “온고이지신(溫故而知新)”에 대한 교훈이다.

옛것을 알고 새것을 알면 남의 스승이 될 수 있다. 역사를 배우고 옛것을 배움에 있어, 옛것이나 새것 어느 한 쪽에만 치우치지 않아야 한다는 뜻이다. 즉 전통적인 것이나 새로운 것을 고루 알아야 스승 노릇을 할 수 있다는 것이다.[41]

이러한 공자의 기본적인 생각은 그의 삶에서도 그대로 실행되었다. 그는 사실 춘추전국시대에 살았다. 공자가 태어난 때는 (B.C. 551~B.C. 479) 주(周)나라 후기였다. 당시의 시대적 상황은 춘추전국시대(春秋戰國時代)라고 불리는 전환기적 무질서와 혼란의 시대였고, 도덕과 윤리도 역시 혼란한 시대였다. 그는 당시에 혼란한 상황을 목격하면서, 그 해결의 실마리를 과거 주(周)나라의 전통에서 찾고자 했다. 따라서 공자는 과거의 전통에서 현재의 삶의 지혜를 찾고자 했던 것이다. 이렇게 볼 때 새로운 문화는 전통적인 문화와 밀접한 관계를 갖고 있다는 사실에 의문의 여지가 있을 수 없다. 이렇게 우리는 문화를 올바로 이해하기 위해서 단절이 아닌 연속성이라는 관점에서 이해해야 한다는 점이다. 따라서 앞에서 기술한 것처럼 옛것을 알고 그것을 현재 우리의 삶에 지혜와 교훈으로 삼아야 할 필요성을 공자는 강조한 듯 보인다.

인간의 삶과 문화는 역사성을 띠고 끊임없이 이어져 왔고, 발전하거나 쇠퇴의 과정을 거치기도(Zeilfelder, 2008, p.17) 했다.

여기에서 문화의 이러한 관점을 중심으로 문화형성의 시간성과 공간성을 두고, 전통문화의 과거와 현재와의 조우(遭遇)를 생각해 볼 수 있다. 현실의 사회적 문제점을 해결하기 위한 해결책으로써 과거의 전통문화를 흔히 생각한다. 과거의 전통문화와 현

41)『論語』, 爲政篇 : 溫故而知新可以爲師矣.

재의 삶과 교육에 대하여 김영철은 그의 저서에서 다음과 같이 논하고 있다.

> 전통문화라고 하면 그에 대한 부정적, 긍정적 편견은 차치하고라도, 우선 '옛날의 것'이라는 생각이 떠오를 지도 모른다. 그렇지만 흔히 우리 사회는 전통문화와의 '단절'을 경험하였다고 하지만, 이 단절이라는 것이 칼로 무를 썰 듯이 매끄럽게 일어나는 것이 아니라면, 적어도 전통 문화라는 것은 현재의 우리에게도 모종의 영향을 미치고 있다고 보아야 한다. 전통 문화에 대하여 긍정적 편견('文化遺産')을 가지고 있는 사람은 말할 필요도 없고, 부정적 편견('殘存文化')을 가지고 있는 사람이라 하더라도, 전통 문화가 완전히 단절되었다고 보지 않는 이상, 전통 문화에 대한 관심은 현재의 우리의 삶과 교육을 이해하기 위하여 필수적으로 요청된다(김영철, 1998, p.6).

과거로부터 이어져 온 전통 문화와 현재 우리의 삶과의 단절은 있을 수 없다. 전통 문화의 역사성 및 현재와의 관련성과 영향을 배제할 수 없다면, 전통 문화에서 우리는 효 문화에 관한 힌트를 찾을 수 있다고 본다. 그리고 같은 맥락에서 특히 전통가정교육에 관해 이홍우(1993, p.133)는 전통이 오늘날 우리의 삶속에서 여전히 작용하면서 우리의 삶과 교육에 영향을 미치고 있으며, 만약 우리가 세밀히 우리의 삶과 교육을 관찰한다면 우리는 그것을 식별해내는 데에 어려움을 겪지 않을 것이라고 했다.

'전통이 세대간에 이어져 가도록 하는 교육' 또는 '전통을 중심으로 하는 교육'으로 규정될 수 있는 전통교육의 개념은 현대교육에도 그대로 적용될 수 있다. 교육의 현실은 예나 지금이나 다름없이 하나이다. 그럼에도 불구하고 전통교육과 현대교육을 구분할 수 있다면, 그 구분은 오로지 교육에 관한 전통적 사고방식과 그와는 성격이 다른 현대적 사고방식의 비교에서 드러날 뿐이다. 교육에 관한 현대적 사고방식은, 교육에 관한 전통적 사고방식이 '전통'을 중시하는 것과는 달리, '개인'을 중시한다. 여기서 '개인'이라는 말은, '개인을 떠난 삶이 별도로 존재하지 않는다'고 말할 때에 사용되는 구체적 존재로서의 개인이 아니라, 바로 그 구체적 존재로서의 개인이 전통과 함께 가지고 있는 개인적 측면, 즉 '개체성(individuality)'을 말한다. 만일 '전통'과 대비되는 '개인'을 이러한 의미로 규정하지 않는다면 교육에 관한 전통적 사고방식과 현대적 사고방식의 비교는 중점을 잃고 있다. 교육에 관한 현대적 사고방식에 따르면 전통은 개인이 의도하는 결과의 수단으로 파악된다(김영철, 1998, 재인용).

이러한 관점으로 볼 때 전통의 가치는 인류가 하고 있는 그리고 할 수 있는 행동과 사고의 원천에 해당한다. 개인은 전통을 받아들임으로써 비로소 행동하고 사고할 수 있다. 따라서 개인은 전통의 범위 안에서 행동과 사고의 자유와 창조를 향유한다고 볼 수 있다(김영철, 1998, p.28).

전통을 의식하든 의식하지 않던 간에 현대에서 우리는 전통이라는 영향을 받고 살아간다.

지금까지 문화에 대한 정의는 여러 학자들에 의해 다양한 관점에서 논의되어 왔다. 인간의 삶과 문화는 분리해서 생각할 수 없지만, 실상 문화의 정의와 개념을 학문적으로 올바르게 정리한다는 것은 쉬운 일이 아니다. 왜냐하면 문화의 개념이 너무 광범위하기 때문이다.

먼저 문화의 사전적 의미로는 '① 인지가 깨고 세상이 열리어 밝게 됨. ② 권력보다는 문덕(文德)으로써 백성을 가르쳐 이끎. ③〔철〕인간이 자연 상태에서 벗어나 일정한 목적 또는 생활 이상을 실현하려는 활동이 과정 및 그 과정에서 이룩해 낸 물질적· 정신적 소득의 총칭한다(이희승, 1998, p.569). 영어 culture는 라틴어 어원인 'cultura'에서 왔으며,(김영철, 1998, p.90) '재배하다', '경작하다', '지적인 개발을 하다'는 의미에서 유래하였다. 문화에 대해 이렇게 다양한 견해가 있지만, 결국 문화는 인간의 삶에서 이루어진 고차원적인 '정신활동의 산물'이라는 의미로 정리할 수 있다.

넓은 의미로 '문화'를 삶의 양식(Mode of Life), 또는 삶의 방식(Life Style)으로 이해할 때 문화는 인류가 삶을 시작하면서부터 '삶의 터전을 중심으로 형성되어 왔다'고 할 수 있다. 인류가 가정을 형성하여 가족을 이루고, 그 가족들이 번창하여 씨족사회를 형성하고, 씨족사회들이 연합하여 부족사회를 이루어 집단생활을 영위해감에 따라 그 사회가 그 삶의 터전을 중심으로 이룩해 놓은 '삶의 양식'을 공유하게 되고, 그 집단 내에서 자생적으로 발생한 문화와 인접문화(외래문화)를 수용해 가면서 그들 나름에 독자성 있는 문화를 발전시켜왔으리라는 것은 쉽게 짐작할 수 있는 일이다. 그런 까닭에 현존하는 오늘의 한국문화는 오랜 기간을 통해서 한국민족이 외래문화의 영향을 받아가면서 발전시켜 온 '독특한 삶의 양식'이라고 하겠다(이계학, 1993, p.196).

위에서 다양한 문화 개념과 그 의미를 살펴보았지만 문화라는 것은 인간의 삶과 연관된 것이며, 인간은 문화를 만들어 가면서 그 문화의 틀 속에서 살아가는 존재라고 볼 수 있다. 이렇듯 인간은 전통문화의 틀 속에서도 현대에 있어서 끊임없이 전통문화의 영향을 받으면서, 또한 새로운 문화를 형성하며 그 문화를 향유하면서 살아가는 존재이다.

세계를 인식하고 이해하는데 있어서 주체적인 힘을 발휘할 수 있는 주체적 존재로서의 인간은 전통이나 사회적 과정을 재해석하고, 어떤 방식으로 그것을 취사선택하고, 수정하고, 재창조해 나갈 수 있는 자기 형성적 존재이기 때문이다. 개인은 자신이 속한 사회의 전통과 문화의 영향하에서 형성되기는 하지만, 그러한 전통과 문화를 다른 관점에서 평가하고 해석함으로써 끊임없이 전통과 문화를 새롭게 형성해 나가는 것이다(조화태 외, 2008, p.23).

연구자는 이제까지 전통과 현대의 문화적인 측면에 대해서 분석해 보았다. 왜냐 하면 효는 기나긴 역사를 통해 우리 사회의 도덕과 문화의 핵심 요소 중 하나로 전승되었으며, 현대에도 여전히 영향을 미치고 있기 때문이다. 이제 본 연구인 효교육에 관해서 연구자는 인간의 삶과 연관된 문화적 측면에서 접근을 시도해 가고자 한다.

2. 효의 개념

유교는 핵심 사상으로 인(仁)을 강조하고 있다. 그렇다면 인에 대한 의미는 무엇인가? 인은 사람과의 관계를 칭하며, 곧 사람에 대한 사랑을 뜻한다. 마치 물이 위에서 아래로 흐르듯 윗사람이 인을 실천하면 그 아랫사람이 부정하다 하더라도 당연히 바르게 이끌 수 있는 것과 같다. 따라서 윗사람으로부터 받은 인에 대해서 아랫사람이 행하는 인이 가정에서는 효이고, 효의 확대된 개념으로서 국가에 대해서는 충이라고 볼 수 있다.

그렇다면 이제 효에 대한 개념을 살펴보자. 효(孝)라는 것은 그 한자의 구조에서 그 의미가 나타나 있듯이, 늙은 '老(노)'와 아들 '子(자)'가 합쳐져서 이루어져있다. 마치 늙은 부모를 자식이 업고 있는 것과 같은 형상이다. 이 한자의 구조와 의미로부터 볼 때, 자식이 부모를 모신다는 의미로 이해할 수 있다. 자식은 태어나면서부터 부모의 희생적이고 헌신적인 보살핌을 받으면서 자란다. 자식의 신체와 생명은 부모를 통해서 받았다. 그리고 끊임없는 부모의 사랑과 보살핌을 받아가면서 자녀는 성장해 간다. 즉 부모가 자식을 등에 업고 양육해 가는 과정이 있었다는 뜻이다. 따라서 자식이 자라서 이제 그런 부모의 은혜를 알고, 그 늙은 부모를 반대로 등에 업고 모시는 보은하는 과정이 이 한자의 의미에 담겨져 있다고 볼 수 있다. 업고 업히는 이러한 부모와 자녀의 상호관련성을 통해 효는 연면히 하나의 전통적인 질서와 가치로 남아져 왔다.

효는 부모와 자녀라는 원초적인 관계에서 비롯된다. 부모와 자녀의 관계가 확대된 것이 나라와 국민인 것과 같이 효는 원초적인 관계이며, 나라의 도덕적 규범의 근원이고, 사랑과 공경을 통해 이루어지는 윤리체계이다. 효는 본래 '부자자효(父慈子孝)'[42] 라는 말과 깊은 관련을 두고 있다. 이 말은 부모는 자녀를 사랑하고, 자녀는 그 부모의 사랑에 감응하여, 효도를 실천하는 상호관계성이 지극히 자연스러운 천성의 발로라는 것이다.

효경에서는 효를 '예지시야(禮之始也)'라고 가르치고 있다. 인간으로서 마땅히 행해야 할 예의범절의 으뜸이 곧 효라는 것이다. 따라서 효를 도(道)라는 한자와 함께 써서 '효도(孝道)'라고 표현한다. 흔히 충효라고 말하지만 충에 대해서는 굳이 충도(忠道)라는 표현은 하지 않는다. 그것은 효야말로 인간의 삶의 가장 근본윤리라는 의미로 해석할 수 있기 때문이다.

그러면 효의 본질은 무엇일까? 효라는 것은 부모에 대한 자녀의 도리이며, 그 도리의 중요한 본질은 사랑과 존경이다. 따라서 『孝經』[43]에서 공자는 다음과 같이 이르고 있다.

> 자기의 부모를 사랑하지 않은 사람이 어떻게 다른 사람을 사랑할 수 있으며, 자기의 부모를 존경하지 않은 사람이 어떻게 다른 사람을 존경할 수 있는가. 자기의 부모를 사랑하지 않고 다른 사람을 사랑하는 것을 "패덕(悖德)"이라고 했으며, 자기의 부모를 공경하지 않고 다른 사람을 공경하는 것을 "패례(悖禮)"라고 일렀

---

42) '父慈子孝'라는 말은 본래 유교에서 전해온 말이다. 부모는 자식을 사랑으로 대하고 자식은 부모에 대해서 효로서 그 도리를 다해야 한다는 상호 도덕적 의무를 강조한 부분이라고 여겨진다. 사실 이러한 의식과 개념은 끊임없이 유교에서 가르치고 강조되어온 내용이기도 하다.

43) 공자가 제자인 증자(曾子)에게 전한 효도에 관한 논설 내용이며, 제자들이 편저(編著)한 것으로, 연대는 미상이다. 천자·제후·대부·사(士)·서인(庶人)의 효를 나누어 논술하고 효가 덕(德)의 근본임을 밝혔다. 한국에 전래한 시기는 확실하지 않으나 신라시대 독서삼품과의 시험과목으로 쓰였다. 유교에 있어서 효도의 기본서로서 애독되었으며 조선시대에는 「효경언해(孝經諺解)」가 간행되었다.

4)『孝經』, 孝優劣章 : 不愛其親 而愛他人者 謂之悖德 不敬其親 而敬他人者 謂之悖禮.

다.[44]

이는 효에 대한 가장 본질적인 내용을 알려 주고 있다. 부모를 사랑하고 존경하는 마음이 가장 근본이며, 본질이라는 의미다. 부모를 존경하고 사랑함으로써 비로소 사회에 나아가 타인에 대해서도 진정한 존경과 사랑으로 이루어지는 인간관계를 맺을 수 있다고 보는 것이다. 『효경』의 예(例)는 부모와 자녀 사이에서 이루어지는 이러한 존경과 사랑의 관계가 효의 가장 본질적인 내용임을 정확히 알려주고 있다. 흔히 부모에 대한 효를 물질적인 봉양으로 족하다고 생각하는 사람에 대해서 공자는 존경심이 있어야 진정한 효행이라고 했다. 그는 "요즘의 효라는 것은 부모를 물질적으로 봉양할 수 있는 것을 말한다. 그러나 개나 말조차도 모두 먹여 살리기는 하는 것이니, 공경하지 않는다면 짐승과 무엇으로 구별하겠는가?"라고 했다.[45]

효에 대한 내용을 언급 하면서 인(仁)에 대해서 빼놓을 수 없다. 위에서 공자는 인에 대해서 이미 언급했듯이 인은 인간의 삶에 가장 중요한 덕목이라고 할 수 있으며, 그 한자의 뜻이 의미하듯 두 사람(人+二)의 관계를 의미한다. 결국 인간관계에서 사랑으로 조화를 이루는 것이 곧 인이라고 볼 수 있다. 이처럼 공자는 인간관계에서 인을 인간관계학이라고 할 만큼 논어에 다양한 예로 설명을 하고 있다.

> 그 사람됨이 부모에게 효도하고 어른에게 공경스러우면서 윗사람 해치기를 좋아하는 사람은 없다. 군자는 근본에 힘쓰는 것이니, 근본이 확립되면 따라야 할 올바른 도리가 생겨난다. 효도와

---

5)『論語』, 爲政篇 : 子曰 今之孝子 是謂能養至於犬馬 皆能有養 不敬何以別乎.

공경이라는 것은 바로 인(仁)을 실천하는 근본이니라.[46)]

인에 대해서 맹자는 사람이 가져야 할 가장 인간된 도리로서 규정을 하고 있다. 맹자는 사단(四端)[47)]가운데 특히 측은지심(惻隱之心)은 곤경에 처한 사람을 바라보게 될 때 가져야 할 마음 자세라고 주장했다. 사람의 본성에서 이러한 마음을 맹자가 바라볼 때 인은 인간의 천성이며, 본성이라고 보았던 것 같다. 효는 바로 인을 실천하는 근본으로 보았으며, 이렇게 부모에게 효를 실천하는 것이 모든 인간관계의 근본임을 가르쳐 주고 있다.

그렇다면 자녀로서 부모에게 효행을 해야 하는 이유와 근거는 어디에 있는가? 효행의 이유에 대해서 성규탁은 「동몽선습(童蒙先習)」과 「예기(禮記)」의 내용을 그 근거로 들었다. 즉, 자녀는 부모에게서 두 가지 유형의 은혜를[48)] 입고 있다. 첫째는 부모가 이 세상에 낳아준 은혜이고, 둘째는 길러준 은혜이다(성규탁, 1995, p.31). 이러한 부모와 자녀와의 관계는 천륜의 관계이기에 효의 그 본질적 가치는 여전히 현대에도 살아있고 끊임없이 우리 사회를 유지하는 가치와 규범으로서 전승되고 있다는 점에 대해서는 의심의 여지가 없다.

사실 한국사회는 기나긴 역사를 통하여 효의 가치에 대하여 변치 않는 어떤 도덕적 양식 즉, 문화적인 가치체계를 형성해 왔다. 이러한 측면에서 가정과 사회와 국가를 유지시킬 수 있는 하나의 정신적, 문화적인 삶의 양식 체계가 바로 효라고 볼 수 있

46)『論語』, 學而篇 : 有子曰 其爲人也孝悌, 而好犯上者, 鮮矣. 不好犯上. 而好作亂者, 未之有也. 君子務本, 本立而道生. 孝悌也者, 其爲仁之本興.

47) 맹자의 성선설을 근거로 해서 사단은 측은지심(惻隱之心) · 수오지심(羞惡之心) · 사양지심(辭讓之心) ·시비지심(是非之心)의 네가지 도덕적 감정을 말했다.

48)『童蒙先習』: 父子天性之親 生而育之 愛而敬之奉而承之孝而養之.
『禮記』, 祭義 : 父母全而生之 子全而歸之 可謂孝也.

다. 이러한 한국의 전통적 효의 가치가 시대의 발전과 더불어 서구 자유민주주의 영향과 개인주의 외풍을 받으면서 또한 세대 계층 간의 위협적인 도전에도 불구하고 한국 사회는 전통적인 가정의 윤리의 명맥을 계속 유지해 왔다. 이러한 한국의 사회적 상황을 놓고 박철호(2010, pp.43~44)는 한국에는 아직도 이러한 동양의 전통적· 윤리적사고가 남아 있다. 따라서 권위주의적인 효 윤리 체계가 한국의 가정과 사회에 잔존하고 있다고 주장한다.

산업화와 도시화로 젊은 세대들은 고향을 떠나 도시로 공간적인 이동을 하는 등 현대사회의 새로운 삶의 패턴이 형성되었음에도 불구하고 부모와 어른에 대한 예의와 공경은 여전히 한국사회의 중요한 사회적 가치와 규범으로서 그 내적 전통이 유지되고 있다. 한국 사회에서 특이하게도 전통 명절 때 매년 부모를 만나기 위해 먼 길을 마다않고 고향을 찾아가는 민족의 대이동이 벌어지고 있는 것도 현대사회의 복잡함에도 불구하고 효의 기본적인 가치가 유지되고 있는 하나의 근거라고 할 수 있다.

그동안 진행된 사회적 변화는 우리 민족사상 전례가 없는 일대 변화였다. 그러나 이 변화가 우리의 전통문화의 중요한 부분을 이루는 효의 이념과 가치의 상실을 의미하는 것으로는 보이지 않는다(성규탁, 1995, p.301).

한국사회는 그동안 많은 변화의 과정을 거쳤다. 그러나 한국사회 속에 여전히 심층적으로 내면화되어 있는 효의식의 잠재성과 가능성은 변함없이 표현될 한국의 전통 가치임에 틀림없다. 따라서 현대에서도 전통적인 효의 본질과 그 정서는 계속 이어져야 할 보편적 가치로 발전시켜 가야할 것이다.

효의 잠재의식과 가능성이 한국사회에 내재되어 있는 가치임에도 불구하고 과거의 전통적인 효가 과연 오늘의 한국 사회에 주는 시사점은 무엇인가이다. 현대의 효의 방향성과 필요성을 놓고 배갑제는 그의 저서 『인성과 효도』에서 다음과 같이 지적했다.

> 전통적인 효는 사회적인 정의와 규범적으로 다분히 강요성을 내포하고 있어 현대적인 사회인들에게 저항감을 불러일으키게 된다. 따라서 이 효가 규제적이고 강압적인 것에만 국한될 것이 아니라 가치의 합리적인 목표 개념으로 정립해야 한다는 것이다. 부모와 자녀 사이에 사랑과 천륜은 자유롭고 평등한 관계에서의 박애주의와 같은 것으로 개념을 지을 때 부모의 자식에 대한 사랑과 그 자녀가 부모에 대한 효도가 다분히 규제적이거나 의무적인 것만으로 생각하지 말고 인간의 진실한 가치관으로 보는 관점이 요청되는 사회라고 할 수 있다(배갑제, 1998, p.147).

현대의 자유 민주주의는 인간에 대한 자유와 평등 그리고 개인의 권리를 주장하는 경향으로 나타났고, 자본주의 가치체계는 인간으로 하여금 모든 것을 물질중심의 사고를 갖게 함으로써 인간의 정신을 갈수록 황폐화 시켰다. 그리고 극도로 발달한 과학문명은 삶의 구조를 변화시켜 다양한 형태의 삶의 양태를 만들어 내었다. 다시 말해 과학문명의 이기는 인간으로 하여금 보다 편리하고 실용적이며 수직적 삶 보다는 수평적 삶의 가치를 지향하도록 이끌어 내었던 것이다.

2007년 8월 3일 "효행장려 및 지원에 관한 법률"이 제정되었고, 효교육 진흥원이 설치되었다. 오늘의 사회문제 중에서도 청소년들의 일탈행동으로 나타난 학교폭력과 학생들 간의 왕따 문제는 학부모들이 자녀들을 마음 놓고 학교에 보낼 수 없는 심각한 상황을 만들었다. "효행장려 및 지원에 관한 법률"은 이러한 문제를 해결하기 위해 전통적인 효를 그 대안으로 제시한 듯 보인다. 그러나 단순하고도 응급처방을 위한 전통적 효 복고운동이라면 그 실효성에 의문을 가질 수밖에 없을 것이다.

국가시행령으로 시행되는 효행장려 및 지원에 관한 법률이라고 하지만 아직 구체적인 이론이나 철학적 기본에서 출발한 것이 아닌 듯 하고, 해결해야 할 수많은 과제를 안고 있다. 비록 이제 시작이지만 효교육 확산을 위해서는 앞에서 언급한 바대로 단순한 효관련 지식을 주입하거나 고착화된 효이론이나 효의 실천을 강요한다면, 목적한 바를 이루지도 못할 뿐만 아니라 효에 대한 부정적 선입관을 확산시킬지도 모른다.

효의 본질은 인간에 대한 존경과 사랑이다. 부모와 자녀가 최초로 형성하는 원초적인 인간관계에서 사랑과 존경이 발현되어 학습되며 이것이 그대로 확대된 인간관계에서 적용되는 것이다. 학교교육에서 스승과 제자 관계는 부모와 자녀 관계가 확대된 모델이며 효의 본질인 사랑과 존경이 다른 차원에서 실천되는 것이다. 따라서 존경과 사랑은 모든 인간관계에서 그대로 적용되어야 할 효의 본질적 요소이다. 이것은 마치 소금의 짠맛과도 같다. 소금이 그 본질로서 짠맛을 잃는다면, 소금으로서의 가치를 유지할 수 없고, 물고기가 생존하기 위해서 물이 절대적으로 필요한 것과 같이 본질적 요소로서 사랑과 존경이 없는 효는 효가 아닌 것이다. 따라서 사랑과 공경이라는 본질적인 요소가 결여된 효교육은 자칫 권위만 앞세우는 이론만의 사상누각이 될 수 있으며, 이는 공자가 강조했던 패덕과 패례와 같은 것이다.

인간관계에서 갈등과 소외는 바로 존경과 사랑이 결여된 결과이며, 사랑과 존경이 결여된 대인관계는 소통이 아닌 불통의 결과를 초래한다. 효의 본질적 측면에서 볼 때 전통적 효교육이 부모를 향한 자녀의 일방통행적 효행을 주로 강조했던 것과는 달리 미래 지향적 효는 자녀에 대한 규범적 의무만이 아니라 자녀를 향하는 부모의 역할과 사랑이 전제된 것이어야 한다.

전통가정에서 효교육과 현대가정에서의 효교육은 본질적인 측면에서 변함이 없다. 그러나 시대의 흐름과 더불어 사회의 구조적 변화에 따라서 불가피하게 나타나는 효교육의 방법과 그 실천 양상은 변화를 거듭해 왔다고 볼 수 있다.

그리고 중요한 것은 효의 가치는 단순한 이론에 그치는 것이 아니며, 또한 단순한 통치 이데올로기는 더욱 아니다. 유가(儒家)에서 중시한 덕목가운데 수신제가치국평천하(修身齊家治國平天下)에서 무엇보다도 공자는 우선순위로 수신(修身)을 들고 있다. 그 다음이 제가(齊家)이며, 마지막이 비로소 평천하(平天下)이다. 따라서 수신과 제가가 이루어지지 않은 상태에서 평천하를 하겠다는 것은 순서가 뒤바뀐 채 역주행을 하겠다는 것과 같은 이치다. 그래서 공자는 무엇보다도 극기복례(克己復禮)를 강조 했다. 공자는 시경, 서경, 춘추, 주역은 물론 예(禮)와 악(樂)에 대해서까지 두루 섭렵하는 학문적 수련의 과정을 거쳤던 것이다.

그리고 퇴계 이황은 자신의 몸가짐인 율신(律身)을 잘해서 부모를 욕먹지 않게 해야 하는 것이 또한 효도(김익수, 2008, p.275)라고 하며 자신의 몸가짐(律身)을 강조했다. 소크라테스는 “너 자신을 알라”고 했다. 소크라테스의 이 말은 너 자신에 대한 무지를 지적하고 자아의 정체성을 바르게 정립하는 것이 선행되어야 한다는 의미일 것이다.

나라는 존재는 부모로부터 시작되었다. 따라서 나의 올바른 삶은 바로 부모에게 효를 돌리는 길이라고 상정해 볼 수 있다. 효가 무엇인가에 대해서 공자는 다음과 같이 말하고 있다.

> 나의 몸과 팔다리며, 머리카락 모두는 부모로부터 물려받은 것 그것을 감히 훼손하지 않게 하는 것이 효의 시작이라, 몸을 세워

도를 행하고 후세에 이름을 떨쳐 부모를 드러내면 곧 효의 마침이라[49]

공자가 주장한 효의 의미는 부모에게 물려받은 자신을 진정으로 사랑하는 것이며, 그것은 결코 부자간의 효에만 얽매일 것이 아니라, 스스로를 수양하여 사회에 봉사하고 헌신하는 삶을 의미한다.

이상에서 연구자는 효의 개념에 대한 보편적인 내용을 먼저 분석하였고 다음으로는 전통적 효와 현대적 효에 대해서 분석해 보았다. 그렇다면 이제 효가 학습되고 체득되는 공간으로서 가정에서의 효교육에 관한 의미를 살펴보고자 한다.

3. 효와 가정교육

인간을 여러 가지 측면에서 설명할 수 있겠지만 “인간은 교육적인 존재”라는 측면에서 볼 때 효교육은 인간을 인간답게 하는 가장 근본적인 교육이라고 볼 수 있다. 이러한 효교육이 이루어 질 수 있는 최초의 학교가 바로 가정이라는 공간이다. 가정은 부모와 자녀사이에 자연스럽게 이루어지는 ‘교육의 원초장이라 할 만하다’(김익수, 2008, p.287). 따라서 자녀에 대한 양육과 교육은 부모로서 담당해야 할 중요한 역할이며 책임이다. 자녀는 부모로부터 교육을 받으면서 성장 과정을 거치게 된다. 그 성장에 필요한 절대적인 자양분이 바로 부모의 사랑이다. 인간은 부모의 사랑을 받은 만큼 사랑에 대해서 알고 또 타인에 대해서 사랑을 베풀

49)『孝經』, 開宗明義章 : 身體髮膚 受之父母 不敢毁傷 孝之始也 立身行道 揚名於後世 以顯父母 孝之終也.

수 있게 된다. 따라서 인간의 정서적인 면은 원초적인 사랑의 보금자리인 가정에서 배양된다. 인간은 특히 가소성(可塑性)이 큰 존재라는 차원에서 후천적 교육이 중요하다. 자녀가 가정에서 부모의 사랑을 받고 성장하는 과정이 얼마나 중요한가를 다음 예화에서 알 수 있다.

> 1920년 인도의 한 늑대 굴에서 각각 2세와 8세 정도의 여자아이 아말라(Amala)와 카말라(Kamala)라가 구출되었다. 아말라는 구출된 지 1년이 못되어 죽었고, 카말라는 9년 후에 죽었다. 그 두 아이는 발견 당시 육체만이 인간이었고 행동은 늑대와 같았다. 늑대 모양으로 기어 다니고 소리를 질러대었으며, 옷을 입혀 주면 찢어 버리고, 인간을 두려워하여 접근을 싫어했다. 카말라가 사람다운 행동을 하기까지에는 많은 시간이 필요했으며, 결국에는 죽을 때까지 완전한 인간으로 변화하지 못하였다. 카말라가 두 손으로 그릇을 잡는 것을 배우는 데 1년 반이 걸렸고, 꼿꼿이 서는 데도 1년 반의 시간이, 그리고 인간세계에 돌아와 17세가 될 때까지의 9년 동안에 배운 언어수준이 유아의 수준을 벗어나지 못하였다(조화태·김계현·전용오 공저, 2008, p.58).

물론 위의 예화는 극단적인 실례라고 볼 수 있다. 그렇지만 이러한 예화를 통해서 인간에 대한 교육의 중요성을 실감하게 하는 내용이 아닐 수 없다. 사실 선천적인 본성과 양육이 인간의 성장과 완성에 미치는 영향에 대해서 많은 학자들이 끊임없이 논쟁해 왔다. 다시 말해 “환경이냐 본성이냐”는 논쟁이다.

경험론자로 잘 알려진 존 로크(J · Locke)는 인간의 마음은 태어날 때부터 아무 개념도 담겨있지 않은 흰 백지와 같다고 했다. 그의 이러한 이론은 인간은 오로지 경험에 의해서 성장하고 완성한다는 측면을 강조한 것이다. 비록 루소와 칸트가 인간의 선천성을 강조했지만 복잡한 인간의 생명체와 구조를 놓고 볼 때,

그렇게 간단하게 규정할 수 없는 부분이 있다.

그러나 여기에서 연구자는 교육학적 관점에서 "인간되기"의 후천적인 가능성에 더 주목하고자 한다. 따라서 후천적 교육환경의 중요성을 입증할 수 있는 또 다른 예가 있다. 우리가 흔히 부모로서 자녀교육의 성공한 예로 "맹모삼천지교(孟母三遷之敎)"를 말한다. 이는 맹자의 어머니가 어린 맹자를 교육하기 위하여 세 번씩이나 이사를 하면서 교육을 했다는 내용이다. 맹자가 성인으로서 성장하기까지 배후에는 어머니의 역할이 있었고, 그것은 다름 아닌 가정에서 이루어진 교육의 힘이다.

자녀를 교육하는 측면에서 부모의 양육태도는 지극히 중요한 부분이다. 따라서 연구자는 전통 가정에서 자녀를 올바르게 성장시키기 위한 조상들의 지혜로운 교육의 지침이 있었다고 본다. 예를 들어서 전통 가정교육에서 무엇보다도 부모의 역할을 강조하는 "엄부자모(嚴父慈母)"라는 교육의 방법이 있었다. 과거 전통가정에서 이루어진 아버지의 엄한 훈육과 지시와 그리고 어머니의 자애로움으로 자녀를 교육했다.

이에 반해 현대가정의 부모는 자녀에 대해서 수평적 관계성을 갖고, 자율과 친밀감으로 다가서는 경향을 보인다. 이러한 특성은 시대의 흐름에 따라 환경적 변화에 의해서 나타나게 되는 불가피한 현상이라고 볼 수 있다. 무엇보다도 효교육은 가정에서 부모의 교육을 통해서 발현되는 것이라고 본다면, 전통에서나 현대에서의 효교육의 방법적 측면에서 접근해 가는 것이 의미 있는 접근이라 본다. 그리고 자녀의 효라는 것은 부모의 사랑에 감동하여 스스로 자연스런 발로에 따라 진정성을 갖고 삶으로 나타나는 것이다.

가족은 인간의 삶이 뿌리를 박고 있는 땅이며 삶의 싹이 트고 그 나무가 자랄 수 있는 자양이다. 생리학적으로 그렇고 문화적으로도 그렇다. 누구나 어머니와 아버지의 자녀로 태어날 수밖에 없고 부모의 보호와 양육 없이는 성장할 수 없다. 가족을 떠난 어떠한 개인의 존재도 상상할 수 없고 가족이 인간간의 원형적 관계를 지칭한다면 인간은 원초적으로 사회적 동물이며 가족이라는 사회는 모든 인간에게 가장 중요한 존재일 수밖에 없다. '피는 물보다 진하다'는 괴테의 말은 가족적 사회가 변하지 않는 자연적 법칙임을 상기시키는 말이다(박이문, 1997, p.220).

위에서 박이문이 강조했던 것처럼 가정에서 이루어지는 문화와 가족공동체의 의미는 사회의 기초적인 학습의 장이며, 또한 인간에 대한 원형적 교육으로서 중요한 의미를 갖는다. 이러한 관점에서 뒤르껭의 "교육적 영향"으로서 미성숙한 자녀 교육에 부모역할의 중요성이 부각된다. 가정에서 자녀에 대한 부모의 영향과 교육적 역할의 중요성이 적지 않다는 말이다. 다시 말해서 효교육은 부모와 자녀와의 관계성을 터로 한 점진적 학습의 과정이며, 인간형성의 중요한 요건으로 나타난다. 그러므로 효교육은 "인간관계학"이라고 정의할 수 있다. 다시 말하면 가족은 부모형제 등 혈연관계에 의하여 구성되고 있는 만큼 가장 친근하고, 공경하고, 사랑하고 긴밀한 인간관계가 이루어지는 곳이다. 이와 같이 가족 상호간에 아끼고 격려하고 포용하고 즐겁게 지내는 사이에 인간의 품성과 인간다움이 저절로 길러지는 것이다. 가정에서 부모에게 효도하는 마음으로 그 마음을 이웃의 남의 부모도 모실 수 있는 것이다(김익수, 2008, p.287).

유교의 공자를 중심한 효는 부모와 자식의 상호관계를 통해서 이루어지는 것이며, 동시에 진정한 효교육 이야말로 최상의 인간의 질서와 도리를 그 근원으로 두고 있다는데 대해서는 누구나

이의가 없을 것이다. 사실 전통 가정에서의 효교육이 부모와 자녀 사이에서 자연스럽게 이루어지는 정서적인 측면보다는 부모의 권위와 엄격함으로 나타난 경향이 있었다. 사실 유교에서도 동일하게 진정한 효교육의 의미는 일방 통행식의 도덕적인 의무보다도 부모와 자식 간에 자연스럽게 이루어지는 자애(慈愛)를 바탕에 두어야 한다는 철학적 의미도 내포하고 있었다. 이를테면 『논어』에서 공자가 강조한 '부부자자(父父子子), 맹자가 강조한 삼강오륜(三綱五倫) 가운데서 특히 '부자유친'(父子有親)이 있다. 그리고 『예기』에서 '부자자효'(父慈子孝)가 그것이다. 그리고 공자가 말하는 '군군(君君) 신신(臣臣) 부부(父父) 자자(子子)'는 임금은 임금다워야 하고, 신하는 신하다워야 하고, 어버이는 어버이다워야 하고, 자식은 자식다워야 한다는 하늘의 이치이다. 이것이 무너질 때 사회질서는 파괴된다는 것이다.[50] 사실 이러한 유교의 철학적 주장은 부모와 자녀라는 상호간의 관계성을 바탕으로 해서, 서로의 도덕적 의무를 강조한 부분이라고 볼 수 있다. 그럼에도 불구하고 효교육이 시대의 흐름과 더불어 그 의미가 다소 변용되어진 듯하다. 다시 말해서 변용된 효의 개념은 아랫사람이 윗사람에게 일방적인 도리만을 강요하는 것으로 나타났으며, 또한 자녀의 도덕적 의무만을 지나치게 강조하는 경향으로 나타난 듯하다. 따라서 연구자는 이러한 효개념의 측면은 앞으로 마땅히 교육을 통해서 보완해 가야할 부분이라고 여겨진다. 효라는 것은 먼저 부모의 보살핌(양육의 과정)과 사랑을 통해서, 자녀가 자발성을 갖고 자연스럽게 발현되어 나타나는 것이라고 볼 수 있다.

따라서 가정에서의 효교육은 부모를 통해서 출발한 자기의 삶을 보다 더 발전시키고 확장시켜가도록 도와주는 전인적 교육

---

50)『論語』, 顔淵篇 : 信如君不君 臣不臣 父不父 子不子 雖有要 吾得而食諸.

의 과정이라고 볼 수 있다. 그리고 효교육은 가족 안에서만 한정되는 것이 아니다. 가정에서 가족과 더불어 공동체를 이루며, 여기에서 학습된 것은 결국 인간의 사회적 삶의 기초학습의 의미를 갖는다. 따라서 인간 구성원의 최소단위인 가정에서의 기초학습 후 비로소 다음 단계인 학교교육이 이루어져야만 할 것이다. 가정은 자녀에게 최초의 학교이며, 부모는 자녀에게 본이 되어야 하고, 최초의 스승으로서의 역할을 해야 한다. 왜냐하면 부모를 통해서 이루어진 가정교육은 인간에게 가장 기초적인 교육이기 때문이다. 가정에서 부모와 자녀사이에서 이루어지는 원초적인 사랑의 관계는 인간의 인격형성에 결정적인 영향을 미치게 된다. 그 가정교육은 다름 아닌 인성교육의 핵심가치인 효교육이라고 볼 수 있다.

효교육에 있어서 가정교육의 연장선상에서 학교교육이 이루어지고, 또 사회로 국가로 넓혀지는 것이 확장된 영역으로의 효교육이라고 볼 수 있다. 그리고 가정에서 부모를 중심으로 이루어지는 효의 개념을 협의적인 개념이라 할 때, 광의의 효는 바로 사회와 국가를 위해서 헌신하고 봉사하는 일이라고 볼 수 있다.

이제부터 연구자는 효교육이 과거 전통 가정에서는 어떻게 이루어 져왔는가에 대해서 살펴보기로 하겠다.

Ⅲ. 전통 가정에서의 효교육

전통가정에서의 교육은 '그 방법 면에서 간접적이고 비형식적인 형식을 띠기 때문에'(유혜령, 1993, pp.23~24) 가정교육에 있어서 부모의 역할은 자녀의 교육에 있어서 대단히 영향이 크다고 할 수 있으며, 중요한 역할을 담당하고 있었음을 알 수 있다. 따라서 본장에서는 전통가정에서의 효교육이 어떻게 이루어졌는가를 살피기 위해서 먼저 전통 가족의 대가족과 교육삼대라는 측면에서 살펴보고 그 다음으로 효교육이 어떠한 방법으로 이루어져 왔는가를 살펴보기 위해서 자녀교육에 있어서 중요한 부모의 역할인 권위와 자애로 설정해서 살펴보았다. 그리고 마지막으로 전통가정에서 결국 효교육을 통하여 어떠한 인간상을 목표로 했는지를 살펴보고자 한다.

1. 대가족과 교육삼대(教育三代)

한국은 오랜 역사를 이어오면서 농경중심의 경제체계였으며, 혈연을 중심한 대가족공동체를 형성해 왔다. 가족의 전형적인 형태는 기본적으로 3대가 한 가족을 이루어 사는 다수의 가족체제로서 이루어 살았다. 그리고 무엇보다도 도작문화(稻作文化)는 자연히 하늘에 의지하는 성향을 갖도록 하였으며, 또한 농사에 대한 경험을 갖고 있는 어른들의 경험과 지식에 대하여 권위가 부여되어 가부장적인 질서체제가 자연스럽게 세워지게 되었다.

이계학은 한국의 전통사회의 가족구조에 관하여 한국 전통가정 사회는 중국이나 일본과는 달리 혈연적 수직구조를 발달시켜 왔으며,(중략) 이 혈연적 수직 구조에서는 자연히 가부장권이 강화

되었고 따라서 효의 개념이 강조되는 배경(이계학, 1993, p.17)이라고 보았다. 그리고 박철호 교수는 특히 농경사회의 경제적 구조에서 젊은이들은 계절과 기후 그리고 토양에 관하여 정보와 지식이 부족하여 이를 얻기 위한 방도로서 노인들의 지혜를 구하지 않을 수 없었다. 따라서 노인들은 집안에서 매우 중요한 위치와 권위를 차지하게 되었다(박철호, 2010, p.17). 과거는 무엇보다도 의식주해결의 측면에서 농업에 기반을 두었기 때문에 농사일을 위해서는 가족전체가 협동하면서 살아야 했으며, 따라서 가족성원 전체는 서로 밀접한 가족연대가 형성되어 있었다고 볼 수 있다. 전통가족의 구성은 조부모와 부모 그리고 많은 자녀들로 구성된 대가족의 형태는 자연스러운 가정교육의 장으로도 추론된다. 따라서 장상호는 다음과 같이 기술하고 있다.

> 오늘날의 핵가족에서 찾아보기 어려운 형제 사이의 교육적 관계는 역사적으로 거의 예외가 없이 대가족에서 성립했다. 말하자면 대가족은 하나의 교육공동체의 성격을 띠었던 것이다. 역사적으로 대가족에서 장자와 막내 사이에는 거의 예외가 없이 교육적인 관계가 성립했다. 형제가 많은 경우 그들 사이에 교육적 교섭이 복잡한 양태로 진행된다. 그들은 품차가 적은 또래로서 작은 스승과 큰 제자, 혹은 교류교육의 교우로서 훌륭한 교육적 관계를 맺을 수 있었다(장상호, 2009 ,p.268).

과거 전통가정에서는 통상 조부모와 부모를 통해서 자녀들에게 손자들에게 교육이 이루어 졌지만, 반면에 또한 장자는 부모를 대신한 입장으로서, 가업의 상속자로서 부모와 같은 권위가 부여되어 동생들에 대한 교육적 입장도 가능하였다고 볼 수 있다. 전통가정에서 효교육의 형태가 나름대로 점진적인 과정을 통해서 이루어 졌다고 볼 수 있다.

태교(胎敎)에서 교육을 시작하여 나이에 따라 단계적으로 교육을 심화시킨다. 글만 배우는 것이 아니라 일상생활 속의 모든 행동절차를 예법의 절도에 맞게 익히고, 도덕규범을 생활 속에서 실천하는 것은 물론이요 음악과 시와 춤까지 단계에 따라 배우는 과정이 제시된다(금장태, 2000, p.19). 결국 교육의 목표로는 군자가 되고 선비가 되는 것을 목표로 해서, 삶속에서 단계적인 교육이 끊임없이 이루어 졌다고 볼 수 있다.

그리고 3대가 대가족을 이루고 살아가는 전통사회의 배경은 특히 유교적인 전통에 기반을 두고 특권적이며 지배적인 사회구조로 내면화되었다고 정리할 수 있다. 사대부의 특권적인 지배구조는 자연히 혈연과 가문을 중시여기는 경향으로 나타났고, 개인보다도 가문의 명분을 우선시 하는 독특한 가족문화를 낳게 되었다.[51] 그리고 가계를 이어가고 가문을 영속시켜가기 위해서는 여성들이 남아(男兒)를 출산하는 것이 무엇보다도 중요한 일로 여겨졌다. 왜냐하면 부자(父子)중심의 수직적 가족의 구조를 이루어가는 체계였기 때문이었다.

부계의 혈통이 끊임없이 지속되어 무한 수열로 이어지도록

51) 우리나라의 가족문화는 개인의 일보다는 가족의 일을 우선시 한다. 그렇기 때문에 우리나라 사람은 자기 자신과 가족과의 관계를 생각할 때 '가족 속의 나'라는 관점에서 생각한다. 내가 먼저 있고 가족이 있는 것이 아니라, 가족이 있기 때문에 내가 존재한다고 생각하는 것이다. 효도사상과 부모에의 순종을 강조하는 것 등도 개인의 욕구보다는 가족을 더 중요시하는 문화와 관련이 있다. 개인이 미래의 직업을 선택할 때도 단지 자기 개인만의 욕구나 흥미를 고려하는 것이 아니라 부모와 다른 가족들의 기대와 바람을 먼저 생각하는 경우가 많다. 체면은 우리나라 문화에서 매우 중요한 가치인데 이 체면문화도 가족중심의 문화와 관련이 있어 보인다. 체면에는 개인의 체면도 있지만 가족의 체면도 있다. 자신의 어떤 행동으로 인해서 가족의 체면을 손상시키게 되었을 때 우리는 개인의 체면을 손상시켰을 때 보다 더 큰 죄책감을 느낀다. 개인보다 가족이 더 중요하게 여겨지기 때문이다. 그래서 우리는 내 가정의 체면에 손상이 가지 않도록 행동을 조심할 때가 많다(조화태·김계현·전용오, 2008, p.170).

하는 것이 가정의 기본적인 기능이었다. 조상의 계보와 가문의 역사위에 한 개인이 존재하고 그 존재의 의미는 곧 다음 세대로 이어갈 남아를 출산하는 것에서 우선적으로 인정되었다. 남아의 존재를 가정하거나 남아 출산을 강조하는 여성 모랄인 삼종지도(三從之道)[52], 칠거지악(七去之惡)[53], 칠출삼불거(七出三不去)[54]등이 조선시대 가정의 구체적인 생활 규제 규칙으로 규범화되었다는 사실이 이를 뒷받침해 주고 있다(유혜령, 1993, p.21). 이러한 맥락에서 볼 때 가정에서 자녀가 결혼을 하는 것도 개인의 차원에서의 의미보다도 부모에게 효도를 하겠다는 동기에서 비롯된다. 이는 자녀가 결혼을 해야 만이 자녀의 출산을 가능케 하고, 이로서 가계의 영속이 이루어지도록 하는 행위가 되는 것이다.

전통적으로 부모된 사람들의 삶의 의미는 후손된 도리를 다하기 위하여 자녀를 낳아 훌륭한 사람으로 키우는 것이었다. 그리하여 우리 조상들은 후사를 잇고 아이를 잘 키우는 일을 효의 핵심적인 내용으로 생각하였으며 혼인을 하기 전이나 후나 할 것 없이 부모가 된다는 것을 사람이라면 누구나 수행해야 할 인간적 도리로 여겼다(김영철, 1998, pp.175~176).

특히 가족을 중심한 종적질서의 가치관은 삶속에서 특히 웃어른에 대한 '예의'를 중시했다. 인간관계에서 "버릇이 없는 놈" 또는 "예의가 없는 놈," "도리가 없는 놈"이라고 하면 부끄럽고

52) 전통적 유교문화에서 유래하는 말로서 『예기』에 나오는 내용이다. 결혼하기 전에는 아버지의 말에 순종해야 하며, 결혼해서는 남편의 말에 순종하고, 나이 들어서는 자식의 말을 따라야 한다는 내용이다.

53) 과거에 유래한 내용으로서 아내를 내쫓을 수 있는 일곱 가지의 허물을 말한다. 1)부모에게 순종하지 않은 것 2)자식을 출산하지 못하는 것 3)행동이 음탕한 것 4)질투하는 행위 5)나쁜 병이 있는 것 6)말이 많은 것 7)도둑질 등을 말한다.

54) 7가지 내쫓을 이유가 있다 해도 3가지 내쫓지 못할 경우를 칠거삼불출이라고 한다. 1)내쫓아도 돌아가 의지할 곳이 없는 경우 2)부모의 삼년상을 치른 경우 3)예전에 가난했으나 혼인한 후 부자가 된 경우

수치스러운 것으로 여겼다. 이는 인간관계에서 윗사람을 공경하고 예의를 지키는 것이 인간으로서 지켜야 할 기본적인 도리라고 생각했다. 그리고 개인의 처신과 행동은 바로 가문과 연결되는 일이라고 생각했다.

따라서 박명석(2001)은 전통 한국사회의 구조 속에서 정서적인 면 보다는 형식적이며, 신분적 질서를 우선하는 경향으로 나타났다는 점을 보여준다. 이러한 사회적 성향은 사회적 명분과 남의 시선을 먼저 살피는 특이한 "수치의 문화"[55]로 표현된다는 점을 들 수 있다. 수치의 문화라고 하는 것은 자신의 마음에서 우러나와서 행동하는 것이 아니라 사회적인 이목과 통념에 의해서 이루어지는 특성을 갖고 있다. 이러한 수치의 문화가 시대의 과정을 통해서 우리의 의식 속에 형성되었다고 볼 수 있다. 그래서 박명석(2001, p.174)은 수치문화에 대해서 '한국인의 정서는 농경문화를 배경으로 해서 샤머니즘 즉 수치문화에서 왔다' 고 강조했다.

따라서 이러한 의식은 무엇보다 대의명분을 중시 여겼으며, 이로 인해서 가문의가계사 교육은 중요한 교육으로 취급되었다. 개인과 관련되어서 혈연으로 연결된 조상들이 계보와 가족 친척들 간의 관계를 중심으로 연결된 촌수(寸數)를 익히는 것 또한 전통가정에서의 중요한 교육이었다고 볼 수 있다. 가정에서의 효교육의 형태로서 아버지의 훈육과 생활 속에서의 예절교육, 가법과 가훈에 의해서 다양한 방법으로 자녀교육이 이루어 졌다. 특히 가훈은 가정에서 조상대대로 내려오는 가정의 도덕적 기준을 세워놓은 것이라고 볼 수 있다. 따라서 부모는 물론 자녀들에게 이르기까지 언제나 가훈에 담겨있는 내용을 마음에 새기면서 삶에 실천 강령으로 삼았던 것이다. 전통가정 교육은 기본적으로 유교적

55) 루스 베네딕트는 일본의 문화를 서양의 문화와 대비시켜서 "수치의 문화"라고 표현한바 있다.

전통에 입각하여, 엄격한 상하관계의 종적질서 체계 하에서 효교육이 다양한 양태로 이루어졌다고 볼 수 있다.

이제 연구자는 전통가정에서 효교육의 방법적 측면을 중심으로 부모가 어떠한 자세를 갖고 자녀를 교육해 왔는가에 대해서 구체적 논의를 하고자 한다.

2. 권위와 자애

"자식농사가 제일 어렵다."는 속담이 있다. 이 말의 의미는 자식을 낳아서 훌륭한 효자 효녀로 성장시키는 부모로서의 역할과 가정에서의 교육이 얼마나 어렵고 중요한가를 강조한 내용이라 하겠다. 따라서 전통적 가정교육에서는 자녀의 교육에 대한 부모의 역할이 어떠했으며, 그리고 그 부모의 역할이 구체적으로 어떻게 나타났을까?

공자는 논어에서 '군군(君君) 신신(臣臣) 부부(父父) 자자(子子)'해야 한다고 했다. 이에 대한 의미는 '임금은 임금다워야 하고, 신하는 신하다워야 하고, 어버이는 어버이다워야 하고, 자식은 자식다워야 한다는 하늘의 이치이다. 이것이 무너질 때 사회질서는 파괴된다.'[56]고 강조했다. 그렇다면 공자가 주장한 부모와 자녀 간에 바람직한 모습을 갖추기 위해 전통적으로 어떤 가정교육이 이루어졌을까?

전통가정에서 자녀에 대한 효교육의 가장 이상적인 부모다움과 그 역할에 관하여 "엄부자모"를 강조했다. 이 말의 의미는 자녀교육은 아버지의 엄격한 권위와 어머니의 자애로움이 상호조화를 통해서 이루어진다고 보는 견해인 듯하다. 옛 조상들은 무엇보다도 효의 본질로서 경을 핵심으로 삼았다. 이러한 측면에서 이계학은 효의 본질을 경이라고 정의했다. 경은 일반적인 의미로 공경한다는 의미로 해석해서는 안 되며, 경에는 사랑과 두려움이라는 것이 동시에 들어있는 정감(情感)이라고 주장했다. 또 그는 경이 구체적으로 어떠한 마음인가를 분석하기 위해서 『孝經』의 <선비장>을 예로 들기도 했다(이계학, 1993, p.262).

---

56)『論語』, 顔淵篇 : 信如君不君 臣不臣 父不父 子不子 雖有要 吾得而食諸.

> 아버지를 섬기는 도리로서 어머니를 섬기되 그 사랑하는 마음을 같이 하며, 아버지를 섬기는 도리로서 임금을 섬기되 그 공경하는 마음을 같이 한다. 그런 까닭에 어머니에게서는 그 사랑하는 마음을 취하고, 임금에게서는 그 공경하는 마음을 취하는 것이니 이 두 가지를 겸유한 이가 아버지이다.57)

따라서 전통적 가정교육에 있어서 효의 본질적 내용으로 경이라는 것은 대단히 중요한 의미를 가지며, 가르침의 핵심으로 다루어 졌다는 것을 알 수 있다. 최정희는 전통가정에서 자녀의 교육은 주로 아버지가 담당했다고 강조한다. 조선후기 '家'에서는 이러한 부모본위의 엄격한 예법이 존재했으며, 아버지가 하루 종일 그 자녀의 교육을 담당하였다. 17세기 이후 각 문중에서는 그들의 '家'교육을 위한 교훈서를 제작하여 자녀들을 교육시켰으며, 혈연으로 이어진 모든 가족들의 윤리잣대로 삼았다. 자녀들은 이런 '家'에서 자신의 정체성을 찾았으며, 개인은 곧 '家'의 일부였다(최정희, 2011, p.10). 특히 경을 중심으로 아버지의 권위와 위엄은 곧 자녀로 하여금 부모로부터 순종과 공경을 자연스럽게 체득해 가게 하는 하나의 교육과정으로 보인다. 이런 관점에 대해서 김영철은 전통가정교육의 목적을 '천리에 의한 사욕의 억제'(김영철, 1998)라고 기술했다. 이는 인간적인 차원을 떠난 천리에 의해서 인간의 이기적인 욕망을 억제하고 제어하면서 끊임없이 '사람다운 사람'(이계학, 1993)이 되는 것이 전통가정에서의 교육의 목표라고 했다. 이러한 점에서 무엇보다 퇴계 이황 선생은 어렸을 때부터 일찍 부친을 잃고, 모친으로부터 가정교육을 철저히 받으

---

57)『孝經』, 士人章 : 資於事父 以事母 其愛同 資於事父 以事君 其敬同 故 母取其愛 而君取其敬 兼之者父也.

면서, 스스로를 제어하는 율신(律身)의 삶으로 일관했다. 율신은 자기 자신에 대한 약속이요, 몸가짐이다(김익수, 2008). 이렇게 엄격히 자기 자신으로 향하는 이기적인 욕망을 극복하는 과정으로 보이며, 유가에서 강조하는 수신(修身)이라는 것과 동일한 의미인 듯 보인다.

전통적 가정교육에서 아버지의 입장은 자녀에게는 추상적인 존재[58]인 동시에 대단히 엄격하여서 그 정도가 마치 "공포와 전율"의 대상으로 감히 대면하기 어려운 존재로 여겨졌다. 주로 아버지는 사랑방에 기거하는 권위의 존재였으며, 대조적으로 어머니는 안방에서 자녀들과 함께 생활하는 입장이었다. 결국 사랑방에 기거하는 아버지는 자녀에게서 끊임없이 노력하도록 요구하는 교육의 목표로서 존재라는 점이다(이홍우, 1993).

전통가정에서 자녀에 대한 효교육은 무엇보다도 아버지와 어머니의 역할분담을 통해서 효교육이 이루어 져야 한다는 의식이 있었다. 아버지의 엄한 훈육과 어머니의 자애로움이 조화를 이루어야 한다는 기본적인 방법이 제시되었다. 그리고 효의 본질이 바로 경이며, 그 경에는 사랑과 존경이라는 복합적인 정감(이계학, 1993)이 내재되어 있다고 보았다.

58) 이홍우가 기술하고 있는 추상적 존재라는 의미는 그냥 있으나 마나한 존재로서의 의미가 아니라 대면하기 어려운 엄격한 위치로서의 아버지의 입장을 말한 듯 보인다.

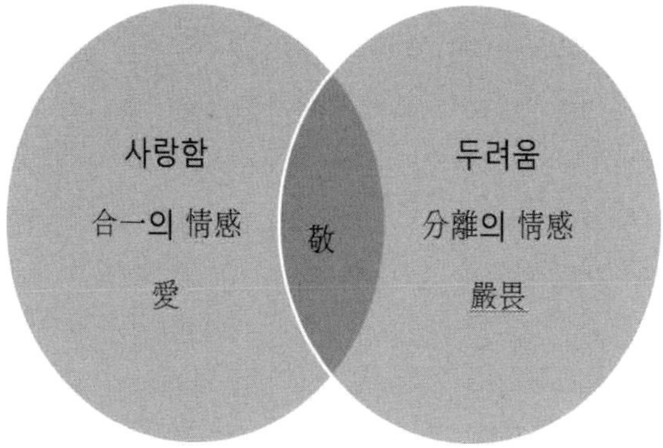

<그림1> 경 개념의 구조도[59)]

또한 효의 본질로서 사랑과 존경은 무엇보다 전통 가정에서 주로 부모를 통하여 체득되는 과정이 있었음을 알려준다. 따라서 전통가정에서의 효교육은 자녀의 인격적인 면에 중점을 두었다고 볼 수 있다. 따라서 부모의 모습은 언제나 자녀들 앞에서는 스스로 경을 목표로 끊임없는 자기수양과 동시에 자녀에 대한 엄격함과 자애로움을 가지고 부모로서의 역할이 동시에 이루어 졌다고 본다.

전통적 가정교육에서 아버지가 주로 자녀의 교육에서 주체적인 역할을 했으나, 어머니는 남편과 자녀사이에서 보조적이며 교량적 역할분담이 자연스럽게 이루어졌다.

손직수는 '사소절(士小節)'[60)] '인륜장(人倫章)' 에 나타난 내

59) 이계학은 경의 개념을 사랑함과 두려움이 복합적으로 혼재된 정감으로 이해했고, 이를 도표로 표현했다.

60) 조선 후기의 실학자 이덕무(李德懋 : 1741~93)가 일상생활에서 선비나 부녀자, 아동의 예절 교육에 도움이 될 만한 내용을 뽑아서 만든 예절 수신서. 8권 2책. 고활자본. 이덕무가 1775년(영조 51)에 쓴 서문이 실려 있다. 목차에는 당시 중인 실학자였던 최성환(崔瑆煥)이 편집한 것으로 되어 있다. 서문에 따르면 저자는 일상 속에서 생활의 규도(規度)를 잃지 않는 것을 중요하

용을 근거로 해서 어떻게 구체적인 방법으로 부모가 자녀를 교육했는가에 대해서 다음과 같이 소개하고 있다.

> 첫째 자식을 꾸짖되 자식의 장래를 먼저 생각하라는 것이다. 부모를 섬기는 자는 마땅히 언제나 조심하고 공경해야 하고, 자식을 사랑해야 할 부모로서도 또한 그 자식을 성취시킬 것을 깊이 생각하여, 자식으로 하여금 대악(大惡)의 이름을 받지 말게 해야 한다는 것이다. 둘째로, 자식의 과실에 대해 명백히 훈책하되 원망을 쌓게 하지 말라는 가르침이다. 부자, 형제에게 과실이 있을 경우에 자제는 간쟁(諫諍)해야 하고, 부형은 훈책(訓責)해야 하며, 그 과실의 대소에 따라 명백히 말해 주고 원망과 성냄을 오래 간직하지 말라는 것이다. 셋째는 家族은 運命的으로 태어났으므로 怨望할 것이 아니라는 것이다. 춥고 배고픔을 뼈저리게 느낄 때, 자제 입장에서 '왜 우리를 이처럼 춥고 배고프게 만들까'하고 부형을 원망하거나, 부형 입장에서 '왜 나를 이처럼 춥고 배고프게 만들까'하고 자제를 원망하는 것은 바로 孟子가 이른바, "항심(恒心)이 없다"는 것이다. 그러므로 人倫의 立場에서는 아무리 죽게 되는 환난에 부딪쳤더라도 돈후함을 힘쓰고 각박함을 경계해야 한다고 하였다(손직수, 1993, pp.84~85).

게 여겼는데, 이 책은 이러한 문제의식에서 저술되었다. 그는 일상 속에서 소절(小節)을 닦지 않고서는 대의(大義)를 이룰 수 없다고 보았던 것이다. 그는 한당(漢唐)의 유학자들은 도수명물(度數名物)에, 송원(宋元)의 유학자들은 이기심성(理氣心性)에 매몰되어 소절에 밝은 사람이 드물다고 보고, 일상 속에서 소절을 밝히고 실천하기 위해서 본서를 지었다. 본서의 기술이 자신의 가법(家法)을 밝히기 위한 것이라고 겸손히 말하고 있으나 실제로는 당시의 풍속을 경계하려는 목적의식이 반영된 것으로 생각된다. 권1~5는 사전(士典)으로서 성행(性行)·언어·복식·동지(動止)·근신·교습(敎習)·인륜·교접(交接)·어하(御下)·사물 등이, 권6·7은 부의(婦儀)편으로 성행·언어·복식·동지·교육·인륜·제사·사물 등이 들어 있다. 권8은 동규(童規)편으로서 동지·교육·경장(敬長)·사물 등이 수록되었다. 이 책은 성리학이 말폐화의 경향을 드러내던 조선 후기에 일상 속에서 실천할 수 있는 수신의 지침서 구실을 했다. 국립중앙도서관과 장서각 등에 소장되어 있다. 출처: http://preview.britannica.co.kr(검색일: 2012. 5. 22).

위의 내용은 부모가 자녀에게 엄격하게 대하지만 한편으로 자녀에게 원망스러운 마음이 일어나지 않도록 해야겠다는 세심한 면도 엿보이는 대목이다. 부모로서 자녀교육에 대해서 어렸을 때에 순수성을 갖고 있기에 조기교육의 중요성을 전통교육에서도 염두에 두었던 것 같다. 따라서 손직수는 '사소절'에 나타난 내용을 중심으로 부모로서 자식에게 엄격함과 부드러움으로 훈육하는 부모의 지혜와 구체적인 자녀교육의 방법을 아래와 같이 설명하고 있다.

> 훈육을 중심으로 <사전편>의 인륜장에 ㉠ 부모가 자식을 꾸짖되 자식의 장래를 먼저 생각하라. ㉡ 부모는 자식의 과실의 대소에 대해 명백히 훈책하되 원망과 성냄을 오래 간직하지 말라. ㉢ 아무리 가세가 빈한하고 곤궁하더라도 부형과 그 자제는 서로 원망할 것이 아니고 서로 돈후함에 힘쓰라 하는 내용을 볼 수 있다.
>
> 이를 본다면 부모는 항상 자식을 훌륭하게 성취시킬 것을 염두에 두고서 훈육해야 함을 시사하고 있으며, 그리고 부모형제 가족은 운명적으로 태어났기에 원망의 대상이 되지 않는다는 것을 말하였다고 하겠다. 그리고 사전의 어하장에서도 ㉠ 자녀가 죄과를 범했을 때에는 비록 매를 때리더라도 위엄과 사랑을 병행하라. 그리고 여지없이 끊는 말을 하거나 다른 사람이 알게 해서는 안 된다. ㉡ 어린이에게 비록 과실이 있더라도 함부로 꾸짖지 말고, 마구 때리지 말라. ㉢ 자식에게 비록 여의치 않은 점이 있더라도 큰소리로 나무라서는 안 된다고 하였다(손직수, 1993, pp.118~119).

위에서 기술한 것처럼 자녀에 대한 효교육에서 과거 전통적인 효교육 방법은 부모의 역할이 일방적인 권위로만이 아니라 내

유외강(內柔外剛)의 모습이 엿보인다. 그리고 자녀가 부모에 대해서 원망스러운 마음을 갖지 않도록 하기위해서 엄하면서도 부모가 인내로서 자녀를 여상하게 대해야 한다는 점을 강조했다. 그리고 또한 자녀에 대한 부친의 엄격함 뒤에는 언제나 애정으로 남편과 자녀사이에서 완충적인 역할을 담당하는 모친의 역할이 언제나 뒤따라야 한다는 가르침이다. 이는 사실 자녀에게는 아버지보다 어머니와 대면하는 시간이 많았으며, 또한 가장 가깝고 친밀한 관계였다고 볼 수 있다. 이러한 입장에서 어머니는 자녀에게 가깝게 다가갈 수 있는 가장 만만한 존재이기 때문에 어머니의 일거수일투족이 자녀에게 언제나 크나큰 영향으로 나타날 수 있다는 점이다. 이러한 어머니의 역할에 대해서 김영철 교수는 일시적으로 자녀에게 모범을 보여주어서는 교육이 어렵다는 것을 아래와 같이 기술하고 있다.

> 아이와 함께 생활을 하는 어머니가 단지 아이에게 모범을 보이기 위하여 의도적으로 예절을 지킨다면, 그 일은 불가능하지는 않을지 모르지만 오래 지속하기는 어려운 일임에 틀림없다. 왜냐하면 아이와 함께 생활하는 어머니에게는 아이가 보지 못하는 별도의 사생활이 없기 때문이다. 또한 아이에게 단지 모범을 보이기 위하여 행하는 행동은 아이에게 진정한 교육적 영향을 미치기 어렵다(김영철, 1998, pp.182~183).

자녀를 교육하는 부모의 역할에 대해서 박철호는 그의 저서인 「효학의 이론과 실천」에서 브리테니커사전(Encyclopaedia Britannica)에 나오는 제니트(genitor)와 파트(pater)의 개념을 차용해서 설명했다. 즉 다시 말해서 부모의 역할로서 파트(pater)적 성격과 제니트(genitor)적 성격으로 대별시키면서 기술했다(박철호, 2000, P.68). 즉 파트적 부모는 자녀에게 있어서 권위적이며,

명령적인 성격을 지니며, 제니트적인 면은 수평적이며, 사랑과 애정 그리고 전통적인 언어로서 '친애(親愛)'의 면을 의미한다. 이러한 부모의 양면적 성격을 중심으로 한 부모의 모범적인 삶은 자녀로 하여금 자연스럽게 효의 본질인 사랑과 존경을 익히게 되는 과정이라고 볼 수 있다. 따라서 부모의 역할로서 파트적 부모의 엄격한 훈육과 제니트적인 부모의 수평적 사랑은 자녀에게는 조화로운 육효(育孝)[61]의 과정이라 볼 수 있다. 박철호는 특히 부모와 자녀의 통합의 원리로서 육효와 행효(行孝)의 개념을 제시한 듯하다. 그리고 자녀를 교육함에 있어서 전통적인 파트적 성격만으로 자녀의 교육이 이루어 질 수 없으며, 무엇보다도 어머니로서의 제니트적 성격으로서 부모의 역할도 자녀에게 필요하다고 보았다.

그렇다면 그러한 중요한 양면의 특성적인 부모의 성격과 역할에서 김영철 은 그의 저서『전통가정교육연구』에서 자녀에 대한 어머니의 조력과 교량적 역할의 중요성도 강조할 필요가 있다고 기술하고 있다.

> 자녀를 교육하는 데에 있어서 전통적 어머니의 지혜로움은 아이에게 행동의 표준으로 아버지를 내세운다는 데에 있다. 전통적으로 이것은 아이와 생활을 공유하는 어머니가 교육적 권위를 보장받는 가장 확실한 방도이다. 그리고 아버지 편에서 말하면, 어머니는 아버지의 권위를 실현한다고 할 수 있다. 아이에게 아버지는

61) 육효(育孝)란 글자 그대로 해석하면 가르치는 효라는 의미이다. 이는 본을 보이는 것이 최상의 가르침이라는 차원의 해석이다. 즉 부모가 그 부모에게 효의 본을 보이고, 자녀의 공경심을 자아내는 인격적 행위의 본을 보여주는 것을 효의 차원에서 해석할 수 있다. 결국 이것은 부모자녀의 상호관계에 초점을 둔 용어이다. 즉, 일반적인 행효(行孝)만으로는 부자통합이 이루어지기 어렵다고 보고 부모 자녀의 통합을 위해 부자통합의 원리를 가르치고 길러야 한다는 것이다. 박철호 , 『효학개론』(인천: 성산효도대학원대학교, 2001), p.44 재인용.

감히 범접할 수 없는 권위의 상징으로 보인다. 이러한 아버지의 권위는 어머니의 적극적인 조력이 없이는 불가능한 것이다(김영철, 1998, pp.185~186).

조선시대에 다산 정약용(茶山 丁若鏞)[62]은 무엇보다도 자녀의 교육을 위해서는 부모의 모범적인 삶이 전제되어야 하고, 부모의 의무를 강조했다. 다산은 윗사람이 아랫사람에게 먼저 베풀어주는 삶의 모습이 있어야 그 깨달음 속에서 아랫사람이 윗사람을 공경할 수 있다고 보면서 의도적으로 자(慈)를 실천할 것을 의무로 결정하였다. 따라서 자식이 부모를 섬기는 도리보다 부모가 자식에게 베풀어야 할 도리가 먼저 앞서서 행해져야 함을 제시하고 있다. 18년간의 긴 유배생활을 하면서도 자신의 처지를 한탄하거나 결코 좌절하지 않고 삶의 가치와 인간의 의지에 대해 끝없이 통찰하면서 많은 편지글을 통해 자녀를 향한 지대한 관심과 애틋한 사랑, 그리고 그리운 마음을 절절하게 나타내고 있다(김경신, 2005, p.25).

그렇다면 전통 가정에서 부모는 자녀교육을 위해 무엇을 우선 목표로 하였는가? 이에 대해서 가장 근본이 되었던 것은 효의 실천이라고 볼 수 있다. 효는 '백행의 근본'이라는 입장에서 자녀는 부모를 통해서 엄격한 생활지도를 학습하였다(유혜령, 1993). 또한 전통가정에서 자녀에 대한 아버지의 엄격함은 단지 표면상 엄격한 모습으로 나타났으며, 사실 내적인 감정을 드러내지 않으려는 의도에서였다. 대신 어머니의 입장은 자애로운 모습으로 자녀의 잘못에 대해서 직접적인 질책을 하지 않았으며, 그럴 필요가

---

62) 다산 정약용(茶山 丁若鏞 1762~1836) 조선 후기의 실학자로서 18년간의 강진 유배지 생활 속에서도「목민심서」를 비롯해서 수많은 집필을 했다. 특히 유배지에서 편지글을 통하여 훈육을 하였으며, 자녀교육에 많은 정성을 쏟았다.

생길 경우에는 그 역할을 아버지에게 미룬다는 것이다. 전통가정에서의 부모의 역할로서 자녀 앞에 부모는 엄부의 위엄과 자애라는 이 두 줄기 빛은 서로서로의 광채를 더하면서 교육적 권위의 완전한 모습을 드러낸다(이홍우, 1993, p.156). 결국 전통가정에서 자녀의 교육은 부모자신의 수양의 길과 한편으로 자녀에 대한 가르침의 이중적 위치와 역할이 주어져 있다는 사실을 알게 되었다. 특히 아버지는 어떠한 경우에도 자기의 감정을 자녀 앞에 드러내지 않고, 일정한 거리를 두고 지켜보는 입장이었다. 이러한 아버지의 권위와 위엄은 자녀에게 있어서 언제나 긴장된 모습으로 무언의 교육으로 작용되었다고 볼 수 있다. 자녀교육에 대한 부모의 길은 사욕의 마음을 절제하면서 자녀에게 모범을 보이는 생활이었다. 전통 가정생활에서 부모의 자녀 교육에 대한 관심은 인간으로서의 자신의 본능적 경향을 최대한으로 억제하는 방향으로 표현되었다는 것이다. 더 직접적으로 말하자면, 부모는 자녀에게 '교육받은 사람'으로서의 행동을 시범하였고, 그렇게 함으로써 자녀 또한 '교육받은 사람으로' 살아가기를 기대하였다. 이것은 교육의 가장 중요한 방법적 원리는 시범(示範)과 모방(模倣)에 있다는 교육학의 기본 명제를 전통 가정교육의 맥락에서 재확인하는 것에 지나지 않는다(이홍우, 1993, p.192).

'사람다운 사람'은 저절로 이룩되는 것이 아니라 올바른 가정교육을 통해서 그 기초가 마련된다는 한국인의 교육사상은 보통사람들의 가정교육의 원리에 나타나고 있는 바, '효교육의 원리'와 '엄부자모'의 원리, '경어법의 원리', 그리고 밖에서의 '敬老孝親의 생활'이 바로 그것이다. 자녀들은 부모공경을 통해 인격의 기초가 되는 경을 키우고, 부성(父性)은 근엄한 존재로서 '두려움'을 키우며, 모성(母性)은 인자함을 통해서 자녀들에게 '사랑하는 마음'을 키우는 부모의 교육적 기능이 그것이다. 경어법의 원리는 말을 배우기 시작하면서 존대말을 사용하게 함으로써 지경(持敬)[63]을 생활화 하도록 하는 것이다. 그리고 밖에 나가서는 이웃의 어른들을 자신의 부모처럼 공경하는 생활이 바로 인격의 실체인 경을 확대해 가는 사람됨의 과정이고 원리이다. 이 모두의 전통적인 가정교육의 원리들은 인격의 실체인 '경'에 초점을 맞추고 있다. 이것이 한국인의 전통적인 가정교육의 사상이다(이계학, 1993, p.270).

이제 연구자는 전통가정에서 효교육을 통하여 목표하는 바는 무엇인가를 살펴보고자 한다.

3. 입신양명(立身揚名)

지금까지 연구자는 효교육이 전통가정에서 어떻게 이루어 졌는가를 살펴보았다. 그렇다면 전통가정에서 부모가 자녀교육을 통해서 목표했던 인간상(효자상)은 어떠한 모습이었을까? 과거 전통적 효교육은 기본적으로『효경』,『소학』,『동몽선습』등을 자녀교육의 기본 교재로 삼고 부모관(父母觀)과 자녀상(子女像)을 정립해 왔다고 볼 수 있다. 무엇보다도 자신을 넘어서 종적인 가치관을 중시여기는 전통가정에서의 효의 길은 효경을 배경으로 강조되어온 '입신양명'(立身揚名)이라는 사자성어(四字成語)에 집약되어 있다 해도 지나침이 없다. 그러나 입신양명이라 말은 문자 그대로 '출세를 하여 이름을 떨친다.' 는 의미이다. 이는 그 본의를 흐려서 세상에 자신의 이름을 떨쳐야만 효도할 수 있다는 자칫 잘못된

63) 경의 태도를 유지하는 것을 지칭하는 말이다.

의미로 해석될 수가 있다.

그렇다면『효경』에 입신양명이라는 내용이 어떻게 설명되고 있는지 분석해 볼 필요성이 있다. 이는 '자신의 몸과 터럭은 모두 부모에게서 받은 것이니, 감히 상하게 하지 않는 것이 효도의 시작이며, 몸을 세워(立身) 도(道)를 행해 후세에 이름을 날려(揚名) 부모를 드러나게 하는 것이 효도의 끝이라'[64]는 구절이다. 여기『효경』에 나타나 있는 의미로서 효는 부모로부터 물려받은 자신의 몸을 귀하게 취급하는 것이 효의 시작으로 해서, '입신행도'(立身行道)라는 보다 근본적인 내용이 있음을 간과해서는 안 된다고 본다. 즉, 양명(揚名)하기 전에 선행되어야 할 전제조건이 있다는 말이다. 이는 '도(道) 즉, 세상의 이치와 사람의 도리(道理)를 행함으로' 라는 뜻이며, 결국 인간으로서의 '행도'(行道)가 핵심으로 나타나 있음을 알게 된다. 입신(立身) 길은 행도(行道)의 전제 조건이며, 출세의 길은 행도의 결과로 자연스럽게 나타나는 것이라고 볼 수 있다. 따라서『효경』의 가르침에 따르면 효교육의 직접적인 목적은 입신행도 하는데 있음을 알 수 있다. 효의 본질인 경으로 효교육의 과정을 설명한다면 효를 통해서 길러지는 '사랑함'과 '두려움'이 복합된 感情을 확대시켜 입신행도 하는데 그 목적이 있다(이계학, 1993).『효경』에서의 가르침인 입신양명이라는 말은 무엇보다도 자신을 바로 세워야 함이 전제조건으로 되어있다는 사실이다. 사욕(私慾)의 마음을 제어해서 천리에 순응하는 부단한 수신(修身)의 과정을 언급하고 있다는 사실이다.『대학』에서 말했던 것처럼 '수신제가(修身齊家)'해서 비로소 '치국평천하(治國平天下)'하는 것이 순리라고 볼 수 있다. 따라서 옛 전통가정에서의 부모에게 효도하며, 가문을 빛내는 입신양명의 과정은 결코 평탄

64)『孝經』, 開宗明義章 : 身體髮膚 受之父母 不敢毁傷 孝之始也, 立身行道 揚名於後世 孝之終也.

한 길이 아님을 짐작할 수 있는 내용이다.

공자의 교육활동에서 지향하는 바는 '군자(君子)'였다. 그 자체는 통치자의 아들을 의미하는 것이지만, 공자는 그것을 사회적 지위와는 상관없이 높은 도덕적 품성을 지닌 사람을 지칭하는 것으로 사용하였다. 이 부류의 사람들은 넓게 단순히 '도(道)', 그리고 좀 더 좁혀 말한다면 '인(仁)'의 세계를 추구하였다. 『논어』에는 "사람으로서 마땅히 걸어야 할 길, 곧 도가 어떠함을 아침에 듣고 깨달았다면 저녁에 죽어도 좋다[65]"는 식의 극단적인 표현이 있다(장상호, 2009, p.214). 이렇게 도덕적 품성을 갖춘 인간이 되는 길을 일생의 목표로 삼는 것에 두었다는 사실이다. 그 목표에 도달한 인간을 군자라고도 하며, 선비라고 불리어 진다. 군자와 선비라는 것은 같은 맥락에서 이해 할 수 있다.

선비는 우리말에서 학식과 인품을 갖춘 사람에 대한 호칭이다. 특히 유교전통에서는 유교적 이념을 구현하는 인격체를 가리키며, 사회적으로는 독서를 기본 임무로 삼고 관직을 담당하는 신분-계급을 가리킨다. 한자어에서는 주로 '사'(士)자가 선비와 같은 뜻으로 쓰이며, 그 밖에 '유'(儒)자나 '언'(彦)자도 선비라는 뜻을 지니고 있다(금장태, 2000, p.3). 결국 이러한 군자와 선비는 외형적인 출세를 목표로 해서 도달되는 차원이 아니라, 끊임없는 자아수행의 과정을 통해서 비로소 이룰 수 있는 경지이다. 이는 결국 인격과 품격을 골고루 갖춘 존경의 대상을 두고 하는 말임을 추론하게 된다.

결론적으로 효의 최종적인 길은 입신양명의 길이며, 그 입신양명의 길은 인간이 일생을 두고 걸어야 할 바로 입신행도의 길임을 알게 된다.

---

65) 『論語』, 里仁篇 : 朝聞道, 夕死可矣.

Ⅳ. 현대 가정에서의 효교육

현대는 급격한 사회의 구조적 변화에 따라 가정의 구조도 전통적 대가족에서 부부중심 내지는 자녀중심으로 변화하였다. 따라서 이러한 현대사회에서 과연 효교육은 어떻게 이루어 져야 할 것인가?

종래의 효교육은 바로 유교문화의 전통에 입각하여 사회의 질서체제를 유지하는데 일정 부분의 역할을 해 왔다고 볼 수 있다. 그러나 그 효에 대한 개념과 논리가 현재의 관점으로 볼 때 상당히 일방적 특성이었다는데 문제가 있다. 지금까지 효라는 것을 자녀가 부모에게 돌리는 모심의 도리라는 개념으로 이해해 왔다. 다시 말해 효를 언제나 아랫사람에게 주어지는 의무로써의 개념으로 끊임없이 강조해 왔다는 말이다. 그리고 종래의 기성세대의 삶의 방식과 요즘 젊은 세대의 삶의 방식은 상당한 차이가 있다는 점을 이해해야 한다. 즉 과거 사회 환경의 변화는 완만한 변화의 과정이었으나 현대는 다방면에 걸쳐 급속한 변화가 이루어지고 있다. 세대 간 사고방식과 의식의 차이는 현저하며, 계층 간의 갈등도 깊어지고 있는 상태라고 볼 수 있다. 이러한 상황에서 젊은 세대에게 일방적으로 효를 강요하는 것은 젊은 세대로 하여금 오히려 효심의 발로를 가로막는 결과를 초래할 수 있음을 간과해서는 안 된다.

그리고 현대사회의 특징은 산업화와 도시화의 영향으로 사회의 구조적 변화가 불가피 한 상황으로 바뀌게 되었다. 따라서 가정에서 부모와 자녀가 서로 여유 있게 대면하는 시간이 급격히 줄어드는 추세이다. 이러한 현대사회의 상황에서 가정의 효교육이 어떻게 이루어지고 있으며, 앞으로의 올바른 방향성은 어떻게 설정될 것인지에 대해 주목하고자 한다.

1. 핵가족과 교육이대(教育二代)

현대사회는 급격한 개인주의와 서구화의 영향으로 가족제도의 변화가 초래되었다. 이는 전통적 대가족의 형태가 부부중심의 핵가족의 형태를 띠게 됨으로써 가족에 대한 깊은 연대의식이 점차 희박해져가는 특징을 갖게 되었다. 그러면서 노인층은 가족과의 관계에서 점점 소외되고 있고, 전통적인 농경사회에서 중시되었던 가장의 권위는 사라졌을 뿐만 아니라 가족공동체 구성원에서 제외되고 있는 실정이다. 이러한 현상은 시대의 흐름과 더불어 불가피하게 나타나는 과정이라고도 볼 수 있다. 동서양을 막론하고 중세 봉건적 권위주의는 가부장적인 권위가 존속하면서 사회체제를 유지시켜 왔다. 그러나 서구유럽을 중심으로 자본주의 바람과 자유민주주의 영향으로 개인의 자유, 개성의 존중, 평등이라는 이념이 나타나게 되었다. 이러한 영향을 받아 종적인 윤리체계인 유교를 중심한 가부장적 권위가 오늘에 있어서 적지 않은 도전을 받게 되었다고도 볼 수 있다. 이러한 입장에서 특히 박명석은 전통의 유교적인 윤리체제에 적지 않은 모순이 있음을 다음과 같이 지적했다.

> 유교의 지배자 위주의 윤리 밑에서 살아온 개인은 자아를 각성시킬 여지가 전혀 없었고, 한국사람 등은 가정에서는 부모에게, 사회에서는 연장자에게, 공직 생활에서는 왕·귀족·양반·들의 특권계급층에게 시달려, 인격은 거의 무시당한 채 꿈에서라도 한 번 자아실현을 생각해 본 일이 없었다(박명석, 2001, p.194).

박철호는 봉건적 중세시대의 전통적 효 윤리체계의 약화는 자유민주주의를 출현시켰고 자유민주주의는 계몽주의 사상에 근거해서 부모와 자식 간의 자유롭고 인격적 상호존중관계의 필요성을 언급하였다(박철호, 2010, p.34).

급격한 사회변화에 따른 고도화, 복잡화된 지식이나 기술을 가정 내에서 담당하기 어렵지만, 복잡화된 사회에서 도덕· 윤리면에서 가족의 교육이 더욱 강조되고 있으므로 가족의 교육적 기능은 적절한 방향을 모색해야 한다. 우리의 가족은 전통적인 부모-자녀 관계가 중시되어 사회가 다원화, 이질화, 전문화되면서 자녀에게 무엇을 어떻게 가르쳐야 할 것인가에 대한 판단이 점차 어려워지고 있다. 즉 기술의 급격한 진보와 매스커뮤니케이션의 발전을 기반으로 성립된 현대사회는 독립된 인간으로서의 개성을 살리고 다른 한편으로는 변동하는 사회에 적응 할 수 있는 능력을 기른다는 소위 모순적인 가정교육이 동시에 요구되고 있기 때문에 부모-자녀간 갈등이 심화되고 있다. 이는 과거에 비해 아버지의 권위가 상대적으로 저하되었고 어머니의 전담교육과 맞벌이 가정의 증가로 보육이나 교육적인 문제가 새롭게 발생되고 있다. 즉 문화의 진보와 산업의 발달로 인한 가치체계의 근본적인 전환, 대립, 혼란으로 인한 청소년의 비행화와 부모-자녀간의 의식의 단절 및 입시위주의 교육제도 등이 문제이다(한용섭, 1997, p.34). 현대사회의 이러한 현실을 볼 때 결국 종적인 효 윤리 가치체계는 자유민주주의 영향을 받아 횡적이며 수평적인 상호관계의 중요성을 수용해야 하며, 우리는 인격과 자유 그리고 개성을 존중하는 새로운 효교육을 생각해야 할 시점을 맞고 있다.

시대의 변화에 따라 부모와 자녀사이에 수식적 권위와 엄격한 생활지도는 사라졌다고 볼 수 있다. 오히려 아버지는 아이들과 함께 자연스럽게 어울리면서, 아이들의 하찮은 의견일지라도 귀담아 들어주는 자상한 아버지의 역할이 요구되고 있다. 또한 전통가정에서는 부모가 언제나 자기수양의 과정을 수행하면서 자녀들에게 암묵적 지도[66]가 생활을 통해서 이루어졌다. 이러한 측면에서 현대 가정에서도 평생교육적 차원에서 부모도 자기의 전공분야를 중심으로 계속적인 자기계발을 추구해 가고 있는 추세로 나타나고 있는 실정이다. 그러면서 자녀와 함께 인터넷을 통하여 새로운 정보를 주고받는다. 그리고 아버지가 직장관계로 인하여 가족과 공간적으로 멀리 떨어져 있을지라도 인터넷에 연결된 화상통화를 매개로하여 자녀와의 친밀한 소통이 이루어지기도 한다. 즉, 시간과 공간을 초월해서 부모와 자녀의 교류가 이루어지는 현대 가정교육의 또 다른 특징이라고도 볼 수 있다. 한편 또 다른 측면에서 현대사회의 효교육의 양상을 성규탁은 '오늘날 효에 관한 이야기들은 학교와 가정에서, 그리고 신문과 텔레비전을 통해서 흔히 전달되고 있다. 최근에는 문화교육 및 사회복지 단체들이 효의 이념과 관행을 고취, 장려하는 각종 행사를 전개하고 있으며, 이런 활동이 점차 확대되는 경향'(성규탁, 1995, p.37)을 보이고 있다. 현대 핵가족을 중심한 이대가족의 효교육 방법은 부모와 자녀 간에 수평적 관계형성을 통해서 이루어지는 전형적인 형태라고 볼 수 있다.

연구자는 이제 현대사회에서 가정을 중심으로 효교육이 어떻게 이루어지고 있는가에 대해서 고찰해 보기로 하겠다.

66) 부모 스스로가 엄격한 자기수행의 길을 가는 모습을 자녀들에게 보임으로 말미암아 자녀들도 그렇게 생활하도록 하는 교육의 효과라고 볼 수 있다. 일일이 이야기 하지 않더라도 자녀 스스로 느끼도록 한다는 의미가 강하다.

2. 자율과 친밀

앞에서 전통가정의 자녀 교육 방법을 살펴보았지만, 무엇보다도 아버지는 자녀가 근접하기 어려운 추상적인 존재였으며, 가장으로서의 절대적 권위와 엄격함이 있었다. 반면 어머니의 역할은 자녀와의 관계에서 자주 대면하게 되는 만만한 존재였으며, 남편과 자녀사이에서 교량적인 역할의 성격이 강하였다.

그러나 현대에 와서는 사회구조의 급격한 변화로 인하여 가정의 형태가 과거의 가부장적 부자중심에서 수평적인 부부중심의 핵가족의 형태로 바뀌었다. 이러한 구조 속에서 현대의 가정에서 과연 어떻게 자녀 교육이 이루어지고 있으며, 부모의 역할은 어떻게 나타나고 있는가?

이러한 측면에서 이홍우는 '과거 전통적 가정교육의 형태에 있어서 아버지는 언제나 사랑방에 기거하고 자녀가 쉽게 대하기 어려운 엄격한 권위의 존재로 비쳐졌지만, 오늘날에 있어서 아버지의 모습은 가옥의 구조상, 동일 평면구조의 아파트에서 자녀와 함께 생활하면서 모든 것이 자녀에게 그대로 노출되는 생활이라는 것이다. 따라서 전통적 엄부의 역할은 찾아보기 어렵게 되었으며, 아버지의 권위가 실종되는 현실을 지적하고 있다'(이홍우, 1993). 사실 교육이라는 것은 엄부와 자모의 이중적 역할이 있어야하며, 그 이유에 대해서 아래와 같이 설명하고 있다.

> 엄부자모가 교육적으로 타당하다는 근거는 일차적으로 교육적 권위의 성격 그 자체에서 찾을 수 있을 것이다. 최근의 한 연구에 의하면, 교사라는 존재의 파라독스적 성격 -즉 학생과 동등한 존재이면서 상이한 존재라는, 두 가지 정면으로 모순되는 양상을 동시에 구현하고 있다는 점- 은 교육적 전달을 가능하게 하는 결정

적인 관건이 된다(이홍우, 1993, p.156).

현대사회는 가정에서 가족이 함께 대면하는 시간이 급격히 줄어드는 경향을 갖게 됨으로써 자녀와 부모와의 관계보다는 밖에서의 인간관계가 더 많아지게 되었다. 이러한 상황은 주로 가정에서 교육이 이루어졌던 과거와는 다른 양상이며, 주로 학교교육에 의지하는 입장으로 나타나게 되었다. 이러한 현대의 사회적 상황에서 엄부라는 전통적 아버지의 역할보다는 오히려 자부라는 아버지의 역할로 바뀌게 되었다. 현대의 가정에서 이상적인 아버지의 모습은 보다 더 자녀와 함께 자주 어울리는 평면적 부자관계가 오히려 올바른 아버지의 역할로 인식하게 되었다. 이는 바로 서구식 교육의 영향에 기인하는 것으로 보인다.

최정희는 특히 한국에 있어서 근대적시기(1920년~1930년)에 서구의 합리적이고 실용적인 의식이 우리 사회에 들어오기 시작한 때에 가정에서의 아버지에 대한 역할을 다음과 같이 그리고 있다.

> 자상한 양육자로서의 아버지는 서구의 자상하고 가사 일을 적극적으로 돕는 아버지의 규범이 소개되면서 더욱 부각되었다. (중략) 실재적으로 신가정의 아버지는 자녀의 입시경쟁을 함께 지켜봐주고 격려해주었으며, 때로는 가정에서 실생활에 필요한 지식들과 세계정세를 가르쳐주고, 가정생활에 충실하기 위하여 공적 영역을 포기하는 아버지로도 묘사되었다(최정희, 2011, p.70).

현대에 와서 부모와 자녀사이는 과거의 권위와 엄격함보다 부모가 오히려 자율과 친밀함으로 자녀에게 다가 가는 양상으로 바뀌었다. 과거는 특히 아버지의 엄격함과 권위가 위로부터 주어졌지만, 현대는 수평적인 부자관계로 오히려 아래로부터의 권위로 나타나게 되었다고 볼 수 있다.

앞에서 연구자는 전통가정에서의 효교육을 살펴보았지만, 효의 본질과 그 가치는 변할 수 없다고 보았다. 그러나 시대의 흐름에 따라 효에 대한 이해와 방법 그리고 실천에 있어서 차이점이 있을 수 있다고 본다. 예를 들어 과거 전통적 효와 현대적 효에서 부모의 사후에도 효행은 계속적으로 이어진다는 점에서는 차이가 없다. 그러나 전통에서는 부모사후에 이어지는 3년 시묘살이는 자식으로서 마땅히 수행해야 할 중요한 덕목이며, 엄격한 사회규범의 하나로 여겨졌다. 그러나 현대에 와서는 효에 대한 의식과 실천방법이 많이 달라졌다고 볼 수 있다. 따라서 성규탁은 이러한 측면에 관하여 다음과 같이 기술하고 있다.

> 사실 부모봉양에 대한 윤리인 효는 개인적 이득을 초월한 희생에 뿌리를 두고 있다. 오늘날 희생이란 결코 옛날과 같이 생명을 바치거나 손가락을 끊어 피를 바치는 식의 비인간적인 행동일 수는 없다. 오히려 자녀가 그들의 시간, 재력, 사회적 활동의 일부를 부모 봉양을 위해 바치는 것을 의미하는 것이다(성규탁, 1995, p.33).

따라서 인간으로서 효는 마땅히 부모를 공경하고 봉양해야만 한다는 본질적 측면에서 볼 때 과거나 현대에 있어서 차이가 있을 수 없다. 그러나 효에 대한 이해와 실천방법이 과거와 현대에 있어서 엄연한 차이가 있다는 점을 들 수 있다. 뿐만 아니라 현대에 와서 과학과 기술의 발달은 우리사회의 가족제도에도 영향을 주어 핵가족화를 초래하였으며, 맞벌이 부부와 저출산의 결과로 가정교육의 필요성은 그만큼 약화되었다고 볼 수 있다. 결국 가정에서는 부부간, 부모와 자녀간에 대면 시간이 줄어들고 기초적인 인간관계 학습의 시간이 사라지는 현상을 초래하였다. 이러한 현대의 삶에서 과연 효에 대한 필요성이나 의식이 발붙일 곳은 어디일까?

대체로 효에 대한 관념은 앞서 언급한 바와 같이 과거의 구태의연한 윤리체계라고 단정 짓는 경향이 있다. 뿐만 아니라 부모에 대한 현대 한국사회 젊은이들의 효 의식의 변화 과정도 성공적인 효교육을 위해 반드시 고찰해야 할 과제이다. 일상생활에서 부모와 자녀가 사용하는 동일 단어에 대한 개념의 차이는 놀라울 정도로 크다는 것을 고려해 본다면 효라는 단어의 의미와 개념도 크게 다르지 않을 것으로 사료된다. 효가 부모와 자녀와의 관계에서 일방적으로 요구되는 규범이 아니라는 사실을 고려해 본다면 효를 인식하는 부모와 자녀의 개념의 차이는 효가 발현되는데 상당한 장애요소이며, 교육으로 극복되어야 할 과제라고 본다. 최근 일본에서 "효 대행 서비스업"이라는 특이한 신종산업이 늘어나고 있다. 효 대행 서비스는 현대사회에 있어서 허용해야 하는 업종으로 볼 수도 있겠지만, 아직은 한국사회에서 그것을 효행의 일부로 생각하기에는 이른 감이 있다. 급속히 전개되는 산업화, 도시화의 추세는 그것을 부정적으로만 생각할 수는 없는 현실을 만들어 내고 있다고 본다. 왜냐하면 이웃나라 일본의 사회 문화적 상황으로 볼 때 그렇게라도 하는 것이 하지 않는 것 보다는 부모를 위하는 행위로 인식될 수 있고, 그 행위가 집단적으로 이루어질 때 하나의 트랜드 혹은 문화적 현상으로 인정될 수도 있다. 비록 일본과는 차이가 있지만 우리 사회에서 벌초 대행업은 어느 정도 기업화 되어 있는 것이 사실이며, "효 대행 서비스업"도 곧 우리의 문화의 한부분이 될 가능성도 얼마든지 있다.

효 혹은 효교육에 대한 새로운 인식과 트랜드가 등장하는 현실에서 현대적 효의식에 요구되는 두 가지 요소는 무엇보다도 "효율성"과 "실용성"이라 할 수 있다. 과거의 엄격한 형식과 절차가 강조되는 효 혹은 효교육 보다는 효의 본질이 보다 더 효율적이고 자율적으로 발현되도록 보다 더 유연한 사고를 허용하는 것이 중요하다. 그것은 효라는 것이 무엇보다 자연적이고 자발적인 정서를 바탕으로 한 부모와 자녀의 인간관계에서 비롯되어 다양한 인간관계로 발전하고 확대되어 발현해야 할 기본적 가치이기 때문이다.

우리사회의 효의식에 필요한 중요한 또 하나의 방향성은 “조화”라고 할 수 있다. 효는 한 방향으로 강요되는 일방통행식의 행위가 아니라 상호관계성을 지향하는 윤리체계로 인식되고 교육되어야 한다. 오늘날의 세대간의 갈등구조는 수직적 관계를 중시하는 구세대와 수평적 관계를 지향하고자 하는 신세대와의 의식 차이에 기인한다.

종래의 전통적인 효개념에서 부모는 자녀에 대해 주로 일방적인 순종과 복종을 요구했지만, 이제 시대의 변화에 따라 전통적인 효개념에 대한 수정이 불가피할 수밖에 없는 현실을 맞고 있다. 따라서 효의 본질이 현대적 상황에서도 잘 발현되도록 새로운 차원의 효개념을 설정해야 한다. 현대적 효개념에 대한 새로운 접근을 시도한 김종두(2011, p.205)는『효의 패러다임과 현대적 개념』에서 ‘효(HYO)를 Harmony of the Young and Old로’ 설명했다. 다시 말해 그는 현대적 효개념을 신구세대간의 조화에 의한 상호관계로 파악했던 것이다.

나이가 들어 자녀가 어떤 특정한 분야에서 상당히 높은 수준에 이르렀음에도 불구하고 부모는 그들을 항상 어리석은 것으로 대하는 것은 자녀를 과거에 묶고 퇴행시키는 태도로서 바람직한 것이 못된다. 부모와 자녀사이에 품위의 차이는 후자의 성장과 더불어 점차 축소되며, 어느 시점에서 그 관계가 역전될 수도 있다. 세상은 이전과는 달리 급변하고 있고, 부모들이 사는 방식은 오늘의 기준에 비추어 낡은 것이 되며, 그 부분에서 자녀의 세대의 것에 뒤질 가능성이 높아진다. 그런 상황을 자신의 통제력이 상실로 해석하여 두려워하는 부모는 자녀로부터 저항을 받을 뿐만 아니라 서로 갈등을 하게 될 것이다(장상호, 2009, p.269).

특히 현대에 와서 부모들의 경향은 자녀교육에 대하여는 가정에서 보다 학교교육으로 편중하는 경향으로 나타나고 있다. 가정에서 아버지의 역할은 경제적인 책임의 부담이 가중되었고, 자녀교육에 대해서는 과거와는 반대로 어머니에게 책임과 역할이 크게 주어졌다고 볼 수 있다. 그리고 자녀에 대한 효교육 보다는 입시위주의 교육에 조력자로서 역할이 주를 이룬다. 그러나 부모를 통해서 체득되는 효교육의 부재는 자녀들이 부모에 대한 존경심의 결여로 나타날 수 있다. 가정을 중심한 이러한 상황에서 부모들의 생각은 지극히 습관적이며, 안일한 마음으로 단지 자기 자식은 자신이 잘 안다는 맹목적인 착각이 아이들의 마음에 상처를 키우는 지름길이 될 수도 있으며, 아이들은 아예 부모와의 대화의 문을 닫아버리는 경향으로 나타나게 된다. 따라서 부모와 마음으로 소통이 이루어지지 않는 청소년들은 홀로 고민하다가 사회적 문제를 일으키고, 가출을 하거나 결국 극단적인 자살을 선택하는 사건까지 나타나곤 한다.

특히 오늘날 편리한 생활을 추구하는 신세대들은 가족에 대한 의식이 점점 희박하고, 자유분방하며, 자기중심적인 사고 때문에 가정이나 가족에 대한 의미를 중요하게 인식하지 않고 있다. 결국 가족이라는 울타리를 구속의 개념으로 생각하고 있어 날이 갈수록 가출 청소년들이 늘어만 가는 추세이다.

<그림2> 가출팸 경험 횟수 및 서울 중고등학생 가출 현황[67]

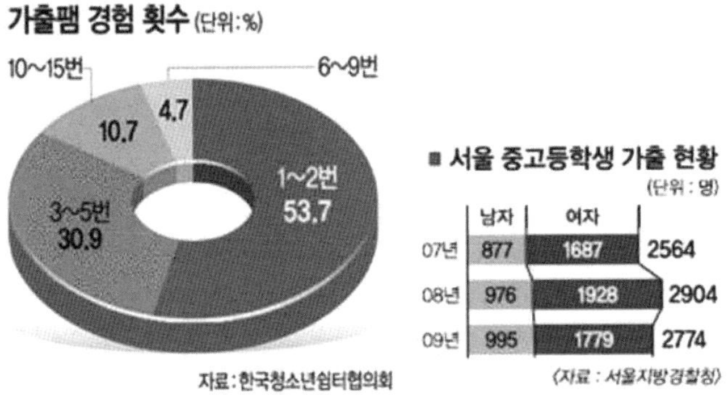

<그림2>는 한국 청소년들의 심각한 가출현상을 나타내고 있는 도표이다. 가출의 결정적인 원인은 결국 부모와의 대화부족과 소통의 부재이다. 왼쪽의 도표는 가출팸[68] 경험 횟수가 1~2번이 전체 가출 청소년에서 53.7%를 차지하고 있다. 그리고 서울 중고등학생 가출현황은 2007년부터 계속 늘어나는 추세이며, 남학생보다 여학생이 많은 것으로 파악된다. 청소년들 가출은 여러 가지 요인이 있겠지만 가정이 자신을 이해하고 보호해 줄 수 없는 곳이라는 입장에서 청소년들이 가출을 결정하게 된다.

이러한 현대사회에 있어서 나타나고 있는 청소년들의 문제점을 최근에 『청소년 사전(마음의 숲)』을 출간한 조재연 신부는 다음과 같이 의미 있는 조언을 하고 있다.

자녀들을 사랑하는 것만으로는 부족합니다. 그들이 사랑받고 있

67) <그림2>의 자료출처는 한국청소년쉼터협의회 · 서울지방경찰청이다.

68) 최근의 유행되는 신조어이다. 특히 인터넷 채팅을 통하여 가출을 함께할 일행을 모으거나 심지어 일명 '팸(Family)'이라고 불린다. 같은 처지의 가출 청소년들이 집단을 형성해서 위험한 동거생활을 하면서 서로 집단을 형성하게 되고, 사회적인 문제로 나타나고 있다.

다는 것을 느끼게 해 주십시오. 아이는 끊임없이 성장하는데 부모는 옛날의 기억에 머물러 있어요. 아이의 세계를 놓치고 그 갈증을 읽어내지 못하면서 미루어 짐작해 버리죠. 소통이 막히면 대화는 늘 겉돕니다(조선일보, 2012년 3월 23일, A27면).

다음의 내용은 부모와 자녀가 대면하는 시간의 감소와 더불어 나타나고 있는 부작용을 표를 통해서 설명하고 있다. 일상가운데 사용하는 언어에서 부모와 자녀가 전혀 다른 의미로 이해하는 상황을 나타내고 있다.

<표1> 부모와 아이는 서로 다른 언어를 쓴다

단어	부모가 쓰는 뜻	자식이 듣는 뜻
학교폭력	신문 방송으로 보며 혀를 차게 되는 학교를 중심으로 벌어지는 폭력	교실안과 밖에서 매일 일어나는 일상
왕따	따돌리는 일 또는 따돌림 당하는 사람	언제 내가 당할지 모르므로 늘 조심 또 조심해야 하는 일
무리	사람과 짐승 따위가 뭉친 동아리	끼면 즐겁지만 끼지 못하면 따 당할 수 있는 위험한 공동체
교사	학생을 가르치는 사람	때로는 존재 이유를 모를 사람
성(姓)	남녀의 육체적 관계 혹은 관련된 일	부모에게 들키면 개 쪽 팔리는 일
부모	아버지와 어머니	밉고 이해 안 되는 답답한 양반들
비교	둘 이상의 사물을 견주는 것	부모가 내 기를 죽이고 싶을 때 쓰는 방법
독단	상의 없이 혼자 판단하고 결정하는 것	아이들 생각은 꿈일 뿐이고 어른이 다 옳다는 말
자신감	스스로에 대한 신뢰와 확신	어른들은 자꾸 가지라고 하지만 절대로 존재할 리 없는 느낌
대화	이야기를 주고받는 것	하고 싶었고, 하지 못했고, 쓸모없어진 그 무엇

출처: 조선일보, 2012년 3월 23일, A27면

<표1>은 우리사회의 단면을 보여주는 하나의 중요한 실례이다. 현재의 부모와 자녀 사이에서 얼마나 대화의 상대로서 거리가 먼가를 단적으로 알 수 있는 내용이다. 위에서 열 가지 단어를 열거했다. 각 단어마다 부모와 자녀가 이해하고 생각하는 개념은 전혀 다르다는 사실을 알 수 있다. 예를 들어 "부모"에 대한 단어에서 자녀가 듣고 이해하는 뜻은 "밉고 이해가 안 되는 답답한 양반들"이다. 이렇게 오늘의 청소년의 실태를 살펴보면서 일방적인 부모의 생각보다 자녀의 입장에서 생각할 수 있는 부모의 자세가 필요하다.

2007년도 7월에 일본에서 방영된 유명한 TV드라마『아빠와 딸의 7일간』은 시사해 주는 내용이 크다. 왜냐하면 아버지와 딸 사이에 통하지 않는 세대차이의 갈등을 극복해 가는 과정을 그린 작품이기 때문이다.

특히 오늘날 가정에서의 효교육은 무엇보다도 정서적인 부분과 함께 엄부로서 아버지의 역할이 병행되어서 이루어 져야 한다. 왜냐하면 효교육은 단순한 이론 학습이 아니며 어머니의 친밀한 관계만으로 이루어지는 것이 아니기 때문이다. 오히려 어머니의 과잉보호가 자녀의 성장에 저해 요소로 작용할 수도 있다.

앞에서 연구자는 이미 전통가정에서 자녀의 효교육을 위해서 부모의 역할분담을 기술했다. 과거의 일방적이며 획일적인 주입식은 지양되어야 할 부분이지만, 다소 어머니 입장에서 아버지와 자녀사이에 중보적이며, 교량적인 역할 분담이 또한 자녀교육에 필요한 부분이라고 생각한다. 특히 요즘 가정에서 아버지의 부재가 불러오는 청소년들의 일탈행동에서 그 요인을 찾아야만 한다. 현대에서도 과거 선동가정의 효교육의 장점을 살려서 적용해야 할 부분이 있다. 그리고 무엇보다도 자녀와 대면하는 시간이 감소함에도 불구하고, 부모는 보다 열린 마음으로 자녀에게 적극적으로 다가 가는 자세가 필요하다. 이를테면 자녀의 장래에 대해서도 마찬가지이다. 부모의 생각과 조언은 자녀에게 참고 사항일 뿐이며, 결국 최종적인 결정은 자녀가 할 수 있도록 도와주는 부모의 역할이 필요하다고 본다. 자녀에 대한 부모의 지나친 간섭은 자칫 자녀의 가능성과 무한한 잠재적 역량을 가로막을 수 있으며, 오히려 자녀의 성장을 저해하는 요인이 될 수도 있다. 따라서 설혜숙(2009, p.29)은 '근래에 와서 일반화되고 있는 무절제한 자녀의 욕구 충족보다는 적당한 아쉬움을 경험케 하고 참고 견딜 수 있는 습관을 길러 주려는 부모의 결단이 필요하다'고 했다. 즉 자녀가 앞에 놓인 어려움을 스스로 노력해서 해결하게 하는 것에는 다소 부모의 엄격함이 자녀에게 필요하다는 견해이다. 전통 가정교육에서 '부모의 자녀 교육에 대한 관심은 인간으로서의 자신의 본능적 경향을 최대한으로 억제하는 방향으로 표현되었다'(이홍우, 1993, p.192). 현대가정의 효교육에서 부모와 자녀사이에 평면적 관계성에 바탕을 둔 '자율과 친밀'은 전통가정과 비교해 볼 때 서로 극단적인 대조를 이룬다고 볼 수 있다. 따라서 현대에서 자녀는 다소 자율성속에서도 엄격함과 적당한 아쉬움의 경험이 필요하며, 자녀 스스로 역량을 키울 수 있도록 교육 환경이 필요하다.

최근 학습 효율을 높이는 "자기 주도 학습"에 주목하고 있다. 자기가 원치 않는 공부를 자녀와 의논도 없이 부모가 일방적으로 결정해서 억지로 학원에 보내는 것은 장기적으로 볼 때 그 실효성이 없다는 것이다. 자기가 원해서 의욕을 갖고 할 수 있는 학습이 더 효과적이라는 전문가들의 조언이다. 마치 식물이 햇빛을 받아 자체적으로 광합성작용을 하고, 의욕 차게 땅에 뿌리를 내리고 가지를 하늘을 향해서 뻗는 것과 마찬가지 이치가 아닐까. 따라서 자연스러운 성장이 이루어지는 자연의 법칙을 교육을 위한 교훈으로 삼아야 할 것이다.

부모의 욕심이 앞서고 일방적인 결정을 자녀에게 강요하는 부모의 태도는 위의 <표1>에서처럼 부모와 자녀간의 관계를 평행선으로 갈라지게 하는 요인으로 작용할 수 있다. 가정에서 부모와 자녀사이에서 때로는 엄격하면서도, 한편 자녀와의 인격적인 대화의 관계는 서로 간에 소통의 핵심 요인이라고 볼 수 있다. 다시 말해 자녀에 대한 부모의 역할은 자녀로 하여금 스스로 결정해서 스스로 할 수 있는 창발성과 자율성의 역량을 촉발, 발현시켜 주는 것이다. 이는 부모가 고려해야 할 점으로서 무엇보다도 자식이 해야 할 일은 자식으로 하여금 수행하도록 하는 자세를 말한다.

마지막으로 효교육은 일방통행적인 방법이 아니라, 쌍방향적인 방법으로 이루어 져야만 한다는 것이다. 무엇보다도 효교육에 있어서, 부모가 자녀에 대해 요구하는 의무로서의 효를 우선적으로 강조해서는 안 된다. 효교육의 대상인 자녀에게 효의 본질적 의미와 실천을 교육하기 위해서는 바람직한 부모와 자녀와의 관계, 즉 사랑과 공경의 관계를 이해시켜야 한다. 다시 말해 효를 교육하기 위해서는 먼저 부모와 자녀의 관계에서 기본이 되는 부모 사랑의 가치와 본질, 나아가서는 자녀 양육의 책임과 의무를 언급해야 한다. 자녀는 먼저 부모의 보살핌과 사랑에 의해서 성장하고, 그 사랑을 터로 해서 올바른 인격을 갖추었을 때 비로소 자연스럽게 발현되는 도리가 효라는 것이다. 부모의 사랑과 보살핌의 양육과정이 전제되지 않은 효는 있을 수 없으며 기대할 수도 없다. 다시 발해 효를 말하기 전에 부모의 사랑괴 앙육과정이 보다 더 선결되어야 한다는 뜻이다.

현대에 와서 동양적 전통유교의 가르침을 가부장적 이데올로기이며, 모순적 논리라고 비판받는 여러 이유 중 하나가 아랫사람의 도리만을 강조하는 효개념 때문이라고 여겨진다. 유교의 가르침은 결국 인간관계의 가르침이라고 볼 때 수직적 인관관계와 수평적 인간관계의 조화가 현대적 관점의 바람직한 유교적 가르침으로 이해할 수 있을 것이다. 이것은 마치 집을 지을 때 먼저 수직과 수평을 바르게 설정해야만 집이 기울지 않고 잘 올라 갈 수 있는 것과도 같다.

따라서 이제 현대에 있어서 효교육에 대한 새로운 발상 전환을 모색해야만 하며, 종래의 전통적 효교육을 이해하면서 또한 윗사람의 도리가 먼저 선제 되어야 한다는 것으로 새로운 발상을 간략히 정리할 수 있다. 우한기(2010, p.68)는 효도를 받으려면 효도를 기대하지 말아야 한다. 먼저 다가가는 것이 중요하다는 말로 새로운 발상을 역설하고 있다.

옛 속담에서도 "윗물이 맑아야 아랫물도 맑다."고 했다. 그런데 윗물은 그냥 두고 아랫물만 맑아야 한다는 논리만 계속적으로 주장한다고 해서 아랫물이 맑아지겠는가. 그리고 "물은 반드시 위에서 아래로 흐른다." 사랑에 대해서도 예로부터 "내리사랑"이라고 했다. 마치 농부가 씨를 땅에 뿌리고 수고로운 과정을 먼저 거치고 일정기간동안 물을 주고 김을 매는 등, 부단히 노력하고 가꾸는 과정을 통과해야 비로소 결실을 맺을 수 있는 때를 맞이하는 것과 같은 이치이다.

대인관계에 있어서 윗사람의 사랑에 대하여 아랫사람이 돌리는 미를 충(忠)이라고 하고, 부모의 사랑에 대하여 자녀가 돌리는 미를 효(孝)라고 하며, 남편의 사랑에 대하여 아내가 돌리는 미를 열

(烈)이라고 한다(세계평화통일가정연합, 2006, p.52~53).

이렇듯 인간관계에서 주는 것(授)이 먼저이며, 받는 것(受)이 그 다음이라는 것이다. 결론적으로 먼저 부모의 사랑(투입)에 대하여 비로소 자녀가 돌리는 공경이 효의 진정한 의미라고 할 수 있다.

결론적으로 과거의 효교육의 방법이 일방적이며, 수직적이었다는 특징을 알게 되었다. 그리고 부모의 엄격함으로 개인의 개성을 발현하기 보다는, 개인적인 욕구를 억제하는 형태로 교육이 이루어 졌다. 그러나 현대는 무엇보다도 수평적이며, 자율과 친밀한 부모와의 관계로 자녀의 개성이 존중되는 형태로 교육이 이루어지고 있다. 이러한 전통과 현대의 대조적인 효교육의 방법과 양상을 비교 분석하면서, 전통과 현대에 있어서 효교육의 차이점과 연관성도 함께 있음을 확인하게 되었다. 그렇다면 이제 현대 가정에서의 효교육을 통해서 목표하는 바는 무엇인가를 아래에서 분석해 보고자 한다.

3. 자아실현(自我實現)

연구자는 이미 앞에서 전통 가정에서 효교육의 목표로써 공자의 입신양명에 관한 내용을 기술했다. 공자는 스스로가 뜻을 세우고(立志) 종국에 가서 입신양명하는 것이 결국 부모를 기쁘게 해드리는 효의 최종적인 길임을 강조했다. 따라서 전통적 효의 개념으로서의 입신양명은 개인의 입장보다 부모와 가문을 우선하는 의미가 강한 듯 보인다. 그렇다면 현대가정에서의 효교육을 통해서 궁극적으로 어떠한 인간상(人間像)을 목표로 삼고 있는가?

연구자는 과거의 전통적인 입신양명에 대비되는 것으로서 현대에 있어서 '자아실현'에 주목하였다. 물론 현대에 있어서 대부분의 부모들이 자녀에 대해서 바라는 바는 출세지향적인 의식이 지배적이다. 그러나 이러한 부모들의 외적인 욕구가 진정한 현대 가정에서의 효교육의 목표라고 볼 수는 없다. 따라서 효교육을 통한 바람직한 인간상의 추구는 바로 자아실현이라고 상정해 볼 수 있다.

인간의 행동은 욕망만이 산물이 아니라 욕망과 전통과 결합으로 표현된 것이기 때문에 '안으로 파고드는 자아관'이 가정하는 자는 실지로 존재하지 않는다. 욕망은 그 자체로 좋다거나 나쁘다고 말할 수 있는 것은 아니지만, 전통을 도외시할 경우에 언제나 사욕으로 표현된다. 이와는 반대로 만일 우리가 자아를 확장하게 되면, 우리가 찾게 될 자아는 전통 이외에 다른 것이 될 수 없다. 물론 인간의 행동은 전통만으로 표현되는 것도 아니다. 그러나 우리는 인류의 역사를 통하여 사욕을 억제하여 '밖으로 뻗어나가는 자아'를 추구한 사람을 성현으로 추앙하고 사표를 받든다. 성현이나 사표는 사욕과 동떨어져 사는 존재가 아니라 사욕 속에서 전통을 구현한 사람으로서, 노력여하에 따라 우리가 도달할 수 있는 이상적 인간상이다(김영철, 1996).

이러한 관점에서 정범모는 그의 교육철학을 중심으로 자아실현론을 주장했다. 그리고 서구에서는 로저스와 매슬로(Maslow)도 또한 자아실현이라는 관점에 주목했다. 특히 인본주의 심리학자인 메슬로는 인간의 욕구 오단계설[69]을 '인간의 자기실현이라는 욕구

69) 매슬로는 인본주의 심리학자이면서 인간의 욕구 5단계설을 주장했다. 즉, 인간은 하위단계의 욕구가 충족되면 끊임없이 상위단계의 욕구을 추구하게 된다는 주장이다. 욕구 5단계는 1)생리적 욕구 2)안전욕구 3)소속 및 사랑의 욕구 4)존경의 욕구 5)자아실현의 욕구

에서 만족이란 있을 수 없고, 지속적으로 자기성장과 실현을 위해 노력하게 만드는 욕구이다.'라고 주장하였다(조화태 외, 2008, pp.155~156).

이러한 측면에서 현대에 와서 효행의 의미는 자녀의 입장에서 부모로부터 부여받은 자신의 삶을 진정으로 사랑하는 행위라고 볼 수 있다. 따라서 장상호는 자아실현의 의미와 방법에 대해서 강조했다. 즉, '인격의 성숙은 자아의 확대와 비례한다. 보다 더 완벽한 자아실현이란 타인에 대한 봉사를 통해서 가능하다. 타인을 자신의 분신으로 여길 정도로 자기 관심의 범위가 확장될수록 그의 자아는 더 크게 확장된다고 볼 수 있다(장상호, 2009, p.79). 따라서 진정한 효교육의 목표로서 부모는 자녀의 자아실현을 위해서 조력자가 되어야 하며, 또한 반려자가 되어야 한다. 그리고 자녀의 입장에서는 스스로의 성공이야말로 부모의 뜻과 직결되므로, 부모에게 더 없는 기쁨이 되는 것이다.

그러나 부모의 뜻과 자신의 뜻이 일치하지 않을 때는 어떻게 하는 것이 효도인가? 여기에 대해서 공자는 "자식이 부모를 섬김에 있어 세 번까지 간해야 하며, 부모가 듣지 아니하거든, 부르짖어 울면서 부모의 뜻을 따라야 한다."[70]고 「소학」명륜편에서 강조하고 있다. 여기에서 과연 이러한 행위가 진정한 효도라고 볼 수 있는가? 전통적 효의 개념은 부모의 뜻에 따르는 입장이 진정한 자식의 도리라고 강조하고 있다. 그러나 현대적 의미의 효는 과연 어떠한 것인가? 이는 부모의 뜻과 자녀의 뜻이 함께 존중되어야 마땅하지 않을까. 자신이 세운 뜻이 비록 부모의 반대에 부딪칠지라도 그 뜻을 관철시켜 성공했다면, 이를 과연 불효라고 단정 지을 수 있을까. 현재의 삶이 부모에게 복종해서 효도를 했다

---

70) 『小學』, 明倫篇 : 子之事親也 三諫而不聽 側號泣而隨之.

고 해도 후일에 자신의 삶에 후회가 남는 인생이라면 이는 불효라고 볼 수 있다. 따라서 진정으로 나의 철학을 가지고, 가치 있고 보람 있는 삶을 실현하는 것이 부모가 바라는 바이며, 효도의 길일 것이다.[71)]

이 시대의 진정한 효의 의미는 부모에게서 물려받은 자신의 삶을 진정으로 사랑하는 것이다. 맹목적인 복종과 순종만이 효행이라고 볼 수가 없다. 자신의 삶에 끊임없는 사유와 질문을 통한 자신의 철학이 있어야 한다. 비록 세상이 물질중심의 이기적인 삶을 요구할지라도 이를 당당히 거부할 수 있는 진정한 용기가 필요하다. 부모가 없으면, 자신이 아무것도 결정할 수 없고, 부모에게만 의지하는 나약한 인간이 된다면 그것이야 말로 부모 앞에 걱정거리이며, 불효라 아니 할 수 없다.

특히 현대에 있어서 과학의 발달이 가져온 문명의 이기는 결국 자기 철학의 부재와 자기다움(자기 개성)의 상실을 초래했다. 따라서 진정한 교육의 의미는 개개인이 지닌 고유성 혹은 특개성을 존중하고 새로운 자기-되기를 추구하는 '차이의 교육'일 것이라고 김영철은 주장하고 있다(김영철, 2007).

현대는 무엇보다 인터넷의 급속한 발달로 시공을 초월해서 너무도 신속하고 편리한 시대로 전환되었다. 그러나 그 편리함 뒤에 찾아온 것은 바로 자아정체성 상실이다. 따라서 요즘 젊은이들의 성향은 대체로 심각한 사유보다는 순간적인 쾌락을 쫓는다. 인

71) 양명학자인 이탁오라는 분이 있다. 그분은 «분서»라는 책에서 '대효(大孝)', 곧 큰 효를 논한다. 부모가 원하는 것을 따르는 것, 부모를 봉양하는 것은 작은 효다. 근 효는 비록 그것이 부모의 마음을 아프게 하는 것일지라도 자기의 도를 찾는 것이다. 그 결과 죽음을 맞이할지라도 자기 속에 든 자기를 찾아 나서는 것이야말로 진실로 큰 효다. 내 속에 새겨진 부모의 참뜻을 헤아려 그 뜻을 더 넓히는 것, 곧 자기 삶을 찾아나서는 것, 이것이 진정한 효이다. 이 땅의 부모님들도 그렇게 자식을 세상에 내놓으시길 간절히 바란다(우한기, 2010, p.69).

터넷 게임을 즐기고 순간적인 욕망을 채우려 한다. 다시 말해서 사유의 부재와 철학의 부재 속에서 맹목적인 인간으로 변하고 있다. 그리고 대중 속에 자신을 함몰시키는 “자기 동조화”의 특이한 현상이 바로 SNS(소셜 네트워크 시스템)를 통해서 나타나는 기이한 현상들이다. 다른 사람이 믿으면 나도 믿는다. 예를 들면 건널목에서 파란불이 켜지지 않았음에도 자기 옆 사람이 건너면 무의식적으로 자신도 길을 건너게 되는 것을 “자기 동조화”라고 말하는 학자들이 있다. 이러한 맹목적인 행동양식이 바로 자기 철학이 없는 자아정체성의 위기라고 볼 수 있다.

이상에서 살펴본 바에 의하여 부모가 바라는 자녀의 모습은 결국 어떠한 인물로 성장되기를 바라는 것일까? 현대의 진정한 효자상은 결국 자아를 발견하고 스스로 자아실현의 길을 가는 것이라고 볼 수 있다. 이는 결국 부모가 바라는 바이며, 자녀로서의 효를 실현하는 길이라고 볼 수 있다. 따라서 타인이 자신의 성취에 대해서 칭송을 하건 무관심하건 자신의 잠재가능성을 현실화시키는 모든 것을 자아실현이라고 본다(조화태 외, 2008, pp.205~206). 현대에 있어서 진정으로 부모를 위하는 삶은 출세지향적인 삶을 넘어 결국 자아를 실현하는 길이며, 이는 세상을 향해서 스스로 끊임없이 발전적인 삶을 살아가는 것이라고 볼 수 있다.

V. 전통 가정과 현대 가정에서의 효교육

인간은 태어나면서부터 부모와 자녀라는 숙명적인 관계로 된 가정이라는 울타리에서 삶을 영위하게 된다. 오늘날 극도의 물질문명으로 인하여 전통적 가정의 가치가 퇴색되었다. 따라서 가족과 가정이 해체되는 위기의 시대라고 해도 과언이 아니다. 그렇다고 해서 인간 삶의 터전으로서의 가정의 의미는 축소 해석할 수는 없다. 왜냐하면 인간은 결코 가정을 떠나서는 행복할 수 없기 때문이다. 가정은 가족이라는 혈연공동체이며, 식구라는 연대관계를 중심으로 시대와 장소를 초월해서 유지되어야 할 가치의 핵심이다. 전통가정의 대가족중심의 형태가 부부중심의 핵가족의 체제를 갖더라도 가정이라는 그 본래적인 의미는 축소될 수 없는 공동체이다. 전통가정에서 부모와 자녀를 통해서 아니면 형제자매를 통해서 이루어졌던 효교육의 형태가 현대사회에 와서 산업화와 도시화로 인하여 가정에서 자녀와 부모와의 대면하는 시간이 축소되므로 인해서, 가정교육의 역할이 학교의 공교육으로 또는 사교육으로 떠넘겨져 버린듯하다. 하지만 가정을 통해서 이루어지는 부모의 역할과 가정교육을 통해서 채워지는 효교육에 관해서는 그 어디에서도 대체할 수 없다고 본다. 왜냐하면 이미 앞에서 언급했던 것처럼 부모를 통해서 학습되는 효의 본질로서의 사랑과 존경이라는 것은 인간교육의 가장 근원적이며 원초적인 교육의 형태이기 때문이라고 본다. 따라서 성규탁은 '효를 바탕으로 부모에게 하는 태도 및 행동이 우리의 일상생활을 지배하는 생활규범을 이루고 있으며, 인간존중, 인간경애를 지양하는 행동문화의 영향 아래서 우리는 살고 있다'(성규탁, 1993). 따라서 예로부터 '효는 백행의 근본'이며, 모든 학문의 근본이라고 했다. 그리고 무엇보다 교육은 인간의 변화를 목적으로 한다. 모든 사회체계는 교육을 통하여 이루어지고, 교육을 통해서 유지된다. 따라서 전통가정과 현대가정에서의 효교육은 공히 가정에서 부모와 자녀를 통해서 학습된다. 따라서 효교육의 과정은 결국 사회로 나가서 모든 인간관계를 원만하도록 하는 기본적인 훈련이라는 점에서 의심의 여지가 없다. 이제 연구자는 구체적으로 전통가정과 현대가정에서의 효교육의 차이점은 무엇이며, 그 연관성은 어디에 있는가에 대해서 분석해 보고자 한다.

1. 차이점

효교육의 방법은 부모를 통하여 전통가정에서는 수직적이었으며, 대가족을 중심으로 한 부모의 권위와 자애로 이루어졌다. 전통가정에서는 부모와 자녀는 엄격한 생활규범과 예절을 생활속에서 익히는 과정이 요구되었다. 아버지는 언제나 사랑방에 기거하면서 위엄을 갖춘 추상적 존재였으며, 자녀와 자주 대면하기 어려운 반면, 어머니는 언제나 안방에서 자녀와의 빈번한 교류가 이루어졌다. 따라서 어머니는 자녀에게 언제나 편안하고 만만한 존재로 여겨졌다는 것이다. 따라서 자녀에게 어머니는 사랑을 체득할 수 있는 통로였다고 볼 수 있다. 아버지의 엄격한 훈육과 지시 그리고 꾸지람 뒤에는 언제나 따뜻한 칭찬과 위로의 말은 어머니를 포함한 여성들의 몫이었다[72](이홍우, 1993, p.149). 그리고 어머니의 모습은 언제나 자녀들에게 쉽게 노출되는 입장에서

---

72) 이홍우는 기정에서 자녀에게 칭찬과 위로의 말을 하는 여성들을 주로 어머니를 포함해서 조부모라고 지칭한듯하다. 과거 전통가정에서는 아버지 쪽으로 결혼하기 전의 고모들도 포함하고 있다.

어머니의 일거수(一擧手) 일투족(一投足)은 자녀의 효교육에 중요한 영향을 줄 수 있었다고 보여진다. 이러한 측면에서 전통가정에서의 효교육의 원리로서 부모는 언제나 자녀 앞에 엄부자모(嚴父慈母)의 전형적인 모습이었다. 자녀에 대한 어머니의 역할은 언제나 남편과 자녀사이를 연결시켜주는 교량적이며, 중보적인 입장이었다. 그리고 전통가정에서는 주로 아버지가 자녀교육을 책임졌으며, 효교육은 효의 본질로서 경이 중심이 되었다. 경이라는 것은 사랑과 두려움이 복합된 정감이었으며(이계학, 1993), 부모도 예외 없이 언제나 경을 목표로 한 '자기갱신', '자기교육', '자기수양', '자기학습'(이계학, 1993)에 주력하였다. 그리고 아버지가 언제나 엄격한 자세를 유지함으로서, 부모자신으로서 인격도야의 전과정은 자녀로 하여금 무언의 암묵적 교육의 효과로 작용했다고 볼 수 있다. 전통가정에서의 효교육은 무엇보다도 스스로의 사욕을 제어하고, 절제하는 삶이었으며, 이는 부모가 모범과 시범을 통하여 자녀에게 교육하는 방식이었다.

그렇다면 현대가정에서의 핵가족을 중심한 효교육은 어떻게 이루어지고 있는가? 현대는 부모와 자녀의 이대교육의 체계로서, 이홍우의 주장처럼 우선 가옥의 구조가 수평적, 동일 평면적 아파트의 전형적인 형태에서 자녀와의 거리감이 없는 생활이라는 점이다. 그리고 과거 전통가정에서의 아버지의 위엄과 권위보다는 수평적이며 자율적으로 자녀와 스스럼없이 어울리는 관계로 바뀌었다. 현대에서 아버지 역할은 주로 가계의 경제적 책임이 부과되었으며, 자녀와의 대면시간이 극도로 축소되었다. 따라서 자녀교육은 주로 어머니가 책임지는 형태로 바뀌게 되었다. 어머니와 자녀사이는 수평적관계로서 특히 자녀의 학업을 향상시키기 위해서 조력자로서의 역할이 뒤따르게 되었다. 현대의 자녀교육에서 아버지의 역할은 엄격함보다는, 자율 속에서 자상한 아버지의 모습이 더 선호되는 시대가 되었다고 볼 수 있다. 과거 전통에서 엄부의 모습이 현대에서는 자부의 모습으로, 자모의 모습에서 엄모의 모습으로 바뀌어 가는 경향을 띠게 되었다. 그러나 이홍우(1993, p.154)는 현대의 엄모는 전통적인 엄부의 역할을 결코 대치할 수 없다고 주장한다. 이는 부모가 자녀에게 가르칠 수 있는 가장 핵심적인 효교육은 사랑과 공경이라는 측면에서 볼 때 아버지의 엄격함은 필수적인 효교육의 요소이기 때문이다. 즉 다시 말해서 자녀는 가정에서 어머니를 통하여 사랑을 배우고, 아버지를 통해서 공경심을 배우게 된다는 점이다.

그리고 전통가정에서 부모가 바라는 이상적인 효교육의 목표는 입신양명이었다. 이는 개인의 차원을 넘어선 부모와 가문을 위해서의 입신양명이었다고 볼 수 있다. 전통가정을 중심으로 옛 조상들은 입신양명이야말로 효행의 최종목표로 삼았다. 여기에서 보다 중요한 관점은 입신양명은 단순한 개인의 출세지향주의 관점이 아니라 무엇보다도 먼저는 '입신행도(立身行道)'에 있었다는 사실이다. 즉, 수행(修行)의 과정이 언제나 전제되었다는 점을 들 수 있다. 이는 무엇보다도 자아수행이라는 근원적이며, 본질적인 차원에서의 의미를 지닌다. 경을 목표로 한 자기수행의 과정은 개체적인 욕망을 제어하고, 오로지 부단한 입신행도의 길을 추구하였다. 따라서 결국 효교육의 목표는 입신양명이 아니라 '사람다운 사람'(이계학, 1993)이 되는 것이며, 이는 이상적인 인간상으로서의 입신행도에 도달한 사람은 일명 '군자(君子)' 혹은 '선비'라고 지칭되었다.

그렇다면 이제 현대가정에서 효교육을 통한 이상적인 인간상(효자상)은 어떠한 모습으로 설정되고 있는가? 현대가정에서 부모가 자녀에게 행하는 효교육은 그 한계가 너무 많다는 사실을 들 수 있다. 그리고 무엇보다도 자녀에 대한 부모들의 희망은 지식위주의 학습이며, 이는 오로지 입시위주로 집중되어 나타나고 있다. 따라서 현대에 있어서 부모들의 자녀를 향한 한결같은 목표는 자기 자녀를 일류대학에 진학시키고, 미래에 경제적인 능력을 갖춘 인물이 되도록 하는 것이다.

그러나 전통가정 교육에서 입신출세가 목적이 아니었으며, 바로 입신행도가 인생의 목표로 설정되었듯이, 연구자는 현대가정에서의 효교육의 목표는 바로 본질적이며, 근원적인 것으로 볼 때 무엇보다도 '자아실현(自我實現)'에 있다고 보았다. 따라서 내적인 교육의 목표가 바로 인격을 완성하는 길이며, 이는 자아의 정체성(正體性)을 확립함으로서, 궁극적인 교육의 목적인 '자아실현'에 있음을 알게 된다. 오늘날 우리사회가 비록 물질중심의 가치관을 추구하고, 경제적인 능력을 우선하고, 오로지 남보다 우위에 서려는 경쟁사회이지만, 결국 '사람됨에 이르는 인격도야의 길로서 효의 길은 생략할 수 없으며'(유혜령, 1993, p.46) 최종적인 효교육의 길이 바로 '자아실현'의 길임은 의심할 여지가 없다.

<표2> 전통 가정에서의 효교육과 현대 가정에서의 효교육 비교

비교기준	전통 가정에서의 효교육	현대 가정에서의 효교육
가족의 형태	대가족의 삼대(三代)	핵가족의 이대(二代)
아버지의 역할	수직적이며 엄격한 관계 엄격한 교훈과 지시권위(權威)	수평적 협조적이며, 조언과 충고 자율(自律)
어머니의 역할	남편에 자녀에 대한 교량적이며, 중보적 역할 자애	자녀에 대해서 중심적 역할 친밀
모델적 인간상	군자(君子), 선비 입신양명(立身揚名)	기능적이며, 역량있는 자 자아실현(自我實現)

<표2>는 전통가정에서의 효교육은 삼대 대가족의 환경에서 이루어졌다. 이는 조부모와 부모 그리고 부친의 형제자매로 구성된 다수가족의 체계였으며, 따라서 자녀들은 다양한 인간관계를 통해서 효교육이 이루어 졌다고 볼 수 있다. 현대가정에서는 부모와 자녀중심으로 이루어진 핵가족의 체계에서 무엇보다도 할아버지와 할머니의 존재가 가족구성원에서 배제됨으로써, 핵가족의 2대 교육구조로 나타나게 되었다. 전통가정에서는 아버지의 역할로서 대체로 엄격하고 수직적인 훈육과 지시로 권위적인 성향을 띠었다. 현대가정에서는 부모와 자녀와의 관계는 수평적이며, 자율과 친밀 그리고 협조적인 관계로 볼 수 있다. 그리고 아버지의 주된 역할은 경제적인 책임이 강하게 부과되었다는 점을 들 수 있다. 전통가정에서 아버지 중심으로 자녀교육의 책임이 강했으며, 어머니는 가정에서 남편과 자녀사이를 연결해 주는 교량적이며, 중보적인 역할이었다. 현대가정에서는 자녀교육에 어머니의 역할이 보다 강화되었다. 과거의 자모로서의 모습보다는 엄모로서의 성향으로 바뀌게 되었다. 과거와는 달리 주로 어머니가 자녀교육의 중심적 역할을 담당하게 되었다.

가정에서의 효교육을 통해서 목표하는 인간상(효자상)은 전통에서는 군자(君子)이며, 선비를 목표로 삼았으며, 입신양명이 효의 최종목표가 되었다. 그러나 무엇보다도 본질적인 목표로서는 입신행도가 궁극적인 목표라고 볼 수 있다. 입신행도의 길은 평생을 목표로 삼고 끊임없는 자기수행의 과정을 거친다는 의식을 가졌다. 그러나 현대에 와서는 무엇보다도 경제적인 역량을 갖춘 자를 효의 목표로 삼고 있다. 그러나 보다 내적이며, 궁극적인 인생의 목표는 자아실현으로 볼 수 있다. 자아실현을 위한 길 또한 끊임없는 학문의 길이며, 자기수양의 길이 요구된다는 점을 들 수 있다.

2. 관련성

연구자는 이제부터 전통가정과 현대가정에서의 효교육에 관한 차이점에 이어서 관련성에 대해서 논해 보고자 한다. 현대가정에서 효교육의 양상은 전통가정에서 이루어 졌던 효교육이 많이 퇴색되었다고 볼 수 있으나 완전한 단절은 있을 수 없으며, 여전히 현재 우리의 삶에 영향을 미치고 있음을 아래의 구체적 내용을 통해서 확인할 수 있다. 이제 연구자는 구체적인 그 관련성에 관해서 분석해 보고자 한다.

과거 전통적 가족의 체계는 기본적으로 삼대 대가족의 형태를 갖추고 있었다. 현대에 와서도 과거의 의식이 여전히 살아 있음을 우리의 삶속에 남아있는 여러 의식들을 통하여 알 수 있다. 예를 들어 우리사회에서 통상 초면일 경우에 인사를 나누면서 무엇보다도 상대방의 성씨가 무엇이며, 본관이 어디냐고 묻게 된다. 이는 바로 상대방이 어느 조상과 혈통에서 연유하고 있는지를 확인하는 절차라고 볼 수 있다. 다시 말해서 혈연관계에 연유된 조상과 뿌리에 대한 물음이다. 한국인은 이렇게 문명화된 현대를 살아가면서도 자기가 소속된 가문과 연관된 족보에 대한 의식이 여전히 살아남아 있다는 증거로 볼 수 있다. 만일 통성명(通姓名)을 통해 같은 성씨(姓氏)와 동본(同本)을 확인할 경우에는 이는 같은 뿌리를 둔 조상이라는 입장에서 서로 강한 동질감(同質感)과 소속감을 느끼게 된다. 이는 과거의 성씨를 중심으로 어떠한 가문(家門)이며, 조상들인가를 서로 확인하고, 자기 조상에 대한 자랑과 함께 그 후손된 자부심을 갖기도 한다. 따라서 옛 전통에서 가문을 중시여기는 이러한 정서는 현대에 있어서도 여전히 확인되는 예라고 볼 수 있다.

또한 한국의 대표적인 민족 대명절로 '설날'과 '추석(秋夕)'을 들 수 있다. 이때가 되면 도시에 사는 수많은 사람들이 고향을 찾게 된다. 도시에서 고향으로 움직이는 차량으로 교통의 대란을 겪는 민족 대이동이 벌어진다. 우리사회의 이러한 양상은 조상을 찾고자하는 의식의 발로에서 비롯된다. 이 또한 동일한 맥락에서 스스로의 정체성과 뿌리를 찾고자하는 의미로이해할 수 있다. 사실 현대의 합리적 사고와 실용적인 사고라면 명절의 교통체증을 피해서 다른 휴일에 고향을 찾을 수도 있다. 그러나 굳이 어려움을 무릅쓰면서까지 명절에 고향을 찾고자 하는 정서는 자기정체성에 대한 확인이라고 볼 수 있다. 내가 속해 있는 고향을 방문함으로써 자신의 조상과 부모형제 친척을 만나고 함께 소속감과 연대감을 가져 보고자 하는 동기에서 비롯된다. 나라는 존재는 과거 조상들과 연결되어있고 현재의 부모와 연결되어있는 존재이다. 한편, 전통 대명절의 의미는 전통문화의 재현으로 이해될 수 있다. 오늘날 핵가족으로 형성되어 있는 체계에서 명절을 기하여 흩어졌던 삼대 대가족들이 고향에서 함께 대면하고 전통 명절을 지내는 것은 특별한 의미를 갖는다. 이는 부모와 자녀와의 반가운 만남이면서 또한 손자손녀들에게는 조부모와의 만남이다. 그리고 무엇보다 설날의 의미는 새로운 한해의 시작을 특별한 의식으로서 조상께 차례를 지내는 것으로 시작된다. 명절을 맞이하기 전에 정성껏 준비한 음식을 차리고 또한 전통적인 한복으로 갈아입고 전체 가족이 한자리에서 차례를 지내는 의식은 다소 엄숙한 분위기에서 이루어진다. 물론 과거 전통가정에서 대가족이 함께 치르는 의식에 비해서 다소 간소한 형식의 절차로 볼 수 있다. 하지만 이러한 의식은 특히 젊은 세대에게 있어서 의미 있는 효교육의 자리가 될 수 있다. 이는 조상에 대한 공경의 의식이며 부모에게도 공경심을 갖게 되는 의미로 작용된다고 볼 수 있다. 아침 차례의식이 끝나면 조부모와 부모에게 올리는 세배의식이 있다. 먼저 조부모, 부모에게 손위에서부터 손아래에 이르기까지 정렬해서 올리는 세배는 통상 큰절을 하면서 '새해 복 많이 받으세요!'라는 기원을 담아서 하게 된다. 그러면 세배를 받은 조부모와 부모는 얼마간의 세뱃돈을 건네주면서, 자녀와 손주들에게 한해의 덕담을 한마디 하게 된다. 그 덕담은 일반적으로 한해의 소원성취를 바라는 마음으로 축복의 덕담이라고도 볼 수 있다. 세배가 끝난 다음은 가족이 설음식으로 식사를 나누고 이웃 친척과 이웃 어른들에게도 세배를 하기 위해서 가정방문을 하기도 한다. 이러한 세시풍속이 사실 우리사회에서 점점 사라져 가는 추세이지만 아직도 단절되지 않고 시골 곳곳에서 행해지고 있다. 이러한 형태의 의식은 현대의 핵가족이라는 분위기의 일상적 삶에서 삼대의 대가족의 분위기를 경험하는 특별한 의미라고 볼 수 있다. 효의 의미는 부모에 대한 공경의 표현이라면, 명절에 조상 앞에 차례를 지내고, 세배를 할 때 큰절을 올리는 형식은 바로 공경심의 전통적인 표현이라고 볼 수 있다. 한편 추석명절은 주로 한해의 농사를 지은 오곡백과를 조상들에게 올리며, 특별히 부모와 조상들의 성묘(省墓)도 갖는다. 특히 추석명절 음식으로 대표되는 것은 반달같이 생긴 송편이다. 가족이 오순도순 모여서 추석 전날 할머니가 손주들에게 송편 빚는 법을 가르쳐 주고, 함께 정을 나누는 짧은 시간은, 삼대가족의 소중한 만남이며, 가정에서의 효교육의 장으로도 볼 수 있다. 사실 과거 전통가정에서는 일상의 삶이 삼대 대가족을 중심으로 이루어지는 효교육의 형태라고 볼 수 있다. 효교육에 있어서는 무엇보다도 예의에 대한 엄격한 교육을 실생활 속에서 체득하는 과정의 연속이라고 볼 수 있다. 예를 들어서 자녀가 사랑방의 아버지 앞에 무릎을 꿇고 다소 긴장된 마음으로 훈육을 듣게 되는 경우가 있다. 이러한 유형이 하나의 효교육의 형태라고 한다면, 현대에 있어서는 명절날 특별히 짧은 기간에 이루어지는 여러 가지의 의식들과 함께 웃어른들과의 관계성에서 이루어진다고 볼 수 있다. 그리고 세배의 형태로서 큰절을 올리고, 웃어른으로부터의 짧은 덕담을 듣는다. 이는 전통 가정에서의 훈육의 의미와는 확실히 차이가 있으나, 형태와 의미는 같은 맥락에서 온 것이라고 볼 수 있다. 그리고 고향에서의 삼대가족과의 대면과 조상 그리고 부모에 대한 예의를 갖추는 의례적 행사는 현대의 가정에서 이루어지는 효교육의 소중한 시간이라고 볼 수 있으며, 체험의 기간이라고도 할 수 있다. 이러한 관점에서 볼 때 전통가정에서 이루어지는 교육의 형태는 끊임없이 현대에도 연관성을 갖고 전승되어 지고 있다는 사실이다. 물론 현대가정에서 부모와 자녀의 수평적인 관계에서 가정교육이 자율적으로 이루어지는 형태이지만, 이러한 가운데서도 과거의 전통적 의식이 아직도 살아있음을 알게 되었다. 연구자는 특히 짧은 명절기간에 한해서 이루어지는 삼대 대가족과의 만남과 체험의 과정은 하나의 특이한 효교육의 장으로 분석해 보았다.

마지막으로 가훈에 관한 내용을 들 수 있다. 이는 과거 전통 가정에서 대대로 내려오는 가문의 도덕적 덕목으로서의 가르침을 말한다. 가정에서 그 가훈을 중심으로 삶의 지표로 삼기도 했다. 이러한 전통적인 유형은 현대에 있어서도 가정에서 도덕적 지침의 하나를 정해서 부모와 자녀가 이를 생활 속에서 실천하고자 하는 의식을 여전히 갖고 있음을 볼 수 있다. 어떤 가정에서는 안방이나 거실에 붓으로 쓴 가훈을 걸어놓기도 한다. 예를 들면 유가의 가르침으로서 '가화만사성(家和萬事成)'이라는 대표적 명구를

택해서 가훈으로 삼기도 한다. 특별히 경주 교동 한옥 마을 최부자집은 오늘에 이르기까지 그 가문의 가훈은 많은 사람들에게 감동을 주고 있으며, 한국의 '노블레스 오블리주 (noblesse oblige)'[73]를 행동으로 보여준 대표적 가문으로 칭송받고 있다. 최씨 가문의 가훈은 여섯가지 내용의 지침이라고 해서 육훈(六訓)[74]이라 칭하기도 한다. 이러한 가문의 가훈은 전통이 끊이지 않고 오늘에 이르기 까지 귀중한 행동의 지침으로 여겨지기도 한다.

현대에 있어서 급격한 도시화와 산업화의 영향으로 대부분의 젊은 층들이 도시에 삶의 기반을 두고 있다. 이러한 형태에서 명절 때에 고향을 찾는 민족대이동이라는 특이한 현상이 벌어진다. 이는 세계 그 어디에서도 유례를 찾아보기 어려운 모습이라고 볼 수 있다. 이는 고유한 한국의 전통에 근거를 두고, 이루어지는 독특한 전통문화이다. 다시 말해서 이는 한국의 삼대 대가족의 문화에 기반을 두고 나타나는 정서의 표현이라고 볼 수 있다. 이러한 현상은 전통적 효의 가치가 아직도 현대사회에 영향을 미치고 있다는 증거가 아닐 수 없다. 연구자는 효의 본질적 의미를 앞에서 부모에 대한 공경과 사랑이라고 기술했다. 이러한 측면에서 명절에 조상의 산소를 찾아 성묘를 하고, 부모에 대한 존경심과 보은의 표시는 여전히 현대에도 우리사회에 연속적으로 이루어지고 있는 현상으로 해석되며, 앞으로도 계속 지속될 귀중한 가치와 덕목으로 여겨진다. 그 이유를 아래의 두 가지로 설명할 수 있다.

첫째, 가정에서 이루어지는 효교육은 사회생활의 기초교육이

73) 노블레스 오블리주 : 사회적으로 높은 신분에 있는 사람이 그에 상응하는 도덕적 의무를 뜻하는 말이다.

74) 육훈(六訓) 최씨 가문의 집안을 다스리는 지침: 1)과거를 보되 진사이상 벼슬을 하지 말라. 2)만석이상의 재산은 사회에 환원하라. 3)흉년기에는 땅을 늘리지 말라. 4)과객을 후하게 대접하라. 4)주변에 100리 안에 굶어 죽는 사람이 없게 하라. 6)시집 온 며느리는 3년간 무명옷을 입어라.

라는 관점이다. 전통적 가정에서 부모와 자녀와의 관계를 통해서 이루어졌던 효교육은 여전히 현대에 있어서도 똑같이 적용되고 있다. 그리고 부모는 자녀교육에서 부모로서의 역할을 회피할 수 없는 책임소재가 있다. 오늘날 학교와 사회에서 빈번하게 벌어지는 청소년들의 폭력과 학교 안에서의 따돌림 문제는 일정부분 가정교육의 부재(不在)에서 비롯되었다. 따라서 가정교육에서 부모의 역할과 중요성은 아무리 강조해도 지나침이 없다. 따라서 현대에서도 정도의 차이는 있을 수 있지만 부모에 대한 존경심을 갖도록 효교육이 이루어져야 한다. 현대 가정에서 자녀와 한데 어울리는 수평적 관계 때문에 자녀로부터 존경의 대상이 되지 못한다는 주장은 잘못된 편견이라고 볼 수 있다. 과거 전통가정에서 끊임없이 부모가 위엄을 갖고 효교육이 이루어졌듯이, 현대 가정에서도 여전히 효에 관한 자녀의 교육을 무시할 수 없는 필수사항으로 취급하고 있다. 따라서 효교육은 부모를 통해서 학습된 사랑과 존경의 마음은 그대로 사회생활에서 모든 인간관계에 적용되는 기초교육이 된다. 전통가정에서 인간관계를 위한 엄격한 예절교육을 몸에 익히도록 부모가 솔선하여 지도했다. 마찬가지로 오늘날도 여전히 그런 효교육이 인성교육의 핵심가치로 생활 속에서 점점 중시되어져야 할 부분이다.

둘째, 효교육에서 그 방법과 실천은 변해 왔지만, 효의 가치와 본질(사랑과 존경)은 변하지 않고 계속적으로 전승되어 왔다는 점이다. 전통가정에서 부모와 자녀의 관계를 예로부터 인륜(人倫)이며, 천륜(天倫)적인 관계로 규정했다. 따라서 부모와 자녀의 관계성은 인위적으로 떼어 놓을 수 없는 숙명적 관계이다. 이러한 측면에서 '효는 시대가 바뀌어도 변하지 않는 것이다'(성규탁, 1995, p.37). 그리고 그 관계성이 단절될 수 없는 영속성과 계속성으로 이어진다. 따라서 효의 규범과 가치는 전통에서나 현대에서나 정도의 차이는 있을 수 있으나, 끊임없이 현대에도 지속되고 있다는 점을 이해해야 한다. 이는 부모가 살아있을 때는 물론이고 부모의 사후에도 여전히 효행으로 나타나고 있다는 점이다. 그 이유는 자신은 부모와 조상과의 연관성을 갖고 있는 존재이기 때문이다. 이러한 관계성은 우리사회의 질서와 체계를 유지하면서 지속되어가는 근거라고 볼 수 있다.

Ⅵ. 요약 및 결론

1. 요약

본 연구의 목적은 전통과 현대의 효교육 비교를 통하여 오늘날 심각하게 직면하고 있는 청소년들의 문제해결에 역점을 두고 이루어졌다. 연구자로서 이러한 문제해결의 실마리는 무엇보다도 가정에서 효교육을 통하여 그 방안을 찾고자 했다. 결국 전통과 현대에서 효교육의 궁극적인 목표는 무엇보다도 지정의(知情意)를 골고루 갖춘 올바른 인간형성에 있다. 전통이라는 것은 현대에도 끊임없이 혼재하고 있으며, 여전히 영향을 미치고 있다는 점과 과거 전통적 효교육이 가정에서 어떻게 이루어져 왔는가를 살펴보았다. 이는 오늘날에 있어서 날로 증가하고 있는 청소년 범죄의 원인이 가정에 있다는 관점에서 미루어 볼 때, 가정에서 효교육의 필요성은 너무도 절실하다.

따라서 연구자는 본 연구의 목적을 수행하기 위하여 먼저 Ⅱ장에서 본 연구의 이론적 배경을 중심으로 전통문화와 현대문화의 연관성에 대해서 언급하였다. 그리고 무엇보다도 전통문화 속에서 현대문화의 교훈과 법칙을 찾아야한다는 입장을 기술하였다. 효교육은 그 특성에 있어서 가정에서 이루어져야 한다고 보았으며, 무엇보다 효교육에 앞서 효의 개념에 대한 분석은 효관련 문헌을 탐색하였다. 효는 인간의 삶에서 '백행의 근본'이라는 관점에서 가정을 중심한 유교적 인간윤리로서 그 개념을 정리하였다. 그리고 또한 효의 교육적 의미가 무엇인지를 분석해 보았으며, 효교육은 학교라는 공간에서만이 이루어지는 것이 아니라는 전제하에서 접근했다. 인간을 대상으로 해서 이루어지는 효교육은 바로 인간의 삶과 연관성을 갖고 이루어지는 것이 효교육이라고 보았다. 그리고 가장 근원적이며 기초적인 효교육은 바로 가정에서 부모와 자녀의 관계를 통해서 이루어져야 한다는 것을 염두에 두고 접근을 시도했다. 가정에서 비형식적인 형태로 효교육이 이루어지는 전 과정은 인간의 인격형성에 중요한 부분을 차지한다는 점에 주안점을 두었다. 따라서 효교육의 핵심은 효의 본질적인 부분인 사랑과 공경으로 보았으며, 효교육은 부모를 통해서 체득하게 되는 것이니 만큼 부모역할의 중요성을 간과할 수 없다고 보았다.

Ⅲ장에서는 전통적 가정에서의 효교육은 어떻게 이루어 졌는가를 살펴보면서 먼저 대가족과 교육삼대(教育三代)를 통한 가족의 형태와 효교육이 삼대가 한 가족으로 이루어져 온 배경은 무엇이었는가를 살펴보았다. 전통 가정은 농경문화를 배경으로 해서 가부장적인 체제를 중심한 부자관계(父子關係)라는 수직적 특성을 갖고 있었다. 특히 과거 농경사회에서는 무엇보다도 농사에 대한 많은 경험이 있는 윗사람들이 자연스럽게 존경을 받게 되었다. 따라서 연장자에 대한 존경과 질서관계는 어렵지 않게 이루어 졌다고 볼 수 있다. 그리고 전통적 가족의 형태는 조부모와 부모 그리고 부계 쪽으로의 형제자매를 포함해서 대가족의 형태를 띠고 있었다. 가정에서의 효교육의 형태는 무엇보다도 부모의 역할이 중요하였으며, 부모 중에서도 부친의 역할이 절대적이었다고 보았다. 전통가정에서의 가옥의 구조는 사랑방과 안방으로 구분되었다. 아버지는 언제나 사랑방에 기거하면서 위엄과 권위적인 존재로서, 동시에 어린자녀에게 있어서는 '두려움'의 존재로 비춰졌다. 그리고 이에 대조적으로 어머니는 언제나 생활 속에서 자녀와 빈번히 대면하게 되는 만만한 존재로서 주로 안방에서 자녀와 자주

접촉하게 되는 존재였다. 이러한 측면에서 어머니 또한 아버지 못지않게 효교육에 있어서 중요한 역할분담이 주어졌으며, 어머니는 무엇보다도 남편과 자녀사이에서 보조적이고, 교량적이며, 중보적인 성격을 띠고 있는 입장으로 보았다. 자녀에 대한 전통적 가정교육은 주로 가정에서 효를 근간으로 해서 실천적인 내용이었다. 이는 주로 생활 속에서 자녀의 엄격한 자세와 규율을 몸에 익히도록 교육했다는 사실이다.

그리고 전통가정에서 효교육을 통해서 이루고자 하는 목표는 바로 입신양명이라고 보았다. 입신양명은 단지 출세지향적인 의미로서가 아니라 입신행도가 보다 본질적이며, 궁극적인 목표로 보았다. 효교육의 목표로서 입신행도의 길은 하루아침에 갑자기 도달되는 것이 아니며, 누구를 막론하고 일생을 두고 가야 할 길로 보았다. 이러한 입신행도의 길에 도달한 인간상을 전통에서는 '군자' 혹은 '선비'라고 지칭했다.

Ⅳ장에서는 현대가정에서의 효교육은 변화된 가족의 구조와 배경으로서 핵가족과 교육이대는 사실 가정교육의 어려움이 불가피하게 나타날 수밖에 없었으며, 무엇보다도 전통적인 아버지의 권위와 위엄이 약화되는 경향으로 나타났다는 사실이다. 현대는 수평적 핵가족을 중심으로 부모는 자녀에게 자율과 친밀한 관계성을 갖고 효교육이 이루어지게 되었다고 연구자는 보았다. 아버지가 자녀에게 주로 이루어 졌던 전통 가정에서의 효교육이 현대에 와서는 어머니 쪽으로 비중이 주어지게 되었다는 점을 들 수 있다. 특히 현대에 와서는 가정에서 정서적인 효교육 보다는 입시위주의 교육으로 치중되는 경향이 나타나게 되었다. 이러한 측면에서 전통가정에서 이루어졌던 효교육의 양상을 살펴보면서 연구자는 현대에 있어서 자녀의 올바른 교육을 위해서 전통가정에서

의 효교육의 형태와 방법으로서 아버지로서의 권위를 어느 정도 되살리는 것이 필요하다고 보았다. 왜냐하면 효교육은 역시 '엄부자모'라는 관점에서 아버지의 권위와 위엄의 부재는 가정에서의 근본적인 효교육의 효과를 기대하기 어렵다는 점이다. 전통 가정교육에서 어머니의 입장으로서의 중보적이며, 교량적 역할이 강조되었던 것과 같이, 아버지로서의 교육적 역할분담이 여전히 필요하다는 점에 강조점을 두었다.

그리고 현대가정에서 효교육을 통하여 이루고자 하는 목표를 연구자는 '자아실현'으로 보았다. 자아실현의 과정은 인간교육 특히 효교육의 궁극적 목표라고 할 수 있다. 연구자는 자아실현이야말로 부모에게서 물려받은 모든 것을 사랑하는 행위이며, 이는 결국 효행으로 직결되는 길이라고 보았다.

마지막으로 V장에서 연구자는 전통과 현대가정에서의 효교육을 차이점과 관련성을 분석하였다. 이러한 탐색의 과정을 통하여 전통과 현대가정에서의 사회구조적 변화로 인한 효교육의 불가피한 변화의 상황을 인식해야 한다는 점도 강조하였다. 현대사회가 아무리 급격히 변화되고 현대화되었다고 해도 인간이 갖추어 할 기본적이며, 근본적 가치는 계속적으로 유지되어야 한다. 이는 아무리 현대의 핵가족의 체제일지라도 부모와 자녀사이에서의 인격형성의 길로서 효교육은 결코 생략할 수 없다는 점이다. 따라서 효의 본질로서 사랑과 존경은 퇴색됨이 없이 가정에서 계속적으로 이루어 져야 할 중요한 덕목으로서 효교육의 핵심이라 아니할 수 없다. 결론적으로 연구자는 가정에서 부모를 통하여 교육되고 체득되어지는 효교육의 핵심적 요소(사랑과 존경)는 결국 사회에서 모든 인간관계에 적용되어야 할 중요한 덕목으로 보았다.

2. 결론

본 논문은 전통적 효교육과 현대적 효교육의 비교를 가정교육을 중심으로 분석했다. 전통은 현대에서 적용될 가치가 없는 것이라고 단정하기는 어렵다. 왜냐하면 서구교육의 영향으로 나타난 오늘날 우리의 교육현장은 오히려 많은 문제점을 안고 있기 때문이다. 이러한 오늘의 상황을 직시하면서 과거 역사의 전통 속에서 삶의 지혜를 찾는 겸허한 자세가 필요하다고 본다. 공자는 온고이지신(溫故而知新)을 말했다. 이는 '옛것을 통해서 새로운 것을 찾아야 한다'는 것을 강조한 부분이라고 여겨진다.

사실 현대사회는 극도로 물질문명의 풍요 속에서 오히려 정신적 빈곤과 갈급함을 느끼고 있다. 그리고 대중 속에 개인은 고독을 느끼면서 또한 미래에 대해 막연한 불안감을 느낀다. 요즘 세대들은 또한 어떠한 권위도 인정하지 않으려고 하면서 자유분방하게 살아가려고 하는 경향이 있다. 이제 현실의 편리함 속에서도 한편 과거의 전통적 가치에 눈을 돌릴 필요가 있다. 그리고 조상들이 가르쳐온 삶의 지혜와 교훈에 주목해야 할 부분이 있다고 본다.

앞에서 이미 언급했듯이 과거의 전통적 농경사회에서는 농사에 대한 경험을 바탕으로 생산력을 증가시켜 왔기 때문에 농사에 대한 경험을 가진 연장자에 대한 존경심이 자연스럽게 이루어졌다. 그러나 현대는 기술정보화시대로 사회구조와 그 성격이 변했다. 따라서 생산력을 중심으로 볼 때 오히려 구세대보다는 젊은 세대들이 더 많은 생산적인 기술과 정보를 소유하고 있다. 따라서 젊은 세대들이 윗사람들에 대한 존경심을 갖기란 어려운 사회적 환경이다. 윗사람에 대한 존경심이 사라진다면 과거의 전통적 가치와 규범은 설자리가 없어진다. 그렇다면 이제 정신적 빈곤과 갈급함을 채워줄 수 있는 새로운 가치체계를 어디에서 찾을 것인가? 철학이 부재한 현대인은 이러한 근원적인 질문에 목말라 하면서 철학적 사유를 필요로 한다. 인간의 삶에서 철학적 사유가 없는 삶은 곧 죽은 삶이다. 인간에 대한 교육은 바로 철학적인 사유에서 출발한다. 따라서 학교라는 공간은 바로 철학적 사유가 이루어지는 장이 되어야 할 것이다. 이러한 측면에서 효교육은 일방적인 주입식이 되어서는 안 된다. 특히 현대사회의 특징은 다양한 문화가 공존하고 있는 사회이다. 따라서 그 다양함 속에서 무엇보다도 자율적인 소통과 조화와 다양한 개성의 존중이 전제되어야 한다.

사실 과거 전통중심의 일방적 개념의 효를 주입식으로 강요하는 것은 교육이라고 보기 어렵다. 따라서 현대사회는 효교육을 위해서 보다 다양한 의견의 소통과 조화 그리고 다양한 개성이 수용되는 열려진 교육의 장이 형성되는 것을 우선 목표로 삼아야 한다. 왜냐하면 규범의 틀에 박힌 인간을 만들어내는 것이 결코 효교육의 목적이 아니기 때문이다. 다시 말해서 과거의 전통적 규범과 가치관의 틀만을 강요하기에 앞서서 보다 유연한 자세로 부모와 자녀, 스승과 제자가 애경을 바탕으로 소통을 하고 조화를 이루어 나간다면 그것이야말로 이미 성공적인 효교육이 이루어진 것이다. 학교와 가정에서 아무리 강압적으로 주입식 효교육을 해도 교육자와 피교육자 서로 간에 사랑과 존경의 공감대가 형성되지 않는다면 의미 없는 허상이며, 허공에 사라지는 메아리일 뿐이다.

효교육은 단순히 개념을 정하고, 이론을 한정하는 작업만이 아니라 인간 내면에 자리 잡은 부모를 향한 원초적 정서를 일깨우는 작업이라는 점을 이해해야 할 것이다. 또한 효교육은 인간의 삶을 최고의 가치 있는 삶으로 인도하는 보편적 가치를 일깨우고 체득시키는 시도이며, 인간의 삶에 뿌리를 둔 문화 전승의 숭고한 노력이라고 규정하고 싶다. 또한 단순히 전통적인 효의 개념에 틀 지우려는 것 보다는 효의 내적가치와 본질을 더욱 더 발전시켜가려는 노력이 필요하다고 본다. 효의 본질로서의 사랑과 존경은 가정에서 부모와 자녀사이에 자연스러운 교육을 통해서 체득되어 모든 인간관계에서 발현되어져야 할 기초교육이며, 기본교육이라고 본다. 따라서 가정에서의 삶은 하나의 자녀교육의 현장이다. 현대에 있어서 모든 교육을 학교에서만이 이루어진다는 생각은 그릇된 생각이라도 볼 수 있다. 과거 전통가정과 현대가정에서 이루어지는 효교육이 외적인 인생의 성공과 출세에 있는 것이 아니다. 결국 자신의 인격완성이며, 이는 바로 '자아실현'으로 귀착된다고 본다. 이는 인간이면 누구에게도 예외 없이 똑같이 주어진 삶의 목표라고 할 수 있다. 전통과 현대에 있어서 모든 교육의 궁극적 목표는 경에 있으며, '이 경을 확립할 때 인간은 비로소 인격을 확립하게 된다'(이계학, 1993, p.284).

결론적으로 이제 효교육을 중심으로 한 전통 가정교육을 통해서 보다 더 가정교육의 중요성을 깨달아야만 할 것이다. 이젠 스스로 삶의 자리에서 전통과 현대가 만나고 또한 조화를 모색해야한다. 그것은 스스로의 끊임없는 사유를 통해서 과거와 현재의 고착된 통념과 습관성을 깨고, 스스로에게 주어진 '자아실현'을 향한 가능성의 지평을 열어가는 길이라고 본다.

참고문헌

원전

김형찬 역(2007). 「論語」. 서울: (주)홍익출판사.
황병국 역(1990). 「孝經」. 서울: 혜원출판사.
권영환 역(2000). 「孝經」. 서울: 전원문화사.
이민수 역(2003). 「明心寶鑑」. 서울: 을유문화사.
성백효 역(2007). 「童蒙先習」. 서울: 전통문화연구회.

단행본

김구(2011). 도진순 역해. 「쉽게 읽는 백범일지」. 파주: 돌베개.
김득황(1978). 「한국고대도덕의 연구 」. 서울: 백암사.
김종두(2011). 「효의 패러다임과 현대적 개념」. 서울: 명문당.
김익수(2008). 「退溪의 孝 思想과 家族文化의 형성」. 한국사상과 문화 제44집. 서울: 한국사상문화연구원.
김영철(1998). 「전통 가정교육 연구」. 서울: 문음사.
김용석·이재민·표정훈(2011). 「한국의 교양을 읽는다 1 종합편」. 서울: 청아문화사.
금장태(2000). 「한국의 선비와 선비정신」. 서울: 서울대학교출판부.
다이안 맥도넬(1992). 「담론이란 무엇인가: 알귀세 입장에서의 푸코· 포스트 맑시즘 비판」. 임상훈 역. 서울: 한울.
루스베네딕트(2001). 「국화와 칼」. 김윤식·오인석. 서울: 을유문화사.
박명석(2001). 「세계화와 동·서양 문화 간 커뮤니케이션」. 서울:

태학사.
박이문(1997).「문명의 위기와 문화의 전환: 생태학적 세계관을 위하여」. 서울: 민음사.
박철호(2010).「효학의 이론과 실천」. 파주: 한국학술정보(주).
박철호(2000).「효윤리학」. 인천: 도서출판 좋은 세상.
배갑제(1998).「인성과 효도」. 서울: 사단법인 한국 효도회.
이계학·유혜령·손직수·이홍우(1993).「한국인의 전통가정교육사상」. 서울: 한국정신문화연구원.
이희승(1981).「민중엣센스 국어사전」. 서울: 민중서림.
이홍우(2006).「지식의 구조와 교과, 개정· 증보판」. 서울: 교학사.
우한기(2010).「한국의 교양을 읽는다 5 인문편」. 서울: (주)휴머니스트 출판그룹.
유한구(2000).「효의 의미: 교육학적 해석: 교육의 동양적 전통1」. 서울: 성경제.
성규탁(1995).「새 시대의 효」. 서울: 연세대학교출판부.
장상호(1991).「교육학 탐구영역의 재 개념화」. 서울: 정민사.
장상호(2005).「학문과 교육판부」. 서울: 서울대학교출판부.
장상호(2009).「학문과 교육(2)」: 교육본위의 삶」. 서울: 서울대학교출판부,
조화태·김계현·전용오(2008).「인간과 교육」. 서울: 한국방송통신대학교출판부.
최성규(2005).「한국인의 효」. 서울: 코리아헤럴드 출판사.
한균자 외 14인 공저(2009).「한국 사회문제」. 서울: 한국방송통신대학교출판부.
Zeilfelder, Eunsook Lee, & 평택대학교 다문화가족센터(2008).「한국사회와 다문화가족」. 파주: 양서원.

논문

김정문(2004). “효 윤리체계에 의한「효행설화」분석”. 성산효도대학원 석사논문.

김영철(2007).「들뢰즈와 가타리의 천개의 고원에 나타난 교육 이미지」. 교육인류학연구, 10(1).

김영철(1998). “전통문화와 교육”. 한국교육. Vol. 25, No. 1.

김영철(1998). “전통교육의 개념과 그 현대적 의의”. 교육이론 제10권 제1호, 서울대학교 사범대학 교육학과. pp.147-165.

류한근(2001). “공동체주의에 의한 효 윤리체계 연구”. 성산효도대학원 석사논문.

설혜숙(2009). “효 사상의 교육적 의의와 지도방안 연구”. 부산교육대학교 석사논문.

신수자(2005). “전통태교문화와 현대 태교문화 비교:「태교신기」와 문화기술을 중심으로”. 충북대학교 대학원 석사논문.

손직수(1993). “「사소절」에 나타난 전통 가정교육”. 한국정신문화연구원.

유혜령(1993). “전통 가정교육의 사회적 배경”. 한국정신문화연구원.

유혜령(1993). “전통 가정교육의 인간상”. 한국정신문화연구원.

이홍우(1993). “전통 가정교육의 방법적 원리”. 한국정신문화연구원.

이홍우(1993). “한국인의 전통 교육사상과 가정교육”. 한국정신문화연구원.

정근효(1997). “孝概念의 探索과 그 現代的 理解”. 韓國教員大學校 教育大學院碩士學位論文.

최정희(2011). “新家庭 교육에서의 아버지 연구: 1920~30년대 신문 잡지를 중심으로". 고려대학교 석사논문.
한용섭(1997). "가족형태의 변화가 가정교육에 미치는 영향". 단국대학교 교육대학원 석사논문
허세일(2001). "효의 도덕교육적 함의". 서원대학교 교육대학원 석사논문.

기타자료

《조선일보》. 2012년 3월 23일자.
브리태니커 백과사전, http://preview.britannica.co.kr(검색일: 2012, 5, 22).

ABSTRACT

A comparison study of traditional and contemporary education of filial piety

-Focused on the family education-

Kim, Myung-Woon

Department of Education
Graduate School, Chungbuk National University

Supervised by Professor Kim, Young-Chul ph.D.

Summary

This study has been done for finding a solution to young people's problems through comparing filial piety education in modern family with that in traditional family. I made a point that the filial education can be a solution for the problem because the education has an important role for human personality formation in the modern family and the traditional family altogether. The target to achieve through the filial piety education are 'rising in the world and winning fame' in the traditional family and 'self-realization' in the modern family. These are connected to the personality formation through knowledge, sense and justice after all.

This researcher has done the study as follows:

Firstly, I mentioned the relation of traditional culture and modern culture. Also, I described the viewpoint that the lessons and rules for the modern culture must be found in the traditional culture. Thinking that the filial piety education should, in its characteristics, be done in family, I have looked into the literature related with filial piety for the concept of filial piety before the filial piety education. Filial piety is 'the root of every behavior' in human life. I thought that the education having human as its subject is done in relation with human life. And I approached considering that the most fundamental and basic education should be done through the relation of parent and children in the family. I made a point that the whole course in which the education is done in not-formal shape in the family has an important part for human personality formation.

Secondly, looking into how the filial piety education in the traditional family has been done, I examined what the background is in which the family form through a large family and three educational generations and the filial piety education are made into one family. It is found that the traditional family having agrarian culture as its background has vertical peculiarity as patricentric father-children relationship. The family has the shape of a large family including grand parent and parent, and brothers and sisters in the paternal line. For the filial piety education of family, above all, parental role, especially fatherly role, is thought to be absolute. The structure of the traditional family is divided into the reception room and the sitting room. The father, always living in the reception room, is thought by his young children as a being of dignity and authority On the other hand, the mother is a being often contacted with her children. In this viewpoint the motherly role is also a role-sharing as important as the fatherly role. The mother has her position of assistant, connecting and mediate character between her husband and children. The traditional family education for children is mainly practical with the root of filial piety in the family. In that education children's strict carriage and discipline is emphasized to become their habitual behaviors in their lives.

And in the traditional family the target to achieve through the filial piety education is 'rising in the world and winning fame'. The rising in the world and winning fame is thought not merely as having meaning of success in life, but as having 'rising in the world and practicing moral principle' as its ultimate object.

Thirdly, for the filial piety education of modern

family the difficulty of family education appeared inevitably owing to a nuclear family and two educational generations as changed family structure and background, and, above all, the traditional fatherly authority and dignity is showing a tendency of getting weaker. This researcher thought that in the modern times centering on horizontal nuclear family, the education can be done in self-regulation and as parent have an intimate relationship with their children. The traditional family education in which mostly the father educated his children has changed the direction to the mother in the modern times. In this viewpoint this researcher, while looking into the aspect of the traditional family education, thought that it is necessary to bring to life the fatherly authority for the right education for children in the modern times, for the filial piety education in the family is difficult to be expected in the present situation where the fatherly authority and dignity disappeared. I emphasized that the fatherly educational role-sharing is still necessary in the modern times just as the connecting role of the mother is emphasized in the traditional family education.

Lastly, the filial piety educations in the traditional family and the modern family are compared. Through the comparison this researcher analyzed the relation and difference of the traditional family and the modern family, and emphasized the inevitable change of the family education caused by the social structure change of the traditional family and the modern family as well. However radically the modern society may have been changed and modernized the basic value which human being should have should be maintained. This means that even in the nuclear family-centered modern family formation not only the practice of the filial piety between parent and children but also the road of the filial piety as a means for self-character cultivation cannot be omitted. Therefore I cannot help emphasizing that without fading away love and respect as the essence of the filial piety is the hard core of the filial piety education as an important moral principle which should be kept observed in the family.

Key words: filial piety, family education, filial piety education, tradition, culture, authority and benevolence, self-regulation and intimacy